参与编纂人员 (以姓氏笔画为序)

丁　明　胡继亮　王科涵　杨　青　王　素
刘　民　李金杰　杨佳丽　宗　雯　高师妍

【经济学学术前沿书系】

西部地区城镇化协调发展研究

马德君◎著

经济日报出版社

图书在版编目（CIP）数据

西部地区城镇化协调发展研究 / 马德君著. — 北京：经济日报出版社，2016.8

ISBN 978-7-80257-993-4

Ⅰ. ①西… Ⅱ. ①马… Ⅲ. ①城市化-协调发展-研究-西北地区 ②城市化-协调发展-研究-西南地区
Ⅳ. ①F299.27

中国版本图书馆 CIP 数据核字（2016）第 202814 号

西部地区城镇化协调发展研究

作　者	马德君
责任编辑	王曼珩
责任校对	李艳春
出版发行	经济日报出版社
社　址	北京市西城区白纸坊东街 2 号
邮政编码	100054
电　话	编辑部 63584556　发行部 63516959
网　址	www.edpbook.com.cn
E-mail	jjrb58@sina.com
经　销	全国新华书店
印　刷	北京九州迅驰传媒文化有限公司
开　本	710×1000 mm　小 16 开
印　张	15.75
字　数	200 千字
版　次	2016 年 8 月第一版
印　次	2016 年 8 月第一次印刷
书　号	ISBN 978-7-80257-993-4
定　价	48.00 元

前　言

城镇化是一个国家或地区社会、经济发展水平的重要标志，也是人类社会走向文明和进步不可逾越的历史阶段。但由于自然、经济、历史等多方面的原因，中国西部地区城镇化发展水平不仅远远落后于世界平均水平，而且落后于中国平均水平，同时我国东、西部地区的经济发展水平差距正日益拉大。改革开放以来，我国城镇化水平不断提高，从 1987 年的 17.92% 上升到 2015 年的 56.1%，而 2016 年我国西部地区城镇化水平仅为 48.5%，低于全国平均水平约 8 个百分点，城镇化水平总体上仍然较低。

西部地区较低的城镇化水平，难以适应西部大开发的要求，而且由此所产生的种种问题不但严重阻碍了中国西部地区的社会经济发展，而且也制约了中国经济的全局发展。西部地区城镇化滞后，不利于带动西部区域经济发展、缩小东西部发展差距；不利于缩小城乡差距、促进城乡统筹发展；不利于吸收农村剩余劳动力、增加农民收入；不利于减轻西部农村人口对资源与环境的压力；更不利于中国经济的全面发展和全面建设小康社会宏伟目标的实现。

要在 21 世纪中叶实现现代化的战略目标，就必须将发展重点投向西部地区，切实将西部的经济发展起来，否则很难实现全面现代化。根据全球经济发展的规律和趋势来看，城市的发展和城镇化的推进是当代经济发展的核心，是促进经济腾飞的主要动力。因此，西部地区在今后相当长的一段时间内也必须将城镇化作为经济增长极和发展的中心环节，加快西部地区的城镇化进程。

同时，党中央的西部大开发战略也为西部地区的城镇化提供了一个良好的发展契机。本书正是在这种大环境下，从演变与趋势、协调与发展、理性与选择三个篇章对西部地区城镇化的历史、现状及未来发展道路进行分析和探讨。

目　录

中篇　协调与发展

下篇 理性与选择

绪 论

一、研究背景

1. 全球城市化发展新趋势

目前，在全世界的总人口中，居住在城市的人口数量已经超过了50%。在世界各地，城市逐步发展，不断推进都市经济发达地区扩张，人类城市文明得到迅速发展。据相关专家预测，到2030年，全球将进入世界城市时代，生活在城市的人口比例将会达到60%以上。世界上大多数的人的生活在未来将深受城市化的影响。发展的新理念，新的城市时代，国际和国内的新发展将使城镇化产生新的需求。应对国际金融危机的影响，需要对城市化有新的研究、探索和对策，西方的发展模式不断受到质疑甚至可能被取而代之。与此同时，全球一体化，国际村的形成，使任何地方与世界的联系日益频繁和紧密，城市将更成为国际、国内联系的桥梁和节点，发挥不可替代的作用，新世纪全球变化的主要趋势就是科学的城市化。

2. 我国城镇化进入新阶段

随着国家城镇化政策的不断发展，新世纪推动我国经济社会又好又快发展的主旋律就是城镇化，城镇化是新时期国家扩大内需的重要途径。党的十六大明确提出了走中国特色的城镇化道路；党的十六届三中全会将统筹城乡发展放在科学发展观的“五个统筹”之首，第一次正式提出了“统筹城乡发展”的思想；温总理提出，新型工业化道路应该与新型城镇化道路并驾齐驱，共同发展；2010年的中央经济工作会议上又强调“积极稳妥推进城镇化，提升城镇发展质量和水平”的新要求；2010年的一号文件用全新的理念“统筹城乡发展”以解决“三农”问题；2015年中央城市工作会议37年后再次召开，明确“一个尊重和五个统筹”，会议中提出，要树立“精明增长”“紧凑城市”理念，科学划定城市开发边界，推动城市发展由外延扩张式向内涵提升式转变。

3. 新理论发展的新需求

飞速发展的工业化带来了经济社会的普遍繁荣，城市发展不断加快，空间规模不断增加。传统的城市发展模式开始被取代，城市发展理论和城市规划开始由传统一统化追求物质性向现代多元化人本模式转变。在城市研究当中，社会学、经济学、生态学等学科的理论开始大量地出现。例如：宜居城市理论、生态城市理论、循环经济理论、低碳城市发展新模式等，各种新兴的理论应运而生，从根本上要求了城市发展模式的转变。但对于欠发达地区而言，首要的是经济结构的转变，同时兼顾生态保护与社会公平。

在城市空间利用发展模式方面，城镇群、都市圈、都市连绵区等研究占大多数，从大的空间视角出发，打破行政区域的限制，以基础设施和经济联系为基础，构建更加庞大，更为复杂的城镇体系，从而形成城镇化的新模式。

4. 环境保护创新对城镇化提出新要求

在“共建低碳城市”国际研讨会上，城建部仇保兴部长强调：“当前迫切的问题就是要反思城市的建设理念和发展模式，积极探索符合中国国情以及生态文明建设要求的新型城市发展道路。”

低碳城市是指以低能耗、低污染和低排放为标准的低碳经济型，节能环保型的城市，是一种在生态环境平衡制约下的新型城市化发展模式。城市的发展模式为生态经济和环境保护，市民的生活理念以及行为特征为低碳生活，政府管理层的建设蓝图为低碳社会。环境保护创新要求用新理念调整产业结构，用高科技推动产业发展，城市发展走节能、环保、集约化、可持续发展的道路。

5. 对西部欠发达地区城镇化理论的研究不够

我国东部、中部、西部三大地区的发展基础和条件相差甚远，城镇化应该因地制宜，分类发展，建立不同的理论体系和探索实践模式。由于生态环境的承载力比较弱，西北地区的城镇化发展水平较低，速度较慢，与东部和中部地区有很大的差异。对于新型城镇化道路理论和实践的研究探索，成为新时期各省的主要研究和奋斗的目标，目前已在山东、江西等东部地区的城市全面展开。青海等西北欠发达省份缺乏创新，目前在城镇化的理论和实践中探索不够，没有很好地结合地域特征，在城镇化理论研究和新模式的探索上较为落后，没有走出符合当地特色的城镇化道路，这会进一步拉大与东中部的差距。

6. 青海省区域发展战略的确立

“推进‘三区’战略，实现‘两新’目标”，是青海省十二次党代会提出的主要任务，即全力打造国家循环经济发展先行区、生态文明先行区和民族团结进步示范区，“建设新青海，创造新生活”，进一步明确城镇化和城乡一体化发展的要求，区域协调发展格局基本形成，城镇化水平大幅度提高，城乡差距显著缩小。青海省宏观发展政策要求省域城镇体系制定新型城镇化发展战略目标。

二、研究的意义

城镇化是由以农业为主的传统乡村社会向工业和服务业为主的现代城市社会逐渐转变的历史过程，是人类社会发展的必然趋势，是衡量地区现代化水平的标尺。城镇化的过程伴随着农村人口向城镇聚集、城镇用地规模扩张的现象，推进新型城镇化对青海省规划“四区两带一线”、发展社会主义现代化建设、建成全面小康社会、谱写中国梦的青海篇章，具有深刻意义。

只有在发展工业化的同时兼顾城乡的发展，才能成功实现现代化。党的十八大指出，现代化建设的核心内容是：农业现代化是发展基础，工业化是强大动力，城镇化是流通载体，信息化是新鲜血液。工业化与城镇化、信息化和农业现代化同步发展，相辅相成。

内需是青海省经济社会发展的动力和源泉，而扩大内需的根本途径是城镇化的发展。从全世界来看，我国的城镇化率远低于发达国家，甚至低于部分发展中国家。青海省目前的常住人口城镇化率为48.51%，而户籍人口城镇化率仅有36%，青海省城镇化问题尤为突出，低于全国53.7%的平均水平，基本持平于西部地区省份平均水平，发展空间较大。城镇化的发展，会形成城市基础设施、公共服务设施等较大的投资需求，会使更多农民转移就业，增加收入，提高生活水平。

城镇化是解决“三农”问题的重要途径。青海省农牧业人口多，耕地资源稀少，草地资源分布不均衡，在城乡二元体制下，农牧民的生活方式保守，牧区生态环境问题突出，这是青海省“三农”问题的根源。农牧人口逐渐向城镇转移的过程，不仅可以促进农牧业生产规模化，更有利于提高农牧民自身的生活质量。通过“以工促农、以城带乡”，使城乡综合实力的同步提升，大大加快了农村和牧区的经济发展。

城镇化是加快产业结构调整的重要举措。转变经济发展方式的战略任务就是产业结构的转型升级，而产业结构优化升级的主要方向是大力发展第三产业。与发达国家相比，我国服务业发展水平较低，存在着一定的差距，青海省更显滞后，与全国46.1%的平均水平相比，目前青海省服务业增加值占地区生产总值的比重只有32.8%，差距很大。服务业是就业的蓄水池。在城镇化过程中，随着居民生活质量的提升，人们对服务的需求将不断增加。城镇化的发展有利于盘活创新要素，升级传统产业。

城镇化是推动区域协调发展的有力支撑。青海自然条件恶劣，生态环境极其重要又十分脆弱，城镇数量少、规模小、分布广，人口居住分散、户籍人口比例低，基础设施严重滞后，城镇经济实力普遍较弱，使地区经济发展的带动和辐射作用受到限制。推进城镇化，有利于促进城市群发展和城乡一体化建设，形成经济社会发展的主战场；有利于东部产业转移，承接国家经济增长和市场空间由东向西拓展；有利于打破城乡分隔的二元结构，消除城乡人口流动的壁垒，逐步化解城市内部二元结构矛盾；有利于促进生态环境保护，把部分生态脆弱区的人口就近迁移在新兴城市和重点城镇，使人口相对适度聚集；有利于促进资源要素的优化重组和产业结构优化升级，推动人口经济布局更加合理、区域发展更加协调。

城镇化是解决自身发展问题的根本出路。工业化伴随城镇化，大量人口向城镇转移，社会结构转型加快，对劳动力就业能力以及人口素质的要求不断提高，已成为青海省城镇发展的瓶颈制约。同时，尽管青海省城镇化发展明显滞后，但大城市的城市病、城市间的关系不协调、地区发展失衡和小城镇发展无序等问题已然凸现，并导致了其他经济社会问题。在青海省城镇化发展进入关键阶段之际，只有采取科学的城镇化战略，积极稳妥地推进新型城镇化，是预防和解决城镇发展自身问题的根本出路。

上篇　演变与趋势

西部地区城镇化与农业现代化协调发展的演进与趋势判断[1]

改革开放近40年来，中国西部地区城镇化与农业现代化协调发展发生了一系列意义深远的变迁。西部地区城镇化与农业现代化协调发展在曲折中前进，前者对于协调发展具有决定性影响，前者高于后者时，两者协调发展水平较高。总体而言，西部地区城镇化与农业现代化协调发展主要经历了“失调——协调——失调——协调”的发展历程。未来西部地区城镇化将继续发展，农业现代化亦会持续提高，两者之间的协调发展将向更高水平迈进。应充分利用西部大开发战略、“一带一路”建设、长江经济带等政策红利，抓住东南沿海经济转型升级契机，加快西部城镇化建设，带动农业现代化发展，推进西部城镇化与农业现代化协调发展进入快速发展轨道。

2016年3月国家发布《国民经济和社会发展第十三个五年规划纲要》（简称“十三五规划”），明确提出“促进新型工业化、信息化、城镇化、农业现代化同步发展”，重申“四化”相互协调、相互促进的重要性，强调“四化”相辅相成、协调发展是保障经济社会持续健康发展的扎实基础。新型城镇化作为实现农业现代化的重要引擎，通过技术支持、服务保障、市场开拓、劳动力吸纳培养等路径引领传统农业生产，农村建设不断走上科技型、产业化、高效率的现代化发展道路。与此同时，得益于农业现代化发展给予的基础保障和促进作用，小城镇发展过程中供给充足，消费者需求强劲，资本、人力资源得以有效统筹利用，城镇化在农业现代化的基础支撑之上更加扎实稳定的推进。这种城镇化与农业现代化之间相互带动与支撑的协调发展，共同促进了我国城乡一体化和谐发展的有序进行。因此，在当前经济增速放缓、结构转型调整的新常态模式下，推动新型城镇化与农业现代化齐头并进、协调发展成为“十三五”期间稳定经济增长、保障社会稳定、全面实现小康社会建设的重要内容。

回顾近四十年的改革开放历程，作为“一带一路”战略实施主阵地，我国

---

① 发表于《改革》2016. 5；《改革》题目为《城镇化与现代农业化耦合特征》：解析西部地区。

西部地区拥有得天独厚的地理区位优势和独特的自然资源禀赋，农业的发展占据主导地位，是长期以来引领西部地区经济发展的中坚力量。除此之外，伴随着经济的不断发展，西部地区城镇化进程也在不断向前推进。分析探讨我国西部地区改革开放以来城镇化与农业现代化的协调发展演变过程，不仅有利于系统了解西部地区的经济和社会发展演进路径，更有助于把握地区经济发展方向，统筹区域规划，部署战略措施，目标明确地推进西部地区“四化”进程，高效有序地服务社会经济转型，助力中国经济新的增长。基于此，本文研究改革开放以来西部地区城镇化与农业现代化的协调发展以及政策演变途径，分析影响西部地区城镇化与农业现代化发展的主要因素，并在预测未来西部地区城镇化与农业现代化协调发展的变动趋势基础上，提出相应的政策建议，以期促进西部地区新型城镇化与现代化的进一步深入协调健康发展，助力全面小康社会的顺利构建。

一、改革开放以来西部地区城镇化与农业现代化政策演变

（一）1978—1984 年，西部农村经济体制改革开启农业现代化发展新局面

1979 年中共十一届四中全会一致通过了《中共中央关于加快农业发展若干问题的决定》，部署实施实现农业现代化发展的一系列方针政策。我国的改革始于农村，起步于农业，为帮助关系国计民生之根本的第一产业快速摆脱动荡，发展生产，保障农业的基础性地位，进而为后续改革开放的经济复苏和发展打下坚实的基础。农村改革成为初期改革的着力点之一，一系列举措的试点和推广为突破农业发展困境发挥出巨大的贡献作用。这一时期，农业生产基本经营制度的改革，开创了传统集体农业经营向现代化农业经营转变的新局面。

农业现代化是以农民高素质新型化、生产技术科学化、农业生产机械化、农业发展信息化、生产结构产业化为主要发展特征的。在改革开放初期，由农村经济体制的改革所引领的农业改革步伐指引农村经济发展走上现代化道路。改革初期，四川省广汉县、贵州省开阳县、云南省元谋县等一些西部地区县市率先实行农业生产责任制，有效调动农民的生产积极性。同时，相应的改革农村组织关系，将人民公社制度改建为政社分立，组建乡镇政府，同时鼓励自行组建自主经营的合作经营组织，实现统分结合的优势互补，推动了农业生产组织现代化。此外，自 1979 年开始，国家大力推进农产品流通体制改革，大幅提高粮食、棉花等主要农产品价格，推动农副产品价格进行市场自主调节，这一系列政策的推行，奠定了改革开放初期农业现代化发展的核心基调，成为这一时期农业现代化进程迅速发展的主要政策推动力。

在农业改革大刀阔斧地向前推进的同时，其他方面的改革也随之展开。伴随着国有经济的改革，集体经济和个体经济复苏，重新登上历史舞台。国家不断推进税费改革，鼓励开展对外贸易，试点经济自由贸易地区建设。一方面，市场经济的逐步推行使得更多的第一产业从业者加入个体经济行列，促进其由农村向城镇的集聚，扩大了城镇的人口规模；另一方面，市场经济的融合发展以及国家政策的大力支持促进城镇第二、三产业的复苏壮大，进一步支持城镇化进程的向前推进。因此，改革开放初期，西部城镇发展开始复苏，城镇化发展水平逐步提高。

这期间，尽管农业改革与国有经济整顿优化双管齐下，但基于当时社会发展的历史背景以及前期经济基础现状，农业、农村作为改革的重中之重，有一定的先发优势，农业生产者的积极性被有效激发，改革成效显著。作为自然资源丰富，以农业生产为主的我国西部地区各省，乘着改革的东风，农业现代化发展速度在这期间快于城镇化的发展速度，二者协调发展程度整体处于较低水平，但发展势头良好。

（二）1985—1991年，以城市为重点的改革推进西部城镇化水平的快速发展

1985年的中央“一号文件”中，政府明确提出了进一步活跃农村经济的十项政策，致力于改革农产品统购派购制度，调整产业结构更加全方位多样化，加强农村、农业发展的税收、信贷服务工作，鼓励技术革新与人才流动，扩大农业经济与农村建设的对外交流与开放。此外，1991年的全国农业工作会议强调要在稳定以家庭联产承包责任制为基本农业政策的前提下逐步完善农业政策体系建设。发展多形式、多层次的社会化农业服务体系，重视科教兴农，提高农业投资比例，增加农业投入，加强农业在国民经济中的基础地位。随着改革开放水平的提升，农业现代化在国家一系列政策的支持促进下继续向前推进，对农业技术创新的重视、农村制度结构的创新、农产品市场的有效监管和引导农业现代化的深入持续发展奠定了坚实的基础。

这一时期，以城市为重点的整个经济体制改革在借鉴改革开放初期农村改革经验的基础上大力推进。1984年10月，中共十二届三中全会通过的《中共中央关于经济体制改革的决定》提出“进一步贯彻执行对内搞活经济、对外实行开放的方针，加快以城市为重点的整个经济体制的改革步伐，逐步建立起具有中国特色的社会主义经济体系，促进社会生产力的发展”。随着改革开放的深入推进，国家利用东南沿海地区的地理区位优势，先后设立长三角、珠三角等沿海经济开放区的同时，重视西部少数民族地区的商业发展问题。1985年7月，国务院办公厅转发商业部《关于进一步发展少数民族地区商业若干问题的报告》，强调对少

数民族地区的商业给予必要的支援，实行特殊的优惠政策。在促进经济改革发展的基础之上，政府不断发布实施一系列配套的法律法规，支持经济增长，规范市场行为，保障民主权利，使得政治建设、公共服务、社会保障等更加全面具体地服务于改革开放和城镇化发展。

在农村改革先行的基础上，以城市为重点的改革依托农业发展的推动力，在一系列促进企业改革、调动工业生产积极性的政策措施刺激下，企业不断加大对轻工业的投入力度。1991 年 7 月，国务院发布《全民所有制企业招用农民合同制工人的规定》，规范引导农村剩余劳动力参与工业生产，为西部地区富足农业劳动力有序迁徙提供政策支持。然而，尽管以城市为重点的改革推动了城镇化的快速发展，但基于前期第一产业的改革基础使得农业现代化发展速度在一定程度上大于城镇化发展进程，因此，在这一时期，西部地区的城镇化水平低于农业现代化水平，二者的协调发展程度较好。

（三）1992—2001 年，社会主义经济体制的确立以及“西部大开发”战略的逐步推进不断推动城镇化的加深，助力农业现代化与城镇化协调发展达到较高水平

1992 年 9 月，国务院发布《关于发展高产优质高效农业的决定》，指出“要进一步把农产品推向市场，以市场为导向不断优化农业生产结构；以高科技带动农业转向优质高效发展，加大农业投入，完善服务制度”。1993 年的八届全国人大一次会议强调：“要大力发展乡镇企业，特别是积极扶持中西部地区乡镇企业的发展；稳定农村经济政策，促进农村市场经济的发展。”这一时期，农业以及农村改革已进入细致深化阶段，农业现代化的发展思路被不断拓宽。1999 年 9 月，中共十五届四中全会通过的《中共中央关于国有企业改革和发展若干重大问题的决定》中明确提出：国家要实施西部大开发战略。旨在充分利用自然资源和人力资本等优势，改善投资环境，引东部地区发展之经验促进西部经济进入良性循环阶段，达到全国平均经济增速水平。然而西部地区由于地理环境、历史条件以及其他一些因素的影响，农业现代化进程减缓。与此同时，伴随着全国经济体制改革的浪潮，西部地区的城镇化进程也在乡镇企业的逐步壮大中向前推进。

1992 年，政府先后开放新疆老爷庙、乌拉斯台、红山嘴、云南磨憨等口岸，加强与周边国家的交流往来。此外，国务院批复同意设立少数民族地区乡镇企业专项贴息贷款，用于支持内蒙古、广西、西藏、宁夏、新疆五个自治区和云南、贵州、青海三省的乡镇企业发展。同年底，以邓小平南巡讲话为契机，我国的改革开放政策有了更加精准的定位和更加清晰的发展方向。这之后，在深入贯彻学

习邓小平南巡讲话精神的基础上，国务院批复了国计委关于西北地区的经济规划，以“统筹规划，优势互补，互惠互利，有分有合，西出东联，面向中亚，扩大开放，发展市场，联合协作，共同发展”为原则，主抓“两带、四区”建设，大力发展西北地区对外开放，促进经济建设。二十一世纪伊始的“西部大开发”战略的提出，也为西部地区经济增长提供了良好的契机。为促进边疆地区经济发展，中央还拨付专项资金为少数民族地区培训科技骨干人才，支持地区经济发展。这一系列政策的有效实施，不仅为区域经济建设提供强有力的驱动力，还在一定程度上促进西部地区农业人口的二、三产业就业选择，推动城镇化建设，巩固了西部地区农业现代化改革的实践成果。

得益于社会主义市场经济体制下乡镇经济的快速发展所起到的带动作用，从现代化农业生产中解放出来的农村劳动力纷纷跟随市场经济的浪潮，投身二、三产业的建设发展中。这一点在西部地区的区域经济社会变革中仍不例外。人口的迁移、工业化程度的加深、公共服务需求的增加等一系列变革推动西部地区城镇化进程不断加快脚步。因此，这一时期的西部地区城镇化逐步表现出上升的趋势，而农业现代化水平虽有波动，但与城镇化协调发展程度逐步增强，达到历史较高水平。

（四）2002—2012 年，我国加入 WTO 组织对西部地区城镇化与农业现代化发展产生了深远的影响

2001 年 12 月，成功加入世界贸易组织为我国的改革开放和社会主义市场经济建设打开了一扇与世界沟通的大门，对促进我国农业现代化发展起到重要的推动作用，为我国农业的发展提供对外开放新机遇的同时，也对传统农业的发展思路提出新的挑战。为保障以农业生产为主的我国西部欠发达地区经济平稳较快增长，缩小东西部区域经济发展差异，统筹城乡一体化，保障农民的基本收入，自改革开放以来，中央不断从农业体制改革，农产品统购统销，提高农产品收购价格，加大农业补贴力度，统筹农副产品价格调控等方面大举措、多渠道保障农民增收、农业发展。然而，加入 WTO 之后，农产品的市场准入和出口竞争的保护空间不断缩小，超出 WTO 规则的国家政策支持力度逐步减缓，对西部地区农业发展带来了巨大的挑战。

在成功加入 WTO 后，促进农业现代化进程不断深入发展的同时，城镇化建设进程却呈现出截然相反的发展趋势。自入世以来，来自国际市场的大量资本和先进技术集中涌入最具地理优势的东南沿海地区，迅速成长的东南沿海经济吸引了大批西部农民工外出就业，西部地区劳动力资源优势流失，制约了同时期西部地区城镇化的持续推进，导致西部地区城镇化水平在入世初期出现急速下降的态

势。虽然与此同时，国际市场和东部沿海经济发达地区的资本和技术伴随着西部大开发战略的不断推进逐步向西转移，一定程度上有效开发和利用了当地丰富的自然资源和剩余的劳动力，并获得了政府的大力支持，西部地区城市产业持续优化升级，逐渐缓和了城镇化发展大幅下降的趋势，但由于人力资本的转移造成的城镇化水平下降的现象并未完全得以避免。

自21世纪我国加入世贸组织以来，西部地区城镇化与农业现代化协调发展在略有下降后大致保持平稳。这一时期，国家大力推动西部大开发战略的实施，统筹城乡经济社会发展，切实做好“三农”工作，加快农业和农村的经济结构调整，增加少数民族地区农业基础设施建设和科技投入，推动农产品价格市场化，规范农业补贴机制，使得西部地区农业现代化发展得以维持在较高水平，波动较小，发展平稳。而东部沿海地区的经济增速拥有相较于西部地区的绝对优势，二、三产业发展迅速，吸纳了大量西部劳动力外出东南沿海地区就业，同时，西部地区产业竞争力相较东南沿海地区较为薄弱，资本投资等规模较小，使得本地区城镇化进程增速放缓，导致这一时期西部地区农业现代化进程优于城镇化进程，总体来看，二者协调发展程度在这一时期相对较弱。

（五）2012年以来，十八大以人为本的科学发展观指导“新四化”建设的全面展开，引领了新型城镇化与农业现代化协调发展的新局面

2012年11月，党的十八大报告把科学发展观纳入党的指导思想，同时还提出：坚持走中国特色新型工业化、信息化、城镇化、农业现代化道路，推动信息化和工业化深度融合，工业化和城镇化良性互动、城镇化和农业现代化相互协调，促进工业化、信息化、城镇化、农业现代化同步发展。在“十三五规划”中，中央明确提出支持民族地区发展优势产业和特色经济，推进边境城市和重点开发开放试验区建设，加强政策支持，促进困难地区发展接续替代产业。受制于金融危机的影响，在全球经济低迷的大环境下，我国的经济发展同样出现增速减缓、动力不足的现象。东南沿海地区产能过剩，产业结构亟待调整，经济转型升级迫在眉睫。在经济发展新常态下，为有效缓解粗放型经济发展模式带来的发展瓶颈问题，加快推动东部地区经济转型，推动产业结构的深入调整，改革经济增长模式，刺激有效需求，推动经济发展重返快速稳定的轨道，中央适时提出充分利用西部大开发战略，加快“一带一路”建设，推进长江经济带发展等一系列政策措施，转移东部地区过剩产能，优化经济结构调整，转换经济增长动力，平衡区域经济发展，以此为平台，加快推动西部地区城镇化与农业现代化建设，实现以人为本的和谐发展。

这一时期，西部地区依托“一带一路”建设和长江经济带发展，逐步发展区域经济中心城市，以点带面，加快城镇化的发展进程。同时，得益于西部大开发的全面推进，西部地区城镇化建设水平开始呈现上升趋势。东部地区的产能转移，大量投资资本和行业技术流向西部，使得西部地区丰富的自然资源和劳动力资源进一步充分利用，劳动力就业水平和就业质量不断提升，配合带动西部发展的政策支持，西部地区这一时期的城镇化进程呈现良好态势，城镇化水平在小幅度上升后保持平稳发展。

这一时期的产业输入和投资增加在加快城镇化进程的同时，也有效带动了农业现代化的建设脚步。随着东部地区工业产能的输入和新兴技术的传播，大部分投资资本聚集在工业化和信息化领域，工业建设水平和城镇化进程不断提升，城镇化、工业化和信息化的融合发展为农业现代化建设提供有力支撑。与此同时，国家出台相关政策，大力鼓励农民工返乡创业、建设家乡。城镇化的社会发展模式也进一步改变农村社会形态，完善农村服务体系，配合政府对农村工作尤其是西部地区农业发展工作的大力支持，使得农业现代化发展水平虽未见明显上升趋势，但发展波动不大，两者协调度在这一时期出现小幅度上升并保持平稳增长，协调度较高。

二、西部地区城镇化与农业现代化协调发展演进的实证分析

（一）实证分析方法

1. 综合评价指标体系

本文以西部地区城镇化和农业现代化为核心，构建了一套客观全面的综合评价指标体系。其中包括一个1级指标“西部地区城镇化与农业现代化协调度”，2个二级指标“城镇化”“农业现代化”，7个三级指标。综合评价指标体系如表1所示：

表1　西部地区城镇化与农业现代化评价指标体系

<table>
<tr><th>一级指标</th><th>二级指标</th><th>三级指标</th><th>指标类型</th></tr>
<tr><td rowspan="7">西部地区城镇化与农业现代化协调度</td><td rowspan="3">城镇化</td><td>城镇人口比重（%）</td><td>越大越好型</td></tr>
<tr><td>人口密度（市辖区）（人/平方千米）</td><td>越大越好型</td></tr>
<tr><td>非农从业人员比重（%）</td><td>越大越好型</td></tr>
<tr><td rowspan="4">农业现代化</td><td>单位耕地农业机械动力（千瓦时/公顷）</td><td>越大越好型</td></tr>
<tr><td>非农 GDP 占农林牧渔 GDP 比（%）</td><td>越大越好型</td></tr>
<tr><td>单位耕地化肥施用量（千克/公顷）</td><td>越大越好型</td></tr>
<tr><td>有效灌溉面积占比（%）</td><td>越大越好型</td></tr>
</table>

2. 研究对象和数据来源

本文选取中国西部 8 省①所有城市为研究对象，对其城镇化和农业现代化水平进行实证分析。部分年份数据无法获取，则以 1987—2014 年为研究起止年限，共计 28 年。由于统计年鉴中除西宁外青海所有城市、除乌鲁木齐外新疆所有城市都不具备完整数据，另有少数城市情况较为特殊（如甘肃的嘉峪关市为资源城市、新疆的克拉玛依市为石油城市），因此未将以上城市纳入分析范围，最终确定西部 8 省 38 个地级市作为研究对象。研究数据主要来源于 1988—2015 年《中国城市统计年鉴》《中国统计年鉴》《中国区域统计年鉴》及各省市统计年鉴。

3. 研究方法

主成分分析。主成分分析是多元统计分析中的一种，在各种领域的研究中被广泛应用。它设法将原来数据重新整合成一组新的互相无关的几个综合指标来代替原来指标，同时根据实际需要，从中选取几个较少的综合指标尽可能多地反映原来指标的信息，本质上是一种降维的思想。本文借助 Stata14. 0 软件进行主成分分析，分别计算各年份各市城镇化与农业现代化指数。

耦合度和协调度分析方法。本文使用耦合度和协调度方法计算西部地区城镇化与农业现代化之间的协调和同步发展程度。借鉴物理学中容量耦合概念和模型，并将城镇化和农业现代化的特征与之结合，得到二者耦合度函数：

$$C = \{(U \times L) / [(U + L)/2]^2\}^2$$

其中 U 为城镇化指数，L 为农业现代化指数，C 为城镇化和农业现代化的耦合度。耦合度值 $C \in [0, 1)$。当 $C = 1$ 时，耦合度最大，城镇化和农业现代化之间达到良性共振，趋向有序结构；当 $C = 0$ 时，耦合度最小，城镇化和农业现代化各要素之间处于无关状态，系统发展方向无序。为区分耦合过程中良性和破坏性，采用协调度表示耦合的良性作用大小。本文所提出的城镇化和农业现代化的协调度函数为：

$$D = \sqrt{C \times T}$$

其中，$T = aU + bL$，D 为协调度，a 和 b 为特定权数，T 为城镇化和农业现代化的综合评价指数。

为弄清各子系统之间的现状协调情况，需计算耦合协调度。根据协调度的大小，将城镇化与农业现代化协调发展状况分为 3 大类 7 小类（见表 2）。

---

① 省分别是：甘肃省、青海省、陕西省、四川省、重庆市、云南省、广西壮族自治区、新疆维吾尔族自治区，由于宁夏壮族回族自治区、西藏自治区、内蒙古自治区以及贵州省与西部地区其他地级市的建制和统计口径不一致，没有纳入分析范围。

表2　协调发展的定义

大类	协调发展度	小类
协调发展区间	0.900－1.000	优质协调
	0.800－0.899	良好协调
	0.700－0.799	中级协调
过渡调和区间	0.500－0.699	勉强协调
失调衰退类	0.400－0.499	失调
	0.300－0.399	中度失调
	0－0.300	严重失调

（三）实证分析结果与讨论

通过以上实证分析过程，得到的总体分析结果如图一所示。纵观近四十年来西部地区城镇化与农业现代化发展的演变途径，不同的时期呈现出不同的变化轨迹，总体而言，西部地区城镇化与农业现代化协调发展主要经历了“失调——协调——失调——协调”的发展历程。结合上节的政策梳理，可以将1987—2014年间西部地区城镇化与农业现代化协调发展分为如下四个历史阶段。

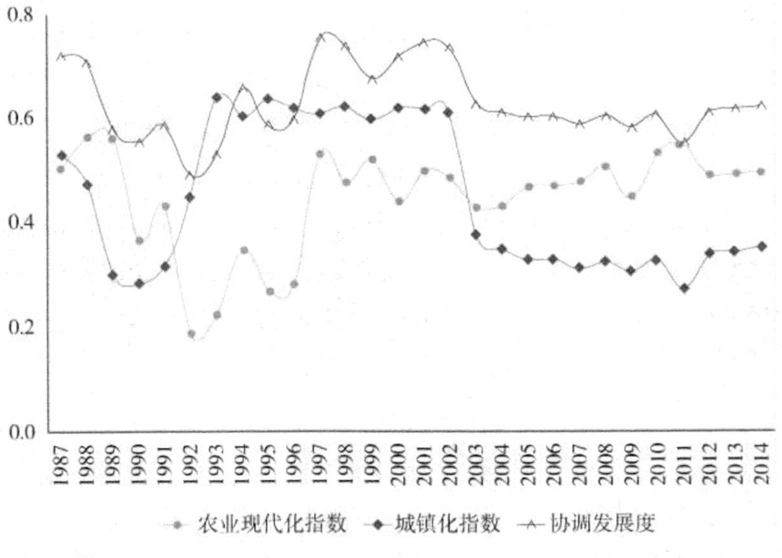

图1　西部地区城镇化与农业现代化协调发展状况（1987—2014）

注：农业现代化指数、城市化指数、协调发展度指数均为西部各市均值。

资料来源：根据《中国统计年鉴》《中国城市统计年鉴》《中国区域统计年鉴》、各省统计年鉴历年数据计算而得。

1. 1987—1992年，西部地区城镇化与农业现代化发展协调度直线下降，总体

处于较低水平，农业现代化发展程度高于城镇化

1987—1992 年，西部地区城镇化与农业现代化协调发展度呈直线下滑局面，从 0. 720 降至 0. 415（如图一）。西部地区城镇化指数呈现倒 U 型发展趋势，从 1987 年的最高点 0. 530 降至 1990 年的最低点 0. 284，旋即开始触底反弹，逐渐攀升至 1992 年的 0. 447。西部地区农业现代化指数则先升后降，从 1987 年的 0. 434 升至 1989 年的 0. 561，随后进入快速下降通道，降至 1992 年的 0. 188。出现以上现象的原因在于：改革开放伊始，城市改革难度较大，国家率先启动了农村改革，城市改革则较为落后。20 世纪 80 年代初，借鉴其他地区的改革经验，西部地区在农村开始实施家庭联产承包责任制，该制度激发了农民积极性，促进了农业经济发展，推动了农业现代化进程。到 80 年代末，西部农村改革为城镇改革和发展奠定了坚实基础，城市建设在十分低的水平上起步，且得到一定的发展。总体而言，此阶段大部分年份，西部城镇化和农业现代化呈下降趋势，且前者要低于后者，前者的带动能力不足，导致两者之间的协调发展水平呈下降趋势，且整体水平较低。此阶段，西部地区城镇化与农业现代化发展的步调不太一致，协调度较差。

2. 1993—2001 年，西部地区城镇化与农业现代化协调发展呈现上升态势，虽有波动，但整体处于较高水平，城镇化水平显著高于农业现代化水平

1993—2001 年，西部地区城镇化与农业现代化协调发展在波动中上升，维持较高水平。协调发展度从 1993 年的 0. 528 升至 1994 年的 0. 657，然后降至 1995 年的 0. 586，接着升至 1997 年的 0. 755，随后降至 1999 年的 0. 674，旋即转入上升通道，升至 2001 年的 0. 745，接近历史最高峰。在此阶段，西部地区城镇化一直维持较高水平，几无波动，维持在 0. 62 左右的水平。与此同时，在城镇化发展的强力带动下，西部地区农业现代化发展水平开始快速发展，与城镇化发展步调较为一致。以上现象背后的原因在于：1992 年邓小平南巡讲话后，受全国加大改革开放力度的影响，西部地区城镇化发展进入快速发展轨道，城镇化得到长足发展，受其影响，农业现代化也步入快速发展轨道，两者步调较为一致，协调发展水平较高。

3. 2002—2011 年，西部地区城镇化与农业现代化协调发展呈持续下降局面，城镇化发展水平低于农业现代化水平

2002—2011 年，西部地区城镇化与农业现代化协调发展度呈持续下降局面，从 2002 的 0. 737 骤降至 2003 年的 0. 626 后，开始进入长期缓慢下降的通道，直降至 2011 年的 0. 548。此阶段，西部地区城镇化从 2002 的 0. 609 直降至 2011 年的 0. 272，中间虽有波动，但振幅较小。与此同时，西部地区农业现代化与城镇

化的发展趋势正好相反，农业现代化从 2002 年的 0.483 直线上升至 2011 年的 0.547。2002 年中国加入 WTO，中国开始深度融入全球化进程，东南沿海地区率先发展，吸收了大量的西部青壮年劳动力，由此导致西部地区城镇化进程缺乏足够的劳动力进行补充，另一方面，外出务工的青壮年劳动力将工资收入源源不断地汇回家乡，支持“三农”发展，推动了农业现代化的快速发展。此阶段，西部地区城镇化与农业现代化发展的步调正好相反，两者之间的协调发展度较低。

4. 2012 年至今，西部地区城镇化与农业现代化协调发展水平进入上升通道，城镇化与农业现代化发展步调较为一致

2012 年至今，西部地区城镇化与农业现代化协调发展水平进入上升通道，协调发展度从 0.610 上升至 0.623。此阶段，西部地区城镇化也进入上升通道，从 0.338 升至 0.351，农业现代化则维持在 0.49 的水平，两者之间步调较为一致。2012 年党的“十八大”之后，伴随着国际经济形势的转变，中国东南沿海经济转型升级的影响，东南沿海的劳动密集型产业开始向中西部转移，由此推动了西部地区工业化和城镇化的发展，另一方面，农民工返乡后，带动了农业经济发展，推进了农业现代化进程，两者步调较为一致，协调发展水平进入新的上升通道。

三、未来西部地区城镇化与农业现代化协调发展变动趋势

（一）西部地区城镇化水平将大幅提升

中国经济已经进入新常态，东南沿海地区经济转型升级加速，大量劳动密集型产业将向中西部地区转移，与此同时，大量的劳动者也将加入转移队伍，移居于西部城镇，推动西部地区城镇化和工业化的发展，城镇化水平将大幅提升。另一方面，国家西部大开发战略将为西部地区发展提供源源不断的政策支持，支持西部地区城镇化的发展。另外，“一路一带”建设在西部地区的实施，将为核心及周边地区发展注入强大的发展动能，带动西部地区城镇化发展。最后，长江经济带战略将为沿线地区，如重庆、四川、贵州和云南带来发展契机，推动沿线城镇的发展，提高西部地区城镇化水平。

（二）西部地区农业现代化在城镇化的带动下加速发展，支撑能力更强

西部地区城镇化将在两个方面带动农业现代化的发展。一方面，城镇化发展能够带动农产品消费需求，为农业发展注入强大的发展动力，推动农业现代化发展；另一方面，城镇化发展吸收更多的农村居民进城，使得农民数量减少，扩大

土地流转市场，从而增加对农业机械的应用，农业固定资产投资也将增长，农业现代化程度将加速发展，反过来，农业现代化能为城镇化提供强力支撑。

（三）未来西部地区城镇化与农业现代化协调发展将呈现上升趋势

未来，在西部地区城镇化快速发展的带动下，农业现代化也将保持一致步调，两者的协调发展将呈现持续上升趋势。

四、政策建议

（一）完善政策体系建设，引领新型城镇化与农业现代化发展新思路

为促进新型城镇化与农业现代化的协调发展和顺利实践，首先要从根本上牢固树立创新、协调、绿色、开放、共享的发展理念，完善政策体系建设，从制度革新入手，为社会经济改革提供强有力的理论依据。针对当前农村社会发展的突出问题，我们要尽快推动土地制度改革：规范农村土地流转，建立土地产权交易制度，创新土地经营权抵押机制；同时，要加快户籍制度改革：推动西部地区农民工迁徙自由化，促进城乡一体化建设，保障农民市民化过程中的各项权益得以切实实现；此外，规范农产品补贴定价机制，有序引导农业经济市场化发展；在不同的经济发展时期，结合特定发展背景和实际需求调整补充西部大开发战略的具体实践措施体系，指明新型城镇化与农业现代化发展的新方向。

（二）加强城镇化对农业现代化的带动作用，创新城镇驱动发展

城镇化进程的实现在一定程度上对农业现代化的发展产生带动和引导作用。因此，推进城乡协调发展，必须坚持走以人为本、“四化”同步、优化布局、生态文明、传承文化的新型城镇化道路。一方面，要充分利用城镇化带来的科技经济发展优势，将先进的工业科技技能应用到农业现代化发展的技术实践当中，将城市科技创新与农村生产实际相结合，不断推动“科技兴农”，提高农业生产效率；另一方面，巧妙对接城镇消费需求与农村供给市场，汲取城市规模经济的优势，大力推动农村经济发展规模化、产业化，引导农业劳动力方向性集聚、迁移，推动农村城镇化发展；此外，在一些城镇化进程中大力支持二、三产业的发展，鼓励农村剩余劳动力积极投身非农工作中来，扩大居民收入，刺激市场有效需求，进而反作用于城镇化进程的深入推进。

（三）重视农业现代化对城镇化建设的支撑作用，保障农业发展基础性地位

农业作为国民经济生产的基础性产业，农业现代化的发展既关系国计民生的粮食安全问题，同时又对当前新型城镇化建设，信息化、工业化发展起到至关重

要的支撑作用。李克强总理曾强调：新型城镇化的发展起点是农业现代化。因此，我们要重视新时期下农业现代化的不断发展：一方面要转变农业经济增长方式，创新农业生产组织关系。我国西部地区幅员辽阔，自然资源丰富，农业生产基础深厚。通过构建区域性农业产业园区、因地制宜发展少数民族特色农业产业等，结合当前互联网发展模式，将农业生产规模化、产业化、集约化，实现技术、资本等的规模效应；另一方面，加大农业科技投入力度，鼓励农业科技创新，完善农业科技服务，保障农村基础性公共技术服务平台建设，加强农村劳动力的素质培养，提高农业生产效率；此外，鼓励东部沿海地区资本西投，努力发掘农业特色产业项目，加强农村基础设施建设，创新农村金融服务方式，从项目内容、投资环境、市场前景等多方位吸引社会充裕资本投资新型农业发展，推动农业现代化不断向前发展。

（四）充分利用工业化、信息化的辅助作用，助力“四化”协调可持续发展

重点促进城乡区域协调发展，促进经济社会协调发展，促进新型工业化、信息化、城镇化、农业现代化同步发展。此外，在当前西部大开发战略、“一带一路”建设、打造长江经济带、东南沿海经济迫切面临转型升级的政策背景下，西部地区要充分利用和把握这一契机，利用当前工业化和信息化建设成果，极力发挥工业化和信息化的有效推动作用，持续推进城镇化建设，加快发展农业现代化，推进西部地区城镇化与农业现代化协调发展进入快速发展轨道，促进“四化”的协调持续发展。近年来，新型工业化和信息化的蓬勃高速发展已经形成一股巨大的外在推力，我们要合理有效地利用好这一辅助力量，促进城镇化与农业现代化的持续建设，落实“四化”同步协调发展的发展目标。

西部地区城镇化与农业现代化协调发展研究

对西部地区城镇化与农业现代化协调发展进行实证分析发现，整体上西部地区城镇化与农业现代化协调发展度较低，但呈上升趋势；西部地区城镇化滞后，农业现代化相对超前；西部地区省会和中心城市大多数处于协调发展阶段并且城镇化超前。政策建议：健全西部地区农业人口向市民化推进策略，以城镇化带动农业现代化，加强省会及中心城市的辐射带动功能，促进西部地区农业供给侧结构性改革，加快推进新型城镇化进程，提升农业现代化发展水平，兼顾工业化和信息化，最终促进城镇化与农业现代化协同发展。

引言

党的十八大报告强调，城镇化是解决“三农”问题的重要途径，要加快新型城镇化建设，推动城镇化和农业现代化同步发展。“十三五”规划进一步明确指出必须坚持把解决好“三农”问题作为全党工作重中之重，要加快新型城镇化步伐，增强中心城市辐射带动功能，加快发展中小城市和特色城镇对农业现代化的带动作用，推进新型城镇化取得新突破，促使中国特色城镇化、工业化、信息化和农业现代化道路同步协调发展。这是我们党在新的历史时期，统揽全局、放眼长远的战略性决策，也是对解决“三农”问题做出的重大战略部署，更是全面建成小康社会和加快推进现代化建设的一项重大任务。一方面，“四化同步”的本质是四化互动，是一个整体系统，但长期以来城镇化与农业现代化协调水平较低，农业现代化对城镇化的支撑作用不显著，使彼此间发展速度较慢，发展力度不强，这在一定程度上制约着“四化”的协调、同步发展。另一方面，西部地区是少数民族聚集地，自然资源丰富，具有重要战略地位，更是国家重点扶持地区，但因其处于边疆偏远地区，经济发展比较落后，目前针对西部地区的研究较少，而且研究不够深入。解决好西部地区城镇化与农业现代化能够有利于缩小区域间贫富差距、缓解贫困矛盾，有助于减少民族冲突、维护国家稳定，更有利于促进各族人民共享改革成果，最终实现共同富裕。在这种背景下，本文以城镇化与农业现代化发展为主题，结合西部地区所有地级市城镇化与农业现代化的实际发展现状，对此进行实证分析研究，这对于推动我国四化同步和解决三农问题具有重要的现实指导意义。

本文的边际贡献：研究数据方面，本文选取西部地区所有地级市进行实证研究；研究发现方面与既有研究结论不同，本文发现西部地区城镇化与农业现代化协调发展度较低，整体呈现出城镇化滞后，农业现代化超前的状态。

本文余下内容的安排如下：第一部分是文献回顾，第二部分是数据来源和研究方法，第三部分是实证分析结果和讨论，第四部分是总体结论和政策建议。

一、文献回顾

改革开放以来，随着经济社会的飞速发展，我国的城镇化、工业化、信息化和农业现代化取得了快速发展。近年来，关于城镇化、工业化、信息化和农业现代化的问题研究已成为学术界研究的热点，其主要表现为以下几点。

城镇化与农业现代化的互动关系研究。许多研究认为：城镇化与农业现代化之间相互影响，相互作用，缺一不可；一方面，城镇化会推动工业化，进而必然会推动农业现代化；另一方面，农业现代化为城镇化提供有力支撑，城镇化与农业现代化互为前提和基础、相互制约与促进（胡培兆，2003；陈佳贵、黄群慧，2006；刘玉，2007；陈志峰，2012）。然而在进一步研究城镇化与农业现代化相互影响程度上，有部分学者认为：虽然我国城镇化与农业现代化之间具有明显的正向互动作用，但农业现代化对城镇化的带动作用明显低于城镇化对农业现代化的影响（王富喜、孙海燕，2009；夏显力、郝晶辉，2013；王春丽，2013）。还有研究表明：城镇化、工业化与农业现代化之间只存在单项影响；即工业化、城镇化变动是农业现代化的格兰杰原因，但农业现代化不是工业化、城镇化变动的格兰杰原因（阳立高、廖进中，2009；周战强、乔志敏，2012）。但也有研究认为：在短期内，农业现代化是城镇化、工业化的单向格兰杰原因，农业现代化推动了城镇化与工业化，而城镇化与工业化并未有效促进农业现代化（钱津，2010；夏泽义、赵曦，2013）。以上学者探讨的都是农业现代化与城镇化之间的正面影响，然而也有学者认为工业化、城镇化虽然在生产方式、和资金保障等多方面给农业现代化建设带来明显的推动作用，但其对农业现代化建设也会产生一系列负面影响（杨曙辉、宋天等，2012）。

城镇化与农业现代化协调发展状况与政策建议研究。有学者认为农业现代化与城镇化之间相互促进，长期具有均衡协调关系；但长期来看，城镇化对农业现代化的带动作用更加显著，因此建议继续加强对城镇化的发展，尤其要更加注重城镇化的质量（如完善社会保障制度、改革户籍制度等），同时政府应大力为农业生产提供政策扶持和信息服务，从而使城镇化的成果能够真正为农业现代化所利用（姜会明、王振华，2012；夏春萍、刘文清，2012；马德君、胡继亮等，2014；李裕瑞、王婧等，2014）。虽然从长期来看，城镇化与农业现代化、工业化之间处于均衡关系，但当前这三化在区域间存在明显不协调性，表现为农业现代化滞后、城镇化居中、工业化超前。针对我国城镇化发展滞后于工业化而领先于农业现代化的现实，有学者认为我国的长期战略和短期策略都需要大力推进城镇化，由此带动农业现代化，进而促进“四化”协调发展（杨爱君，2012；谢杰，2012；董梅生、杨德才，2014；徐维祥、舒季君等，2014）。不过也有研究表明，我国城镇化、工业化和农业现代化在区域间处于初级协调阶段，但发展滞后的农业现代化是制约“三化”协调发展的主要因素，因此推进农业现代化是推动中国城镇化和工业化进程的重要战略举措，应大力发展农业现代化，以此保障工业化和城镇化的深入发展（李国平，2008；钱丽、陈忠卫等，2012；周建群，2013）。

综上所述，现有研究存在以下缺陷：研究数据方面，大多数研究人员采用的是国家或省级数据，市级数据较少，省域范围过大，包含较多噪音，不能切实反映区域城镇化与农业现代化实际情况；研究区域方面，针对西部地区的实证研究较少，西部地区为民族聚居区和边疆地区，具有特殊的地位，需要研究其独特性；既有研究结论并未达成共识，需要搜集新的数据，加深研究。

二、数据来源和研究方法

（一）指标体系构建

本论文以西部地区城镇化和农业现代化为核心，构建了 1 个一级指标——“西部地区城镇化与农业现代化协调度”，2 个二级指标——“城镇化”和“农业现代化”，同时每个二级指标选取 4 到 10 个指标，共 14 个作为三级指标，用以评价西部地区各地级市城镇化与农业现代化水平。评价指标体系如表 1 所示。

（二）研究对象和数据来源

本文选取中国西部 8 省①所有城市作为研究对象，对城镇化和农业现代化进行实证分析。由于受数据可得性的限制，本论文中研究起止年限为 2003—2014

① 省分别是：甘肃省、青海省、陕西省、四川省、重庆市、云南省、广西壮族自治区、新疆维吾尔族自治区，由于宁夏壮族回族自治区、西藏自治区、内蒙古自治区以及贵州省与西部地区其他地级市的建制和统计口径不一致，没有纳入分析范围。

年，总共12年。由于统计年鉴中青海除西宁市外、新疆除乌鲁木齐市外都不具有完整性的统计数据，另外还有一些城市情况都比较特殊，（如甘肃的嘉峪关市是资源城市、新疆的克拉玛依市是石油城市）。因此本论文未将以上城市纳入分析范围，选取这8省中59个地级市，主要数据来源于《中国城市统计年鉴》《中国统计年鉴》）以及各省市统计年鉴。

表1　西部地区城镇化与农业现代化评价指标体系

一级指标	二级指标	三级指标	指标类型
西部地区城镇化与农业现代化协调度	城镇化	城镇人口比重（%）	越大越好型
		人口密度（市辖区）（人/平方千米）	越大越好型
		非农从业人员比重（%）	越小越好型
		城市建设用地占市区面积比重（%）	越小越好型
		人均城市道路面积（平方米/人）	越大越好型
		人均公共绿地面积（平方米/人）	越大越好型
		每百人高等学校在校学生数（人/百人	越大越好型
		每万人医生数（人/万人）	越大越好型
		每百人公共图书馆馆藏量（册/百人）	越大越好型
		每万人拥有公共汽车数（辆/万人）	越大越好型
	农业现代化	每公顷耕地农业机械化动力（千瓦时/公顷）	越大越好型
		单位耕地化肥施用量（千克/公顷）	越大越好型
		有效灌溉面积占耕地总面积比例（%）	越大越好型
		非农GDP占农林牧渔GDP比例（%）	越大越好型

（三）研究方法

1. 熵值法

本文将使用熵权赋值综合评价方法来评价西北地区城镇化和农业现代化的发展状况。熵值法是用客观的信息量大小来确定权重。该方法在很大程度上规避了评价指标权重计算的主观因素，使得评价更贴近现实，具有客观性和科学性。计算步骤如下：

步骤1：对指标做无量纲化处理；当x_j为正向指标时，$y_j = \dfrac{x_j}{\max x_j}$；当$x_j$为逆向指标时，$y_j = \dfrac{\max x_j + \min x_j - x_j}{\max x_j}$。

步骤2：计算指标的比重变换；$R_{ij} = \dfrac{y_{ij}}{\sum_{i=1}^{m} y_{ij}}$，其中$y_{ij}$（经正向化和无量纲化指

标的数据）表示第 i 个 j 指标的值（$i = 1,2,\cdots,m$；$j = 1,2,\cdots,n$）。

步骤3：计算指标熵值；$h_j = -\sum_{i=1}^{m} R_{ij}\ln R_{ij}$。

步骤4：将熵值逆向化；$l_i = 1 - h_j$。

步骤5：计算指标 x_j 的权重；$w_j = \frac{l_j}{\sum_{j=1}^{n} l_j}$。

步骤6：加权线性求和计算指标得分；$x_i = \sum_{j=1}^{n} y_{ij}w_j$。

2. 耦合度和协调度方法

本文将使用耦合度和协调度概念与方法计算西部地区城镇化与农业现代化之间的协调和同步发展程度。根据物理学中的容量耦合概念和模型，结合城镇化和农业现代化的内容特征，得到城镇化和农业现代化的耦合度函数，表达式为：

$$C = \{(U \times L) / [(U+L)/2]^2\}^2$$

其中 U 为城镇化指数，L 为农业现代化指数，C 为城镇化和农业现代化的耦合度，耦合度值 $C \in [0, 1)$。当 $C = 1$ 时，耦合度最大，城镇化和农业现代化之间达到良性共振，趋向有序结构；当 $C = 0$ 时，耦合度最小，城镇化和农业现代化各要素之间处于无关状态，系统发展方向无序。

为区分耦合过程中良性和破坏性，我们采用协调度表示耦合的良性作用大小。本文提出的城镇化和农业现代化的协调度的表达式为：

$$D = \sqrt{C \times T}$$

其中，$T = aU + bL$，D 为协调度，a 和 b 为特定权数，T 为城镇化和农业现代化的综合评价指数。

3. 协调发展度的定义

计算耦合协调度是为了摸清各子系统之间的现状协调情况，从而为最终的发展方案建议奠定基础，因此，耦合协调度的判断标准必不可少。按照所求耦合协调度的大小，将城镇化与农业现代化协调发展状况分为3大类7小类。（见表2）

表2　协调发展的定义

大类	协调发展度	小类
协调发展区间	0.900－1.000	优质协调类
	0.800－0.899	良好协调类
	0.700－0.799	中级协调类
过渡调和区间	0.500－0.699	勉强协调类

续表

大类	协调发展度	小类
失调衰退类	0.400－0.499	失调
	0.300－0.399	中度失调
	0－0.300	严重失调

三、实证分析结果及讨论

实证分析结果如表3所示，仔细分析该表，可以得到如下初步结论：

1. 整体来看，西部地区城镇化与农业现代化协调发展度较低，但协调水平呈上升趋势

如表3所示，西部地区城镇化与农业现代化协调发展度的均值仅为0.526，整体上协调发展度较低。其中成都市协调度最高，为0.743，处于中级协调发展阶段；甘肃省金昌市协调度最低，仅为0.365，处于中度失调发展阶段，前者是后者的2倍，两者差距较大。在协调发展的21个城市中，仅有成都、乌鲁木齐2城市的协调水平最高，但仅处于中级协调发展状态，其所占比例仅为10%。因此，西部地区的最高协调水平为中级协调类，协调水平较低；其余19个城市皆处于勉强协调发展阶段，占比为90%。如图1所示，2003—2005年，西部地区城镇化与农业现代化的协调度稳中有升，但2005—2007年出现短暂波动，尤其2006年降到最低水平0.5；2007年企稳回升，直至2014年达到最大值0.55。综上所述，西部地区城镇化与农业现代化协调发展度较低，但协调水平呈上升趋势。

2. 总体而言，西部地区城镇化与农业现代化的差距呈缩小趋势，但仍呈现出城镇化滞后，农业现代化超前的状况

如图1所示，通过比较西部地区城镇化指数与农业现代化指数，可以看出2003—2010年，城镇化与农业现代化差距较为稳定，但从2010年起，两者之间差距逐渐缩小，直到2014年达到最小，为0.049。西部地区城镇化的平均值仅为0.252，但农业现代化的平均值为0.371，城镇化滞后于农业现代化。西部地区城镇化指数最高的城市为乌鲁木齐市，为0.559；农业现代化指数最高的城市为四川省的雅安市，为0.774,；两者的差距为0.215，接近于西部地区城镇化的平均水平。本研究样本中，城镇化超前的城市仅有12个，占比仅为20%；但农业现代化超前的城市高达47个，占比80%，前者为后者4倍。因此，西部地区整体表现为城镇化滞后，农业现代化超前的现状，这与既有研究结论差异较大。这可

能由于西部外出打工人口很多，造成西部地区人口流失严重，城市失去发展活力，这在很大程度上减缓了其城镇化进程。因此，西部地区的城镇化发展与中东部还有很大差距，仍急需大力推进新型城镇化建设，进而促进城镇化与农业现代化协调、同步发展。

3. 西部地区处于协调发展的城市中，城镇化超前的比例较高；而失调发展的城市中，绝大多数表现为农业现代化超前

如表 3 所示，西部地区城镇化与农业现代化协调发展的 21 个城市中，城镇化超前的城市有 8 个，分别是乌鲁木齐市、昆明市、西宁市、兰州市、南宁市、柳州市、桂林市、铜川市，占比为 40%；在失调发展的 38 个城市中，城镇化超前的仅有 4 个，分别是平凉市、天水市、延安市、金昌市，占比不到 11%，前者约为后者的 4 倍。因此，城镇化与农业现代化协调发展的城市中，城镇化超前的城市占绝对优势。反之，在失调发展的 38 个城市中，农业现代化超前的城市有 34 个，占比高达 90%。由此可见，在失调发展的城市中，绝大部分地区农业现代化超前。由于在城镇化超前的城市中，整体体现出城镇化与农业现代化协调发展；而在农业现代化超前的城市中，整体表现为城镇化与农业现代化失衡发展；所以城镇化超前更有助于推动城镇化与农业现代化的协调稳定发展。

4. 西部地区中，协调发展度存在区域间发展不平衡现象，区域协调度较高（处于协调发展阶段）且城镇化超前的地区多为省会和中心城市

在西部地区中，区域间经济发展不平衡，各城市间城镇化与农业现代化协调度的差距比较突出。如表 3 所示，西部地区中协调度较高且城镇化超前的 8 个城市中，省会城市有 5 个，分别是：新疆乌鲁木齐市、云南昆明市、青海西宁市、甘肃兰州市、广西南宁市，省会城市所占整体比例高达 63%；中心城市有 3 个，分别是：柳州市、桂林市、铜川市，两者合计占比 37%。虽然在协调度较高的城市中，有两个省会城市比较特殊，即四川省会成都市和陕西省会西安市的农业现代化水平都高于城镇化水平，但分析发现其城镇化和农业现代化的比值分别为 0.95、0.84，均接近 1，说明差距很小，接近协调水平。因此，在西部地区中协调度较高且城镇化超前的地区多为省会和中心城市，即使存在少数特殊省会城市，占比较小，而且城镇化与农业现代化的差距也较小，基本接近协调水平。以上结论表明：大力发展以省会为代表的大城市和中心城市有助于提高西部地区城镇化与农业现代化的协调水平，更有助于超前发展的城镇化对农业现代化的带动作用。

5. 西部地区协调发展的城市中，农业现代化对城镇化的支撑作用较强，效果显著

如表 3 所示，协调发展的城市中主要有两类，一类以重庆、成都等市为代表

的西南城市，另一类以西安、咸阳、酒泉、张掖等市为代表的西北城市。首先作为直辖市的重庆市和作为省会的成都市，均属于西部经济圈的核心成员，农村一二三产业融合发展度较高，其农业 GDP 占农林牧渔业 GDP 的比值比较低，第一产业中高附加值产业比较发达。比如，成都市是全国重要的商品粮油、蔬菜水果和中药材基地，畜牧业也比较发达。其把与资源禀赋相匹配的现代农业生产结构充分加以利用，形成一条产出高、效益好、同时又环保的农业现代化道路，使一二三产业深入融合发展。其次以西安、咸阳、酒泉、张掖为代表的西北城市，其农业生产条件比较发达，农村基础设施完善，农业现代化水平比较高。因为通过分析得知，这些城市的农业机械化水平与有效灌溉率均比较高，在西部城市中处于领先地位。因此，第一产业中高附加值产业比较发达，农村基础设施比较完善的城市，农业现代化对城镇化的支撑作用较强，效果比较显著。

表 3　西部地区城镇化与农业现代化协调度（2003—2014 年均值）

城市	协调发展阶段	协调度	城镇化指数（U）	农业现代指数（A）	指数比较（$=U/A$）	协调发展特征
成都市	中级协调发展	0.743	0.547	0.575	0.95	农业现代化超前
乌鲁木齐	中级协调发展	0.715	0.559	0.467	1.20	城镇化超前
西安市	勉强协调发展	0.691	0.456	0.542	0.84	农业现代化超前
昆明市	勉强协调发展	0.617	0.444	0.345	1.29	城镇化超前
西宁市	勉强协调发展	0.604	0.498	0.300	1.66	城镇化超前
攀枝花市	勉强协调发展	0.604	0.335	0.679	0.49	农业现代化超前
北海市	勉强协调发展	0.604	0.345	0.418	0.82	农业现代化超前
咸阳市	勉强协调发展	0.597	0.329	0.453	0.73	农业现代化超前
兰州市	勉强协调发展	0.580	0.499	0.270	1.85	城镇化超前
南宁市	勉强协调发展	0.575	0.391	0.286	1.37	城镇化超前
柳州市	勉强协调发展	0.552	0.387	0.258	1.50	城镇化超前
绵阳市	勉强协调发展	0.550	0.277	0.559	0.50	农业现代化超前
桂林市	勉强协调发展	0.538	0.365	0.248	1.47	城镇化超前
酒泉市	勉强协调发展	0.538	0.266	0.394	0.68	农业现代化超前
张掖市	勉强协调发展	0.532	0.257	0.440	0.58	农业现代化超前
自贡市	勉强协调发展	0.518	0.244	0.491	0.50	农业现代化超前
铜川市	勉强协调发展	0.515	0.297	0.248	1.20	城镇化超前
重庆市	勉强协调发展	0.511	0.243	0.318	0.76	农业现代化超前
丽江市	勉强协调发展	0.509	0.243	0.384	0.63	农业现代化超前
德阳市	勉强协调发展	0.507	0.246	0.649	0.38	农业现代化超前

续表

城市	协调发展阶段	协调度	城镇化指数（U）	农业现代指数（A）	指数比较（$=U/A$）	协调发展特征
宝鸡市	失调发展	0.499	0.227	0.393	0.58	农业现代化超前
玉溪市	失调发展	0.493	0.226	0.332	0.68	农业现代化超前
钦州市	失调发展	0.492	0.222	0.341	0.65	农业现代化超前
泸州市	失调发展	0.487	0.216	0.441	0.49	农业现代化超前
南充市	失调发展	0.485	0.223	0.561	0.40	农业现代化超前
白银市	失调发展	0.479	0.213	0.278	0.76	农业现代化超前
汉中市	失调发展	0.478	0.209	0.402	0.52	农业现代化超前
遂宁市	失调发展	0.477	0.222	0.615	0.36	农业现代化超前
达州市	失调发展	0.475	0.209	0.477	0.44	农业现代化超前
玉林市	失调发展	0.474	0.202	0.347	0.58	农业现代化超前
雅安市	失调发展	0.473	0.231	0.774	0.30	农业现代化超前
武威市	失调发展	0.473	0.213	0.556	0.38	农业现代化超前
梧州市	失调发展	0.472	0.217	0.244	0.89	农业现代化超前
保山市	失调发展	0.462	0.199	0.264	0.75	农业现代化超前
曲靖市	失调发展	0.461	0.207	0.248	0.83	农业现代化超前
普洱市	失调发展	0.456	0.201	0.234	0.86	农业现代化超前
广元市	失调发展	0.455	0.198	0.528	0.38	农业现代化超前
渭南市	失调发展	0.453	0.193	0.431	0.45	农业现代化超前
来宾市	失调发展	0.451	0.191	0.244	0.78	农业现代化超前
贺州市	失调发展	0.448	0.187	0.281	0.66	农业现代化超前
乐山市	失调发展	0.445	0.195	0.580	0.34	农业现代化超前
安康市	失调发展	0.443	0.184	0.249	0.74	农业现代化超前
宜宾市	失调发展	0.438	0.181	0.440	0.41	农业现代化超前
广安市	失调发展	0.435	0.181	0.481	0.38	农业现代化超前
百色市	失调发展	0.433	0.188	0.198	0.95	农业现代化超前
内江市	失调发展	0.431	0.183	0.540	0.34	农业现代化超前
平凉市	失调发展	0.429	0.199	0.173	1.15	城镇化超前
庆阳市	失调发展	0.429	0.184	0.190	0.97	农业现代化超前
河池市	失调发展	0.427	0.168	0.247	0.68	农业现代化超前
定西市	失调发展	0.424	0.164	0.241	0.68	农业现代化超前
崇左市	失调发展	0.421	0.174	0.186	0.93	农业现代化超前
眉山市	失调发展	0.417	0.186	0.682	0.27	农业现代化超前

续表

城市	协调发展阶段	协调度	城镇化指数（U）	农业现代指数（A）	指数比较（$=U/A$）	协调发展特征
商洛市	失调发展	0.413	0.157	0.284	0.55	农业现代化超前
天水市	失调发展	0.400	0.198	0.139	1.43	城镇化超前
陇南市	失调发展	0.400	0.147	0.230	0.64	农业现代化超前
榆林市	中度失调发展	0.392	0.155	0.220	0.71	农业现代化超前
延安市	中度失调发展	0.388	0.162	0.157	1.03	城镇化超前
昭通市	中度失调发展	0.373	0.129	0.208	0.62	农业现代化超前
金昌市	中度失调发展	0.365	0.305	0.108	2.81	城镇化超前
平均	勉强协调发展	0.526	0.252	0.371	0.68	农业现代化超前

数据来源：作者计算。

注：按照协调度大小降序排列。

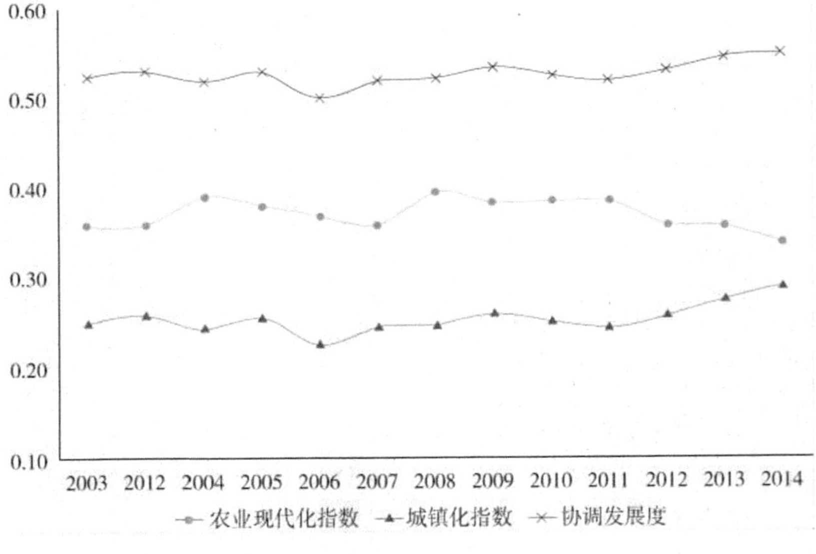

图 1　西部地区城镇化与农业现代化协调发展状况

四、总体结论与政策建议

通过细致的研究和分析，本文得到以下总体结论：

第一，整体来看，西部地区城镇化与农业现代化协调发展度较低，但呈上升趋势，城镇化发展滞后于农业现代化

西部地区城镇化与农业现代化协调发展度的平均值比较低，仅处于勉强协调

发展阶段；即使协调水平最大的成都市也仅处于中级协调水平；而且在这些协调城市中，大多数都处于勉强协调阶段；不过纵观城镇化与农业现代化协调发展的互动关系可知，西部地区城镇化与农业现代化协调发展度只有两年出现波动，整体呈稳定上升趋势。西部地区城镇化指数的平均值要低于农业现代化的平均值，而且差距比较大。在西部地区 59 个城市样本中，城镇化超前的城市所占比例仅为 20%，但农业现代化超前的城市所占比例高达 80%，西部地区城镇化与农业现代化协调发展度较低，整体表现出城镇化滞后，农业现代化超前状况。

第二，处于协调发展的西部城市中，特别是省会及中心城市，城镇化的带动作用显著，引领了城镇化和农业现代化的协调发展

在西部地区城镇化与农业现代化协调发展的 21 个城市中，城镇化超前的城市所占比例约为 40%；但在失调发展的 38 个城市中，城镇化超前的城市所占比例不到 11%，前者约为后者的 4 倍。反之，在失调发展的 38 城市中，农业现代化超前的城市所占比例高达 90%，城镇化超前的仅占 10%，因此处于协调发展的西部城市中，城镇化超前的比例较高；而失调发展的城市中，绝大多数表现为农业现代化超前。在协调度较高（处于协调发展阶段）且城镇化超前的城市中，省会城市占比高达 63%；因此在西部地区中，协调水平较高且城镇化超前的地区多为省会和中心城市。由于在城镇化超前的城市中，整体体现出城镇化与农业现代化协调发展，所以城镇化超前更有助于推动城镇化与农业现代化的协调、稳定发展。

第三，西部地区协调发展的城市中，农业现代化对城镇化的支撑作用较强

在协调发展的城市中，西南地区主要以重庆、成都等省会城市为代表；西北地区主要以西安、咸阳、酒泉、张掖等城市为代表。前者的非农业 GDP 占农林牧渔业 GDP 的比值比较高，第一产业中高附加值产业比较发达；后者的农业生产条件比较发达，农村基础设施完善，尤其这些城市的农业机械化水平与有效灌溉率均比较高，处于领先地位。尤其像雅安市，虽然四面环山，交通欠发达，经济比较落后，但由于农业基础比较完善、有效灌溉率很高，致使其农业现代化水平排名四川省第一。所以，第一产业中高附加值产业比较发达，农村基础设施比较完善的城市，农业现代化对城镇化的支撑作用较强，效果比较显著。

依照以上研究结论，本文提出以下政策建议：

第一，健全促进西部地区农业转移人口市民化的机制，发挥城镇化引领农业现代化发展的作用，加强工业化、信息化的支撑力，推动城镇化与农业现代化协调发展

研究发现，西部地区城镇化与农业现代化协调发展度比较低，整体呈现出城

镇化滞后，农业现代化超前的状态。这主要由于西部地区青壮年外出打工比例较高。尤其像四川等西南人口大省，青壮年大都到东部沿海城市打工，人口流失严重，造成家乡人力资源严重缺失，致使西部城市无法注入新鲜血液，失去活力与发展动力，这在很大程度上延缓了城镇化进程。鉴于这种情况，可利用东南沿海地区产业向中西部转移的契机，通过健全西部地区农业人口向市民化推进机制，加快深化户籍制度改革，使外出务工人员在教育、就业、医疗、养老等方面享受与城镇居民同样的基本公共服务，吸引广大农民工返乡创业、务工，使其真正在城市扎根。这样可给家乡城市注入发展动力和资源活力，有助于加快西部地区县域经济建设，进而可大力促进城镇化发展，缩小与农业现代化差距，最终使得西部地区城镇化与农业现代化协同稳定发展。

第二，加强西部地区各省会及中心城市的辐射带动功能，加快推进新型城镇化进程

通过研究得出，西部地区中省会及中心城市的城镇化发展水平要高于农业现代化水平，且二者处于协调发展度水平较高。重庆、成都、西安、西宁、昆明等省会、中心城市是西部地区城镇化发展的重要支撑。首先，在区域上要充分利用其省会城市的产业资源优势和区位枢纽功能，加强与省会城市的协作对接；此外更要发挥西部三大经济圈的辐射带动功能，西部三四线城市要及时融入重庆经济圈、成都经济圈和以西安为中心的关中城市圈建设。例如，三四线城市可接收转移的劳动密集型加工业，在此过程中加强与周边城镇基础设施连接及共享公共服务，最终实现彼此间联动、互补发展。其次，整体上，西部各省是国家“一带一路”和长江经济带发展战略的重要沿线地区，各地区要及时抓住难得机遇、合理做出战略布局、因地制宜地融入其中。因此，西部各地区在享受西部大开发战略扶持的同时，要更好发挥“一带一路”和长江经济带对其的带动作用，通过区域内充分挖掘并提升经济内生增长动力，区域间合理借鉴及共享资源优势，尤其要加强西部地区各省会及中心城市的辐射带动功能，加快推进新型城镇化进程，真正形成以省会及中心城市为龙头，以中小城市、小城镇为支撑，以新农村为基础的城镇化格局。

第三，促进西部地区农业供给侧结构性改革，构建新型农业社会化服务体系，提升现代农业发展水平，加强农业现代化对城镇化的支撑作用

首先，要结合西部地区城镇化的区域环境和浓厚的少数民族文化等特殊情况，调整和优化西部地区的农业结构，大力挖掘当地农业产业的多种功能和效益，尤其培育高附加值农业，加快完善现代农业产业体系，以便适应西部城乡居民对产业结构升级的农业现代化的强烈需求。其次，农业现代化水平与农村基础

建设的完善程度呈一定的正相关关系；农村基础设施建设越完善的城市，其农业现代化发展水平越高。由于农业现代化的重要特征是实现农业生产条件的现代化，而农业生产条件就会涉及对通讯、农机等设施装备的使用，因此农业生产中的装备现代化就是农业现代化中的硬实力。此外，强化农业基础设施建设是加快农村经济发展、促进农业现代化的重要手段，所以加强以农田水利为重点的农业基础设施建设，改善农村电网等服务网络条件，提高农业综合生产能力，提升西部地区的农业现代化水平显得尤为重要。因此要加强农业基础设施建设，大力改善农业生产条件，快速提升农业现代化水平，以便使农业现代化对城镇化的支撑作用更强，效果进一步显著。比如，可建立以为政府主导、市场运作、社会参与的新型城镇化与农业现代化建设基金，形成基金多元投融资格局；同时在财政上，政府应设置专项资金进行农业基础设施建设，并实行领导负责制，以便在实际中确保农业基础设施建设资金真正得以落实。

西部地区城镇化与信息化协调发展研究

本文运用熵值法和耦合模型，使用西部68个城镇2003—2014年面板数据，对城镇化和信息化的协调发展进行实证分析。研究表明：总体而言，大部分西部地区城镇化与信息化并不协调；西部地区城镇化与信息化耦合度及协调度水平呈逐年上升趋势；各地区城镇化与信息化的协调发展度差距较大，西北民族地区各地信息化水平低于城镇化发展水平，而其他西部地区则是前者高于后者。政策建议：根据西部各地的实际情况，补齐短板，西北民族地区，应加大信息化建设的投入力度，其他西部地区，应加快城镇化建设进程。

引言

中共十八届三中全会提出要坚持走中国特色新型城镇化道路，将新型城镇化的“新”字与信息化时代的来临紧密的联系在一起。国务院在2014年印发的《国家新型城镇化规划（2014—2020年）》中明确指出“要大力推进智慧城市建设，推动新一代信息技术创新应用，实现与城市经济社会发展深度融合，强化信息基础设施建设。”说明要想实现我国城镇的科学发展，关键在于发挥好信息化在“四化”同步发展中的基础性作用。信息化和城镇化作为我国实现现代化不容小觑的关键组成部分，正确的解读其相互的影响作用对于如今信息化时代新型城镇化的不断探索发展有着深远意义。西部地区城镇化进程稳定的推进在某种程度上对促使我国整体城市化水平的全面提升大有裨益，西部大开发战略是我国缩小区域经济差距，促进可持续发展的重要手段之一。因此，在这样的背景下，讨论和研究信息化程度的加深对西部地区城镇化发展有否影响，两者该如何协调发展等问题，具有重要的理论和实践价值。

一、文献回顾

既有文献中提到，城镇化与信息化之间具有内在必然的联系（姜爱林，2001；冯献、崔凯，2013）。“信息化”即将扮演的是“工业化、城镇化、市场化、国际化”的中枢管理角色。一方面，信息技术可以推进城市经济发展的智慧化和可持续化（楚俊国，3003）；另一方面，信息化可以通过 IT 技术把城镇所需要的基础设施变为公众所需要的基本服务（刘国斌、王 轩，2014；于海波、邱玮，2014；辜胜阻、刘江日，2012）。除此之外，信息化的发展也促进了城镇自发进行合理的空间布局，有利于优化城镇化格局，促成智慧城市和生态城市的有机结合。（刘国斌、杨富田，2015；于海波、邱玮，2014；仇保兴，2013）。刘巍文、戴正、邓艾（2008）认为要加快西部民族牧区构建完备的城镇经济体系，必须着眼于信息化的基础。然而若没有产业的支撑，信息化就失去了有效载体，所以说深度融合产业集群建设与信息化建设无疑会为新型城镇化进程增添动力，是促进新型城镇化的重要基础；另一方面，新型城镇化建设为信息化提供更为广阔的发展空间，因此应因地制宜地采取针对性措施提升城镇化质量（刘国斌、王轩，2014；郭理桥，2009；郝华勇，2011）。

从信息化与城镇化协调发展的角度来看。既注重发展的综合水平，又注重信息化和城镇化发展的协调性是加快城镇化进程、走新型工业化道路和大力推进信息化的客观需求。处理好城市基础设施建设与信息基础设施建设的关系，认清城镇化与信息化之间的互动关系，以及经济社会各领域的信息化需求是信息化与城镇化融合协调发展的重要动力（徐维祥，舒季君，2014；姜爱林，2004；黄锟；2011）。张林，冉光（2015）认为在促进信息化与城镇化协调发展的同时，要尽快构建这两者与工业化和农业现代化的协调机制与互动平台，逐步缩小区域发展的差异性。

本文在借鉴既有研究的基础上，立足于西部地区，对其城镇化和信息化的发展情况进行实证的分析，利用熵值综合评价法构造综合指标体系，针对出现的现实问题，提出具体的建议和实施办法。

二、数据的选取和处理及研究方法

（一）数据的选取和处理

由于西藏和内蒙古自治区数据大量缺失，故本文选取西北民族地区甘肃省、青海省、宁夏回族自治区、新疆乌鲁木齐自治区以及其他西北地区广西壮族自治区、重庆市、四川省、贵州省、云南省、陕西省的 68 个地级市为研究对象，时间跨度选取从 2003—2014 年，研究数据均来源于《中国统计年鉴》和《中国城市统计年鉴》。

（二）研究方法

1. 综合评价法——熵值法

熵是对不确定性的一种度量。信息量越大，不确定性就越小，熵也就越小；反之，不确定性越大，熵也越大。这种根据各项指标观测值所提供的信息大小来确定指标权重的特性决定它是一种客观的赋权法，我们可以通过计算熵值来判断某个指标的离散程度，指标的离散程度越大，该指标对综合评价的影响越大。因此，可根据各项指标的变异程度，利用信息熵这个工具，计算出各个指标的权重，构建综合指标体系。本文正是运用此方法来计算衡量信息化、城镇化水平各指标的权重，计算步骤如下：

a、指数的无量纲处理

$$y_j = \frac{x_j}{maxx_j}（当 x_j 为正向指标时）$$

$$y_j = \frac{\mathrm{max}x_j + \mathrm{min}x_j - x_j}{\mathrm{max}x_j}（当 x_j 为逆指标时）$$

b、指标的比重变换

$$R_{ij} = \frac{y_{ij}}{\sum_{i=1}^{m} y_{ij}}$$，其中，y_{ij}（经正向化和无量纲化指标数据）

表示样本 i 第 j 个指标的值（$i = 1,2,\cdots,m$；$j = 1,2,\cdots,n$）

c、指标的熵值计算

$$h_j = -\sum_{i=1}^{m} R_{ij}\ln R_{ij}$$

d、熵值的逆向化

$$l_i = 1 - h_j$$

e、指标 x_j 权重的计算

$$w_j = \frac{l_j}{\sum_{j=1}^{n} l_j}$$

f、加权线性求和计算指标得分

$$x_i = \sum_{j=1}^{n} y_{ij} w_j$$

2. 耦合度

耦合度是对一个系统中各研究对象之间相互作用、相互影响程度的一种衡量尺度。本文所研究信息化与城镇化的耦合度即指其信息化水平和城镇化水平协调发展的程度。耦合度具体的函数关系式如下所示：

$$c = \{(U \times l)/[(U \times L)/2]^2\}^2$$

其中，U 为城镇化水平，L 为信息化水平，c 为两者的耦合度，取值位于

[0, 1] 之间，且随数值的增大，信息化和城镇化彼此之间达到良性共振耦合，系统趋向新的有序结构；反之则意味着两者之间处于无关状态，系统将走向无序状态。

3. 协调度

耦合度反映了因素之间的协调程度，但没有反映出协调的实际水平。这里，本文使用协调度的方式来反映两者耦合程度是优还是劣，其表达式为

$$D = \sqrt{C \times T}$$

其中，C 为协调度，其中 $T = aU + bL$，a、b 为通过熵值法算出的相应权数，T 为信息化与城镇化的综合评价指数。

通过协调度的计算可以赋予信息化和城镇化协调程度以数值的含义，接下来需要协定标准来对其优劣进行划分，如表 1 所示：

表 1　协调度等级的划分

一级	失调衰退类			过渡调和类	协调发展类		
二级	严重失调	中度失调	失调	勉强协调	中级协调	良好协调	优质协调
协调度	[0, 0.3)	[0.3, 0.4)	[0.4, 0.5)	[0.5, 0.7)	[0.7, 0.8)	[0.8, 0.9)	[0.9, 1]

三、实证研究及数据输出分析

（一）指标体系的构建

本文既有文献对城镇化、信息化水平评估指标设定的基础上，结合笔者的观点，基于完整性、简明性和可操作性的原则，分别选用适当的评价因素来对城镇化、信息化这两点一级指标进行评估，这些具体的评价因素为二级指标，并通过熵值法计算出各个指标的权重，如表 2 所示：

表 2　信息化和城镇化水平评价指标值

一级指标	二级指标	指标类型
信息化	人均邮政业务收入	越大越好型
	人均电信业务收入	越大越好型
	固定电话普及率	越大越好型
	移动电话普及率	越大越好型
	互联网普及率	越大越好型

续表

一级指标	二级指标	指标类型
城镇化	城镇人口比重	越大越好型
	人口密度（市辖区）	越大越好型
	非农从业人员比重	越大越好型
	城市建设用地占市区面积比重	越大越好型
	人均城市道路面积	越大越好型
	人均公共绿地面积	越大越好型
	每百人高等学校在校学生数	越大越好型
	每万人医生	越大越好型
	每百人公共图书馆馆藏量	越大越好型
	每万人拥有公共汽车	越大越好型

（二）综合评价结果

实证结果如表3所示，为节省篇幅，表格只报告了25个具有代表性的城市。

1. 城镇化水平发展综合评价

结合表3和图1，从截面综合评价城镇间比较发展上看，发展水平在0.5以上的有4个城镇，依次从高到低为乌鲁木齐、成都、银川、兰州，综合指标值分别为0.57、0.55、0.53、0.51。这四个城市均为所处地区的首府或省会，前三者是西北地区的重要中心城市，是西部大开发战略中国家大力发展的区域，其中乌鲁木齐和兰州是“丝绸之路”经济带的重要节点城市，前者是西北地区面向中西亚的国际贸易中心，幅员辽阔，人口众多。排名在最后的三位综合指标依次为0.13、0.11、0.11，分别为定西市、昭通市和陇南市。仅30%的地区其城镇化水平超过了平均值，剩下均低于平均值0.24，说明西部地区城镇水平发展不平衡，区域性差距较大。

从时间序列上观察，各地域城镇化发展水平的波动幅度不大，涨幅最高的为榆林市，在2003—2014年间，从0.06到0.54。值得一提的是，接近1/5的地区出现了城镇化水平“倒退”的现象，最为明显的是贵阳市。

从变异系数变化的角度来考虑，从2003—2011年没有大幅的差异变化，2011年随着《十二五规划》出台，政府对西部地区城镇化发展的关注和投入力度加强，使西部各地区城镇化发展水平的差距逐年减小，变异系数在2012年小幅上升后，从2013年至今呈现明显下降的趋势。

表3　西部地区城镇化水平

城市 \ 年份	2003	2004	2005	2006	2007	2008	2009	2010	2011	2012	2013	2014	平均
兰州市	0.49	0.41	0.54	0.50	0.52	0.54	0.58	0.55	0.49	0.56	0.45	0.48	0.51
金昌市	0.25	0.25	0.24	0.23	0.28	0.29	0.28	0.40	0.31	0.30	0.33	0.27	0.29
天水市	0.21	0.29	0.17	0.22	0.14	0.17	0.19	0.20	0.15	0.15	0.12	0.15	0.18
定西市	0.00	0.13	0.13	0.15	0.14	0.15	0.15	0.18	0.15	0.15	0.12	0.15	0.13
陇南市	0.00	0.14	0.14	0.10	0.12	0.12	0.13	0.14	0.11	0.10	0.05	0.12	0.11
西宁市	0.44	0.36	0.49	0.56	0.48	0.49	0.42	0.39	0.53	0.60	0.50	0.53	0.48
银川市	0.54	0.45	0.54	0.48	0.51	0.52	0.57	0.64	0.52	0.52	0.62	0.49	0.53
固原市	0.00	0.19	0.20	0.19	0.19	0.27	0.25	0.29	0.20	0.18	0.16	0.20	0.19
中卫市	0.00	0.13	0.18	0.25	0.19	0.23	0.25	0.26	0.19	0.22	0.22	0.17	0.19
乌鲁木齐市	0.62	0.53	0.54	0.50	0.53	0.62	0.62	0.69	0.53	0.53	0.66	0.52	0.57
南宁市	0.38	0.32	0.26	0.34	0.40	0.40	0.48	0.47	0.38	0.37	0.38	0.39	0.38
玉林市	0.16	0.15	0.16	0.17	0.18	0.18	0.22	0.15	0.18	0.17	0.19	0.25	0.18
崇左市	0.15	0.14	0.12	0.14	0.15	0.17	0.19	0.21	0.15	0.14	0.08	0.20	0.15
重庆市	0.21	0.23	0.24	0.20	0.21	0.24	0.27	0.22	0.22	0.18	0.24	0.27	0.23
成都市	0.50	0.42	0.47	0.50	0.54	0.56	0.65	0.47	0.53	0.56	0.64	0.74	0.55
德阳市	0.20	0.19	0.19	0.20	0.21	0.21	0.29	0.19	0.23	0.23	0.28	0.38	0.23
雅安市	0.25	0.19	0.18	0.19	0.22	0.23	0.38	0.23	0.19	0.19	0.14	0.29	0.22
贵阳市	0.63	0.52	0.61	0.41	0.43	0.42	0.51	0.47	0.36	0.38	0.39	0.47	0.47
安顺市	0.13	0.14	0.12	0.14	0.14	0.15	0.16	0.12	0.13	0.11	0.11	0.28	0.15
昆明市	0.41	0.34	0.34	0.41	0.48	0.34	0.69	0.59	0.43	0.47	0.50	0.58	0.46
曲靖市	0.14	0.13	0.13	0.12	0.16	0.16	0.24	0.22	0.21	0.30	0.18	0.35	0.20
昭通市	0.08	0.08	0.11	0.08	0.08	0.10	0.11	0.08	0.10	0.09	0.08	0.29	0.11
西安市	0.41	0.39	0.39	0.45	0.48	0.50	0.52	0.44	0.46	0.43	0.52	0.61	0.47
铜川市	0.30	0.29	0.26	0.25	0.24	0.25	0.27	0.30	0.26	0.26	0.25	0.41	0.28
榆林市	0.06	0.13	0.07	0.08	0.10	0.12	0.17	0.16	0.13	0.12	0.16	0.54	0.15
平均	0.22	0.21	0.22	0.22	0.23	0.24	0.29	0.26	0.24	0.23	0.24	0.33	0.24
变异系数	0.61	0.47	0.56	0.51	0.51	0.49	0.48	0.52	0.47	0.53	0.58	0.37	0.51

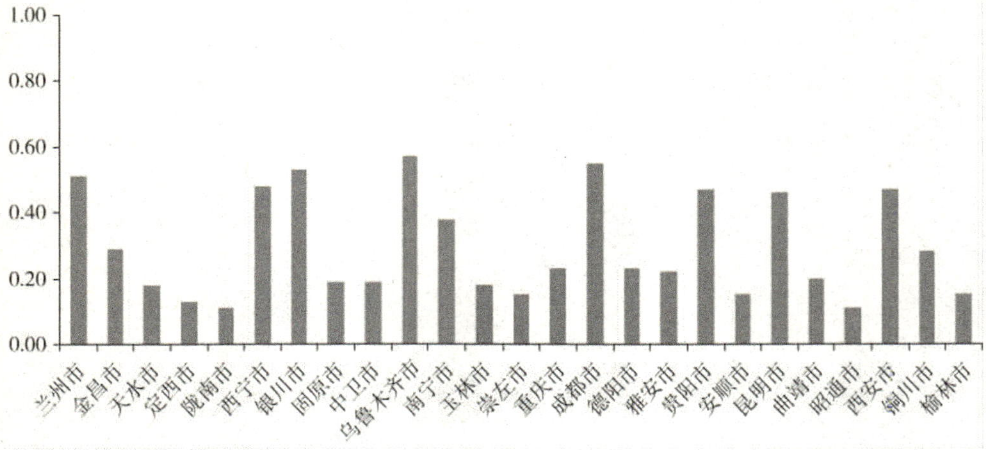

图1　西部地区25个市城镇化综合评价（2003—2014年12年平均）

2. 信息化水平发展综合评价

通过表4和图2，从截面综合评价城镇间比较发展上看，西部地区信息化发展有两极分化的倾向。西北民族信息化发展水平明显普遍偏低，而西南地区重庆市、成都市信息化水平最高，分别为5.68、3.58。西部民族地区中乌鲁木齐和兰州信息化程度也相对较高，这些城镇均为所处地区的首府或省会，是工业、商业集中发展的区域，也是“一带一路”政策实施地。排在综合指标最后三个的信息化水平发展综合指数仅有0.04、0.04、0.02，分别是固原市、中卫市和金昌市。超过平均数的不到50%，且大部分在0.25附近。这说明，西部地区的信息化投入多在西南地区，因此造成区域差距较大。

从时间序列上观察，各地区从2003—2014年信息化发展水平变化幅度不大，但有缓慢上升的势态，2003—2005年期间信息化水平明显上升，随后2006—2011年年间，信息化水平在0.5—0.6之间调整，从2011年至今，信息化呈现稳步上升的形态。其中信息化水平增长最快的为重庆市，为33%。而兰州市下降最为严重，为-25%，虽这两者都是国家重点关注地区，但重庆市位于西南地区，信息产业发达。而兰州位于西北民族地区，更多的是工业化产业，对信息化的需求较少，这也是制约其发展水平的原因。

从变异系数变化情况来看，2006年至2013年西部地区各城镇的信息化水平之间的差距变大，增加了7.3%，其中2006—2007年间，信息化发展水平差异拉大，说明政府开始重视对信息化建设和增加了支持力度，并且有目的性地对特定地区进行重点投入和把握。

表 4　西部地区信息化现状水平

城市\年份	2003	2004	2005	2006	2007	2008	2009	2010	2011	2012	2013	2014	平均
兰州市	0.87	0.78	0.86	0.85	0.87	0.80	0.79	0.67	0.67	0.66	0.73	0.72	0.77
金昌市	0.06	0.02	0.01	0.00	0.01	0.01	0.03	0.01	0.01	0.03	0.02	0.02	0.02
天水市	0.19	0.15	0.15	0.14	0.15	0.18	0.20	0.34	0.25	0.26	0.28	0.38	0.22
定西市	0.11	0.05	0.06	0.07	0.08	0.08	0.12	0.07	0.08	0.17	0.17	0.16	0.10
陇南市		0.06	0.08	0.06	0.09	0.11	0.12	0.10	0.11	0.09	0.10	0.17	0.10
西宁市	0.34	0.30	0.38	0.40	0.40	0.44	0.51	0.49	0.35	0.44	0.41	0.49	0.41
银川市	0.47	0.47	0.51	0.41	0.38	0.30	0.18	0.27	0.32	0.42	0.46	0.47	0.39
固原市	0.07	0.05	0.01	0.03	0.01	0.02	0.05	0.03	0.04	0.03	0.04	0.05	0.04
中卫市		0.01	0.02	0.02	0.02	0.03	0.05	0.03	0.04	0.04	0.06	0.07	0.04
乌鲁木齐	0.85	0.96	1.00	1.00	0.94	0.98	0.96	0.90	0.98	1.00	0.99	0.97	0.96
南宁市	1.09	1.14	1.32	1.46	1.08	0.97	1.16	1.08	1.39	2.35	1.33	1.36	1.31
玉林市	0.35	0.38	0.52	0.62	0.66	0.71	0.60	0.49	0.48	0.53	0.51	0.51	0.53
崇左市	0.13	0.11	0.14	0.21	0.22	0.26	0.22	0.17	0.15	0.18	0.17	0.17	0.18
重庆市	3.86	4.64	5.55	5.31	11.12	4.60	4.79	5.65	5.32	5.40	5.84	6.05	5.68
成都市	2.89	2.93	3.47	3.79	3.58	3.35	4.81	4.44	3.32	3.35	3.38	3.70	3.58
德阳市	0.35	0.34	0.40	0.42	0.56	0.41	0.50	0.46	0.45	0.89	0.52	0.56	0.49
雅安市	0.14	0.12	0.11	0.13	0.15	0.13	0.16	0.13	0.13	0.21	0.14	0.16	0.14
贵阳市	0.93	0.89	1.07	0.79	0.77	0.85	0.94	0.85	0.85	0.99	1.07	1.04	0.92
安顺市	0.13	0.09	0.10	0.11	0.78	0.14	0.18	0.16	0.16	0.18	0.17	0.20	0.20
昆明市	1.31	1.24	1.46	1.59	1.66	3.02	3.41	1.62	1.34	1.54	1.47	1.93	1.80
曲靖市	0.29	0.29	0.33	0.32	0.31	0.34	0.42	0.45	0.43	0.42	0.63	0.64	0.41
昭通市	0.15	0.12	0.11	0.14	0.17	0.17	0.46	0.17	0.20	0.24	0.28	0.29	0.21
西安市	2.31	2.61	3.19	2.25	2.29	2.63	2.85	2.44	2.51	2.84	3.40	3.33	2.72
铜川市	0.10	0.07	0.05	0.40	0.04	0.05	0.06	0.06	0.05	0.08	0.07	0.06	0.09
榆林市	0.23	1.04	0.41	0.47	0.35	0.45	0.57	0.49	0.55	0.59	0.55	0.54	0.52
平均	0.42	0.43	0.48	0.49	0.58	0.51	0.59	0.55	0.51	0.56	0.54	0.56	0.52
变异系数	1.51	1.68	1.78	1.66	2.42	1.54	1.57	1.67	1.61	1.50	1.64	1.62	1.68

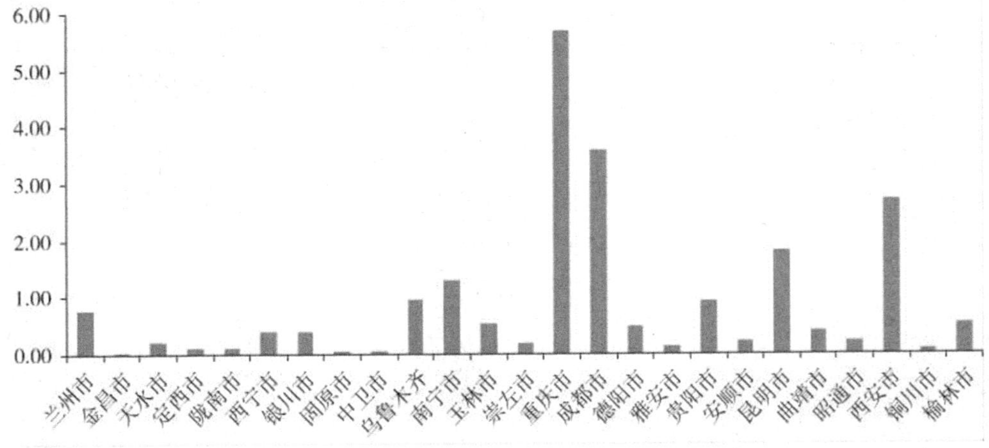

图 2　西部地区 25 个市信息化综合评价
（2003—2014 年 12 年平均）

（三）城镇化与信息化水平及其协调发展度的历史演进

1. 西部地区城镇化与信息化水平发展呈缓慢上升趋势

如图 3 所示，从总体发展势态上来看，一方面西部地区城镇化与信息化水平发展呈现出上升的状态，在 2003—2009 年期间，城镇化水平从 0.223 上升到 0.288，信息化水平从 0.42 到 0.59，但从 2009 年开始至 2011 年，这两个指标分别下降至 0.24 和 0.51，随后从 2011 年开始两者均呈现一种上升的状态，而原因可能在于 2008 年奥运会的举行和金融危机的爆发造成的影响，而随后政府加大各种基础设施建设的投放力度以及对经济增长的促进，使得从 2012 年开始，城镇化和信息化均处于上升期。另一方面，信息化水平总高于城镇化发展水平。从 2012 年起，由于国家发改委对十二五规划中西部大开发的重视，以及相关战略部署的制定城镇化水平和信息化水平的差距明显逐年减小。

2. 西部地区信息化水平呈现严重区域不平衡性

对比图 4 和图 5，西北民族地区的城镇化水平高于信息化水平，而其他西部地区情况相反，说明总体上之所以呈现信息化高于城镇化水平在于个别西南地区拉高了综合的信息化发展水平，西部民族地区的信息化水平均低于 0.25，而其他西部地区的信息化发展指数自 2005 年均在 0.55—0.75 之间徘徊。在实地调研中发现，西藏、内蒙古等地区基础设施差，网络几乎完全没有覆盖；而重庆、四川等地，互联网 + 的概念普及，虚拟经济行业蓄势待发。这种不均衡的发展造成了西北民族地区和其他西北地区严重的“数字鸿沟”。

3. 西部地区城镇化和信息化发展水平耦合度及协调发展度呈上升趋势

虽然西部地区信息化发展得不平衡，但不论是西部民族地区还是其他西部地区，其城镇化和信息化发展水平耦合度及协调发展度均呈上升趋势，耦合度从2003 年 0. 78 到 2013 年 0. 81。其中仅 2004 年和 2010 年小有回调，但幅度并不大，与前一年相比，分别下降了 0. 045 和 0. 061，从 2012 年至今呈现快速上升的趋势。相同的，协调度呈现一种缓慢上涨的趋势，仅 2009 年进行了一次幅度稍大的震荡，随后稳定上升。比较西北民族地区和其他西部地区的耦合度和协调度发展情况，基本与总体情况走势相同。说明这过去的 12 年里，虽然政府对于不同的地区，信息化和城镇化的投入量和支持力度不同，但总体上说西部地区信息化与城镇化发展之间的协调性越来越高。

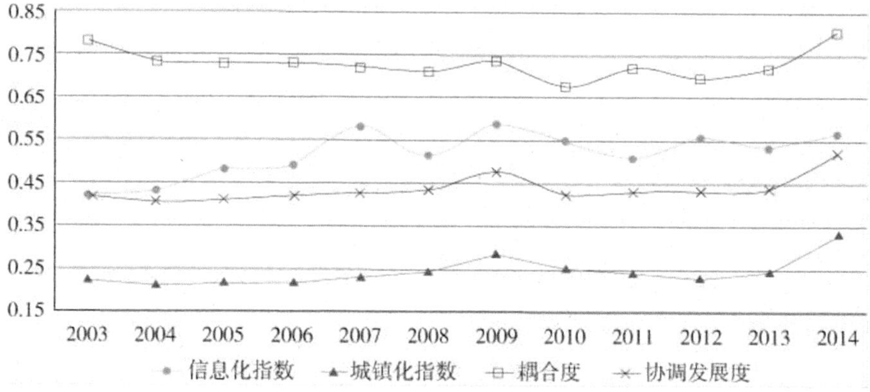

图 3　西部地区城镇化与信息化发展状况（2003—2014 年平均）

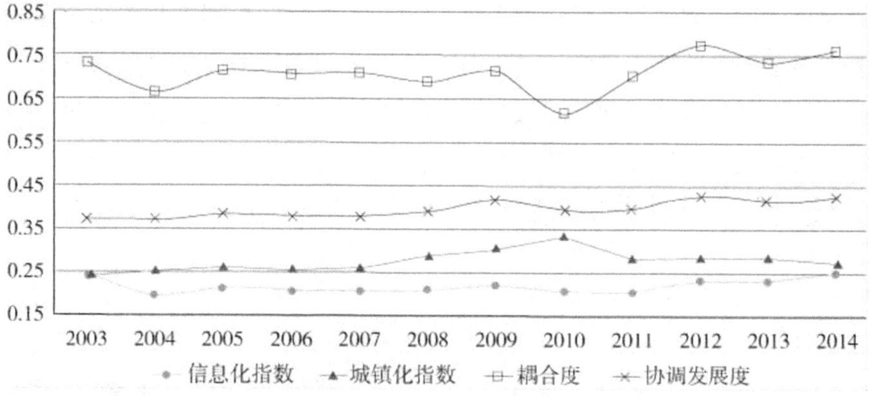

图 4　西北民族地区城镇化与信息化发展状况（2003—2014 年平均）

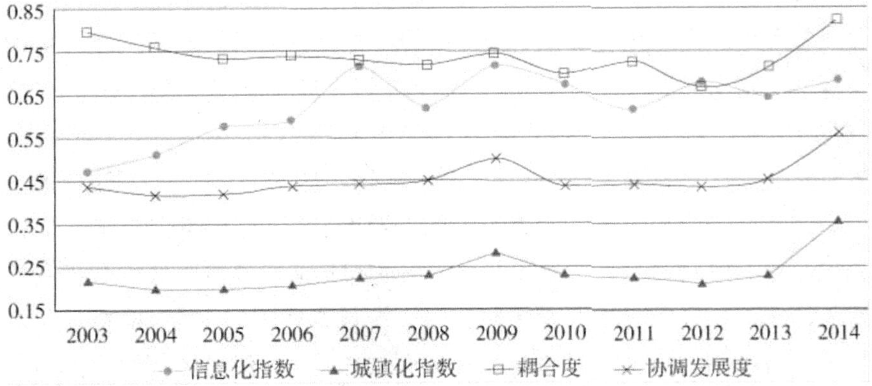

图5　其他西部地区城镇化与信息化发展状况（2003—2014年平均）

（四）城镇化与信息化耦合度及协调发展度的区域性情况

1. 城镇化与信息化的协调发展度呈现区域差距化

表5显示，协调度发展水平最高的依次为乌鲁木齐、兰州、贵阳和西宁等省会城市等；水平较低的四个城市分别为重庆市、中卫市、固原市和金昌市。主要原因有以下两点，首先，顶层的城镇大多位于西北民族地区，信息化程度和城镇化程度均不高，故协调度较高；其次这些城镇均为省会城市，且是经济活动集中发展的地方，其具备高的资源配置率和政府投入量；再次，低工业化往往伴随着城市化和信息化协调发展度低下，而处于最底层三个城市，主要产业为农林牧鱼，特别是信息化程度最低的金昌市，至2011年，其农作物播种面积已达到107.45万亩。而类似乌鲁木齐、兰州和贵阳是典型的工业发展区，其经济发展主要来自贸易和工业制造，经济发展水平高；最后，由于大数据时代的到来，互联网+的概念通过电视网络的宣传成为一种势不可挡的趋势，其催生出来的以电商为标志的虚拟产业层出不穷，而使得对信息基础建设的要求愈加强烈和迫切，推动信息化水平的发展，所以重庆、成都市等地区其信息化发展水平极高，导致与城镇化发展水平的脱节。

2. 西北民族地区处于城镇化整体赶超信息化发展的现状，而其他地区呈现相反的状态

西北地区18个城市中仅兰州市、天水市和乌鲁木齐市出现信息化超前的现象，而其余的普遍是城镇化超前状态，正如表5显示，并且尽管这两个城市出现信息化超前，但程度并不高，指数比较分别为0.659、0.808和0.598，其中金昌市城镇化超前现象格外突出，指数比较为15.492。相反的，其他西部地区接近85%的城镇显示其信息化水平高于城镇化水平，各地不均衡的矛盾十分突出。

3. 西北地区总体上处于失调发展状态

表5中除乌鲁木齐、兰州市和贵阳市处于中级协调发展状态外，处于严重失调和中度失调状态分别为11.8%和27.9%，39.7%处于失调状态，勉强协调状态占17.6%，数据显示处于失调和中度失调状态的城市工业化程度不高，农牧业占比较高。结合图3和表5可以看出虽然整体上西部地区城镇化与信息化协调发展度在逐年上升，但总体协调发展度仍然很低，为0.437。西南地区信息化发展迅速，比如重庆、成都和西安信息化发展极为迅速，但城镇化发展相对较慢，是使得整体呈现失调发展状态的主要原因之一，另一方面，更加突出的现象是西部民族地区信息化发展的普遍滞后。

表5　城镇化与信息化的耦合发展评价结果（2003—2014年平均）

城镇	城镇化指数（U）	信息化指数（L）	耦合度（C）	协调发展度（D）	协调发展阶段	指数比较（U/L）	协调发展阶段特征
兰州市	0.509	0.772	0.910	0.747	中级协调发展	0.659	信息化超前
金昌市	0.286	0.018	0.069	0.092	严重失调发展	15.492	城镇化超前
天水市	0.181	0.224	0.886	0.415	失调发展	0.808	信息化超前
定西市	0.132	0.102	0.771	0.299	严重失调发展	1.299	城镇化超前
陇南市	0.106	0.099	0.913	0.288	严重失调发展	1.074	城镇化超前
西宁市	0.483	0.412	0.970	0.663	勉强协调发展	1.172	城镇化超前
银川市	0.534	0.389	0.904	0.654	勉强协调发展	1.372	城镇化超前
固原市	0.193	0.037	0.224	0.160	严重失调发展	5.282	城镇化超前
中卫市	0.191	0.036	0.251	0.163	严重失调发展	5.349	城镇化超前
乌鲁木齐	0.573	0.959	0.870	0.795	中级协调发展	0.598	信息化超前
西北总体	0.399	0.714	0.714	0.399	中级失调发展	1.270	城镇化超前
南宁市	0.382	1.311	0.509	0.604	勉强协调发展	0.292	信息化超前
玉林市	0.180	0.530	0.581	0.426	失调发展	0.340	城镇化超前
崇左市	0.153	0.179	0.951	0.393	中度失调发展	0.853	信息化超前
重庆市	0.226	5.677	0.025	0.233	严重失调发展	0.040	信息化超前
成都市	0.549	3.584	0.217	0.611	勉强协调发展	0.153	信息化超前
德阳市	0.233	0.488	0.767	0.500	勉强协调发展	0.478	信息化超前
雅安市	0.223	0.143	0.891	0.409	失调发展	1.554	城镇化超前
贵阳市	0.466	0.920	0.787	0.713	中级协调发展	0.507	信息化超前
安顺市	0.145	0.200	0.899	0.368	中度失调发展	0.726	信息化超前
昆明市	0.464	1.799	0.453	0.649	勉强协调发展	0.258	信息化超前
曲靖市	0.196	0.406	0.755	0.454	失调发展	0.483	信息化超前

续表

城镇	城镇化指数（U）	信息化指数（L）	耦合度（C）	协调发展度（D）	协调发展阶段	指数比较（U/L）	协调发展阶段特征
保山市	0.182	0.123	0.916	0.377	中度失调发展	1.475	城镇化超前
昭通市	0.108	0.210	0.777	0.329	中度失调发展	0.516	信息化超前
西安市	0.467	2.722	0.254	0.584	勉强协调发展	0.172	信息化超前
铜川市	0.279	0.092	0.409	0.284	严重失调发展	3.032	城镇化超前
榆林市	0.154	0.520	0.438	0.351	中度失调发展	0.296	信息化超前
其他西部总体	0.232	0.624	0.735	0.451	失调发展	0.372	信息化超前
总体	0.245	0.518	0.730	0.437	失调发展	0.472	信息化超前

四、总体结论与政策建议

通过以上实证研究，本文的得到如下结论：

1. 总体而言，大部分西部地区协调程度仍处于失调的状态。特别是西北地区，虽幅员辽阔，物资丰富，但人口稀少，基础设施较差，农牧业占比绞高，经济增长较慢，整体工业化程度低，城镇化、信息化发展水平较低；而西南地区，虽总体信息化发展较高，但仅限于个别城市水平拉高平均值，且城镇化发展缓慢。

2. 西部地区各地城镇化与信息化耦合度及协调度呈逐年上升的趋势。《十二五规划》政策的出台，国家发改委重申了西部大开发战略的重要意义，虽城镇化水平与信息化水平的差距普遍较大，但逐年缩小，说明政府在发展城镇化和信息化过程中居重要指导地位。

3. 各地区城镇化与信息化的协调发展度差距较大，西北民族地区各地信息化水平低于城镇化发展水平，而其他西部地区则前者高于后者。西北民族地区除乌鲁木齐、兰州、银川和西宁市四个省会城市其城镇化和信息化水平较高外，其他地区水平普遍偏低，这是由于西北民族地区地幅辽阔，易于政府对城镇化的建设，但经济、工业不发达，产业单一使得信息化发展缺乏内在需求性。其他西部地区多为山地，不易城镇化政策的实施，而其中极个别城市信息化发展迅速，拉高了信息化水平。

根据以上对西北民族地区总体的分析和了解，提出以下政策建议：

1. 根据西部各地的实际情况，补齐短板。西北民族地区，应加大信息化建设的投入力度，其他西部地区，应加快城镇化建设进程。但并不意味着政府对于所有的西部民族地区都应加大信息化基础设施或宣传的投入，对于类似乌鲁木齐和兰州这样城镇，可以适当减少政府的干预，因为工业化推动经济的发展，互联网经济更是需要信息化硬件和软件作为物质基础，这些都是信息化高速发展强有力的动力，而对于金昌市、固原市和中卫市这类主要产业为农业和畜牧业的地区，信息化相对滞后，且需求度也低，加快工业化进程，促进产业空间结构的转型更为必要和迫切，而对于信息化的建设更多的是知识的普及和相应基础设施的建立。针对重庆、成都等西南城镇，更多应提倡信息化带动工业化的发展和城镇化水平的增加。对于中间层度的地区，应在保持经济发展水平不变的基础上，大力消除信息化的短板处、推进信息化建设、提高信息化水平、缩小地区之间的差距。

2. 融合西北民族地区和其他西部地区城镇化和信息化的先进经验，缩小地区之间的差距。类似于“科技示范户”的做法，要发挥大型经济发展中心城区的示范作用，学习它们的经验，保持稳定协调发展。区域经济发展目的不仅仅是某一两个城市受益，更多的应该以此为中心点，向外起到促进和带头作用，缩小地区之间的差距，同时促进地区间的沟通、信息的整合、资源的优化配置。比如西北民族地区可以学习贵州省的先进经验，其信息化和城镇化发展水平都不是最高的，但两者协调发展度高。其坚持以应用需求为导向、“应用、数据、技术”三位一体协同发展和政府引导、企业主体的原则和响应“十三五规划”的号召，将互联网定义为促进工业化转型升级的核心驱动力的创新性举措是其稳定发展的法宝。

中篇　协调与发展

西北民族地区城镇化与土地集约利用耦合度分析[①]

本文利用熵值综合评价法和耦合法，研究了2002—2011年西北民族地区的城镇化和土地集约利用协调发展水平。研究发现：总体上，西北民族地区城镇化与土地集约利用的协调发展水平不够高，处于勉强协调发展阶段，西北民族地区呈现出明显的城镇化超前，土地集约利用滞后的勉强协调发展特征；西北民族地区城镇化与土地集约利用协调发展度存在区域差距，但呈趋同趋势；就土地利用而言，发展大中型城市有助于提高土地集约利用效率。政策建议：若要集约土地利用，则应大力发展大中型城市；加强土地利用规划，广泛学习国内外先进经验，提高土地集约利用水平。

引言

党十八大将坚持节约资源的基本国策作为大力推进生态文明建设的重要内容，要求节约集约利用资源，推动资源利用方式的根本转变。十八届三中全会中特别强调了新型城镇化的“新”字，要统筹城乡发展走节约集约、生态和谐的发展道路。新型城镇化对于当今处于转型期的中国经济具有巨大的指导意义，这对于土地的集约利用提出了更高的要求。西部地区是中国少数民族的聚居地，与东部沿海地区相比经济发展较为落后。但是，这里是中国现实和潜在的重要能源基地，煤炭、水电、石油、天然气等矿产和能源丰富，开发潜力大，特别是还毗邻中亚这个世界上最大的石油产区，这对于中国未来经济发展具有重要的战略意义和经济价值。由于其相对落后的经济发展水平，加速推进城镇化进程会导致城市规模的扩大和用地需求量的增加，土地供求矛盾必然会更加紧张，加之西部地区生态环境脆弱，城镇化的进程可能会给当地带来极大的负面影响。如何协调西部地区城镇化与土地利用之间的关系，是当前摆在我们面前最为急迫的问题。

一、文献回顾

从城镇化对土地利用的影响方面来看，在城镇化对于耕地影响中朱莉芬、黄

---

① 发表于《财经科学》，2014. 3

季焜（2007）认为不同城镇化模式耕地的影响也不同，在其他条件不变的条件下相对于农村住宅而言，城镇化对耕地的减少还起到了一定的缓解作用。在城镇化与城市土地利用中战金艳、江南、李仁东、鲁奇（2003）认为土地利用的快速变化导致了明显的环境效应，主要表现为水环境的恶化和现代城市病等方面。并提出，加强土地管理规划、合理利用土地资源、重视能源开发与基础设施建设，应成为今后区域土地资源开发、利用与保护的重点方向。赵翠微、濮励杰（2006）认为在城市用地中存在用地效率不高、土地供求矛盾尖锐等问题。傅小峰、曹卫东、曹友挥、潘坤友（2005）认为半城镇化过程中经济快速发展人口集聚，但同时物种减少、土地功能退化、工业三废增加、岛状气候显现等环境效应同步发生。

从城镇化与土地集约利用协调发展的角度来看，曹文莉、张小林、潘义勇、张春梅（2012）认为新时期的城镇化是一个融合人口、土地与经济的复杂系统，不能从单方面衡量城镇化发展水平。发达地区在不同的发展阶段处于主导地位的城镇化驱动力量不同，但是综合评价结果显示城镇化水平和协调发展度总体水平较高，存在区域明显分异的特点。吴源泉（2001）提出发展城市化的同时要注意保护耕地，合理用地，节约用地。城市化建设与土地集约利用要相辅相成。陈银蓉（2006）应从人口预测基数的选取、建设用地规模控制目标的统一、用地布局的宏微观协调、规划实施强调一致性等有效方式寻求城市规划和土地利用总体规划的协调发展。李永乐（2013）提出，可以通过调整城市土地利用结构来推进城市化发展。李秀彬（2009）提出应加强土地集约的变化规律研究、土地利用的合理需求分析、土地利用变化的效应评估。

从研究方法上来看，乔伟峰（2012）利用主成成分分析法对影响土地利用结构演化的人文因素进行分析，得出土地利用结构演化的驱动因素主要为：人口增长、经济发展、工业化和城镇化水平。走集约城市化道路，实现“效率型”土地利用模式，注重社会、经济、生态效益相结合是今后土地利用努力的方向。厉伟、但成龙、孙文化（2004）利用文献资料和演绎法提出，城市化进程中的土地持续利用的目标可以归结为耕地的保护、用地结构优化和土地生态优化，可具体从粮食安全、城市体系合理性、城镇用地规模合理性、城镇内部用地合理性以及土地生态系统等几方面进行评价指标体系的构建。王家庭、张换兆（2007）构建城市化与土地集约利用模型，分析了动态城市化对不同行为主体的影响，提出低成本、集约型城镇化模式概念，认为紧凑是低成本、集约型城市化模型的外在空间表现，城市和谐发展与社会福利最大化分别是这一模式的基本目标和根本目标。杨朔、李世平（2009）利用实证分析和规范分析。提出关中地区城市化过程中土地资源为合理有效利用，应当引入“精明增长”理论，严格控制建设用地增长规模，推进形成主体功能区，建立区域土地利用沟通协调机制，合理利用土地，促进区域和谐发展。张克峰、彭晋福、张定祥（2009）借助于GKSIM模型，通过定量化总人口、城镇化率和GDP对土地利用变化的驱动，预测未来土地利用变化趋势。提出，改变传统土地利用模式和管理方法，实行节约、集约利用土地战略，对保护国家粮食安全和生态安全具有重要意义。郑华伟、刘友兆、王希睿（2011）在测度城镇化与土地集约利用的基础上，运用动态计量经济模型探讨城镇化与土地集约利用的相互关系。

总之，国际国内学者们的相关研究多数是关于城镇化对土地集约利用的定性分析，结合中国具体实践方面的定量分析研究较少，难以提供一些可供操作的区域城镇化与土地集约利用方面的建议。本文在总结以往研究成果的基础上，选取西北民族地区具有代表性的19座城市进行实证研究，运用耦合分析方法测度西北地区城镇化和土地集约利用之间的协调关系，通过对于西北民族地区城镇化和土地集约利用水平及其协调关系的分析发现，西北地区城镇化、土地集约利用及其协调发展均处于较低水平，处于失调发展状态。二者存在区域差距但发展态势呈趋同趋势。特别是大城市土地利用效率相对较高。针对所发现的问题，提出西北民族地区应大力发展大中城市、加强土地利用规划等措施。

本文余下内容的安排如下：第二部分是数据来源和研究方法，第三部分是实证分析结果和讨论，第四部分是总体结论和政策建议。

二、数据来源和研究方法

（一）研究对象和数据来源

本文选取2002—2011年中国西部甘肃省、青海省、宁夏回族自治区、新疆乌鲁木齐自治区中19个城市作为研究对象，对城市土地集约利用和城镇化进行耦合分析。在空间上横向覆盖2个省2个自治区，在时间上纵向覆盖了2002—2011年的统计数据，数据均来源于《中国统计年鉴》《中国城市统计年鉴》部分数据根据年鉴整理所得。

（二）研究方法

1. 评价方法

熵值法，是用客观的信息量大小来确定权重，该方法在很大程度上规避了评价指标权重计算的主观因素，使得评价更贴近现实，具有客观性和科学性。本文运用此方法来计算各指标的权重，计算步骤如下：

表 1　评价方法操作步骤

步骤	方法	描述
1	对指标做无量纲处理	$y_j = \frac{x_j}{\max x_j}$（当 x_j 为正向指标时） $y_j = \frac{\max x_j + \min x_j - x_j}{\max x_j}$（当 x_j 为逆指标时）
2	计算指标的比重变换	$R_{ij} = \frac{y_{ij}}{\sum_{i=1}^{m} y_{ij}}$，其中，$y_{ij}$（经正向化和无量纲化指标数据）表示样本 i 第 j 个指标的值（$i = 1,2,\cdots,m$；$j = 1,2,\cdots,n$）
3	计算指标熵值	$h_j = -\sum_{i=1}^{m} R_{ij} \ln R_{ij}$
4	将熵值逆向化	$l_i = 1 - h_j$
5	计算指标 x_j 权重	$w_j = \frac{l_j}{\sum_{j=1}^{n} l_j}$
6	加权线性求和计算指标得分	$x_i = \sum_{j=1}^{n} y_{ij} w_j$

2. 耦合与协调发展

借鉴水贫困指数模型法（WPI）、加权模糊隶属度函数法、灰色综合关联度模型等模型

特别是运用物理学中的容量耦合概念和模型得到城镇土地利用集约度（L）与城镇化（U）的耦合度函数，表达式为：

$$c = \{(U \times l)/[(U \times L)/2]^2\}^2$$

其中 c 为耦合度，耦合度值 $c \in [0,1)$，当 $c = 1$ 时，耦合度最大，系统之间或内部各要素之间达到良性共振，趋向有序结构；当 $c = 0$ 时，耦合度最小，系统之间或内部各要素之间处于无关状态，系统发展方向无序。

为区分耦合过程中良性和破坏性，笔者用协调度表示耦合的良性作用大小。本文提出土地集约利用和城镇化协调度的表达式为：

$$D = \sqrt{C \times T}$$

其中 $T = aU + bL$ 其中，D 为协调度，a、b 为特定权数，T 为土地集约利用与城镇化的综合评价指数。

表 2 评价指标值

子系统	评价指标	权重
土地集约利用	人口密度	0.1719
	人均城市道路面积	0.1658
	城市建设用地占总面积比重	0.1193
	每平方公里固定资产投资	0.1500
	每平方公里房地产开发投资额	0.1190
	每平方公里生产总值	0.1464
	每百万平方米工业企业个数	0.1440
城镇化	城镇人口比重	0.1471
	人口密度	0.1498
	第一产业从业人员	0.1655
	第一产业占 GDP 比重	0.1599
	每万人拥有公共汽车数	0.1380
	人均城市道路面积	0.1557
	城市建设用地面积比重	0.1027

3. 协调发展度的定义：

本文研究认为，计算耦合协调度是为了摸清各子系统之间的现状协调情况，从而为最终的发展方案建议奠定基础，因此，耦合协调度的判断标准必不可少。按照所求耦合协调度的大小，将城镇化与土地集约利用协调发展状况分为 3 大类 7 个亚类。（见表 3）

表 3 协调发展的定义

大类	D	亚类
协调发展区间	0.900 – 1.000	优质协调类
	0.800 – 0.899	良好协调类
	0.700 – 0.799	中级协调类
过渡调和区间	0.500 – 0.699	勉强协调类
失调衰退类	0.400 – 0.499	失调
	0.300 – 0.399	中度失调
	0 – 0.300	严重失调

三、实证分析结果及讨论

（一）城镇化与土地集约利用水平及其协调发展度的历史演进

1. 城镇化与土地集约利用水平都呈上升态势

如图 1 所示，整体而言，西北民族地区的城镇化与土地集约利用水平均呈上升态势，其中，2002—2004 年西北民族地区城镇化水平在经历了短暂的波动之后，从 2005 年开始进入稳步增长的通道，到 2011 年已升至 0. 4470 的水平，与 2005 年相比，增长了 0. 23 个百分点；西北民族地区土地集约利用水平则一直保持稳步增长趋势，从 2002 年的 0. 2758 几乎直线上升至 2011 年的 0. 3053，年均增加 0. 3 个百分点，呈快速增长趋势。

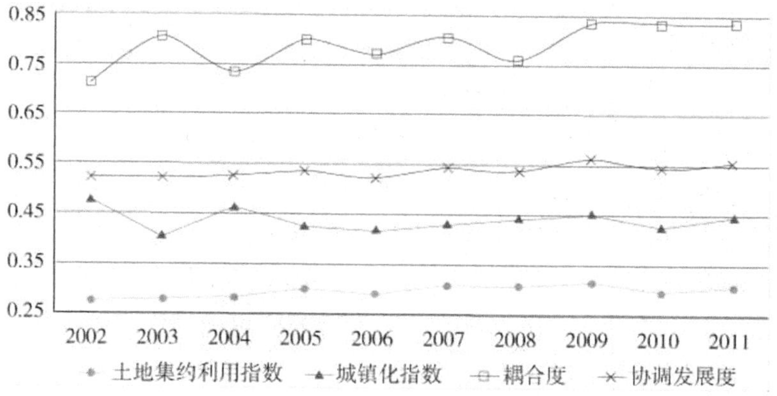

图 1　西北民族地区城镇化与土地集约利用发展状况（2002—2011 年平均）

2. 西北民族地区城镇化水平高于土地集约利用水平

虽然西北地区城镇化水平与土地集约利用水平均呈上升趋势，但是两者之间保持着不小的差距，其中前者要远远大于后者。2002—2011 年，西北民族地区的城镇化水平与土地集约利用水平的比值围绕着 1. 48 的均值上下波动，其中最高的是 2002 年，两者的比值为 1. 72，且自 2007 年起，两者之间的差距呈拉大趋势。以上数据说明，西北民族地区的城镇化水平要高于土地集约利用水平，换句话说，西北民族地区城镇化过程中可能存在着土地粗放利用现象，土地集约利用水平滞后于城镇化发展速度和水平。

3. 城镇化与土地集约利用的耦合度与协调发展度在波动中增长

如图 1 所示，西北民族地区城镇化与土地集约利用的耦合度和协调发展度在波动中增长。其中耦合度围绕着 0. 7923 的均值上下波动，波幅不超过 0. 08，从 2002 年的 0. 7139 增长至 2011 年的 0. 8378，年均增加 0. 0123；协调发展度也呈波动增长态势，2002—2011 年间，围绕 0.5384 的均值，从 0.5256 增长至 0.5564，年均增加 0.0031。以上数据意味着，西北地区城镇化和土地集约利用的耦合和协调发展度正朝着良性循环的方向发展。

（二）城镇化与土地集约利用水平及其协调发展度的区域特征

1. 城市规模和城镇化与土地集约利用的协调发展度呈正相关关系

城市规模越大，西北民族地区城镇化与土地集约利用的耦合度与协调发展度越高。表 4 和表 5 数据显示，西北民族地区的四个省会大型城市，如兰州、西宁、银川和乌鲁木齐的耦合度和协调发展度最高，处于第一梯队；嘉峪关、天水、平凉、石嘴山、克拉阿玛依等中型城市的耦合度和协调发展度次之，处于第二梯队水平；其他城市的耦合度和协调发展度均处于较低水平，其中张掖市排名最低，这主要是因为该市是我国著名的农作物种子生产基地，第一产业发达，城镇化发展较为薄弱，城市规模小，土地集约利用效率较差。以上资料表明，西北民族地区城市规模和城镇化与土地集约利用的协调发展度呈正相关关系。

2. 城镇化与土地集约利用的协调发展度存在区域不平衡现象

西北民族地区的城镇化与土地集约利用的协调发展具有区域不平衡现象，其中，以城市经济和工业经济为主的大中型城市的城镇化与土地集约利用的耦合度和协调发展度的水平较高，例如兰州、西宁、银川、乌鲁木齐、嘉峪关、石嘴山等大中城市；而以农业为主的城市，其耦合度与协调发展度较低，例如武威市、张掖市、陇南市等城市。（见表 4、表 5）。

3. 城镇化与土地集约利用的协调发展度呈趋同趋势

虽然西北民族地区的城镇化与土地集约利用的协调发展存在一定的差距，但正在缩小，如表 4 和表 5 反映差距的指标——变异系数，其数据在不断降低，耦合度的变异系数在波动中呈现快速下降的趋势，从 2002 年的 0.338 降至 2011 年的 0.162；协调发展度的变异系数则从 0.385 降至 0.336。以上数据意味着，西北民族地区的城镇化与土地集约利用的协调发展度呈趋同趋势。

表 4　城镇化与土地集约利用的耦合度（C）

城市＼年份	2002	2003	2004	2005	2006	2007	2008	2009	2010	2011	均值
兰州市	0.995	0.995	0.994	0.999	0.996	0.996	0.976	0.997	0.996	0.997	0.994
嘉峪关市	0.667	0.766	0.819	0.883	0.849	0.854	0.943	0.954	0.806	0.799	0.834
金昌市	0.526	0.658	0.676	0.759	0.791	0.774	0.864	0.774	0.736	0.690	0.725
白银市	0.622	0.665	0.638	0.702	0.660	0.718	0.805	0.788	0.731	0.680	0.701
天水市	0.875	0.943	0.924	0.941	0.939	0.938	0.943	0.937	0.939	0.936	0.931

续表

年份 城市	2002	2003	2004	2005	2006	2007	2008	2009	2010	2011	均值
武威市	0.227	0.365	0.230	0.523	0.474	0.587	0.496	0.714	0.724	0.954	0.529
张掖市	0.259	0.488	0.235	0.513	0.381	0.560	0.364	0.649	0.731	0.633	0.481
平凉市	0.889	0.937	0.930	0.967	0.927	0.938	0.919	0.951	0.944	0.949	0.935
庆阳市	0.711	0.772	0.710	0.617	0.569	0.566	0.588	0.652	0.604	0.644	0.643
定西市	0.685	0.875	0.745	0.765	0.810	0.820	0.616	0.848	0.850	0.839	0.785
陇南市	0.451	0.564	0.386	0.502	0.449	0.491	0.409	0.676	0.653	0.677	0.526
西宁市	0.988	0.991	0.975	0.993	0.998	0.998	0.996	0.991	0.995	0.996	0.992
银川市	0.967	0.994	1.000	0.984	0.985	0.989	0.993	0.989	0.994	0.998	0.989
石嘴山市	0.998	0.968	0.975	1.000	0.997	0.998	1.000	0.970	1.000	1.000	0.990
吴忠市	0.670	0.927	0.485	0.716	0.699	0.744	0.623	0.762	0.737	0.738	0.710
固原市	0.609	0.831	0.649	0.694	0.684	0.721	0.547	0.796	0.861	0.819	0.721
中卫市	——	——	0.848	0.876	0.655	0.796	0.569	0.619	0.846	0.839	0.756
乌鲁木齐	0.952	0.987	0.953	0.977	0.983	0.995	0.993	1.000	0.988	0.984	0.981
克拉玛依	0.758	0.825	0.851	0.853	0.854	0.891	0.842	0.862	0.780	0.747	0.826
均值	0.714	0.808	0.738	0.803	0.774	0.809	0.763	0.838	0.838	0.838	0.792
变异系数	0.338	0.236	0.338	0.219	0.261	0.208	0.290	0.160	0.153	0.162	0.215

数据来源：作者计算。

表5 城镇化与土地集约利用的协调发展度（D）

年份 城市	2002	2003	2004	2005	2006	2007	2008	2009	2010	2011	均值
兰州市	0.837	0.831	0.827	0.860	0.844	0.856	0.791	0.856	0.824	0.826	0.835
嘉峪关市	0.586	0.601	0.651	0.689	0.650	0.668	0.657	0.737	0.632	0.644	0.651
金昌市	0.408	0.417	0.510	0.490	0.512	0.545	0.523	0.545	0.536	0.523	0.501
白银市	0.458	0.437	0.452	0.453	0.424	0.466	0.457	0.494	0.467	0.469	0.458
天水市	0.628	0.595	0.668	0.599	0.684	0.578	0.562	0.569	0.563	0.563	0.601
武威市	0.213	0.221	0.210	0.269	0.262	0.288	0.276	0.291	0.270	0.420	0.272
张掖市	0.206	0.207	0.202	0.217	0.180	0.232	0.207	0.264	0.257	0.253	0.222
平凉市	0.573	0.546	0.568	0.637	0.540	0.564	0.565	0.577	0.559	0.557	0.569
庆阳市	0.474	0.449	0.463	0.381	0.364	0.384	0.417	0.461	0.419	0.454	0.427
定西市	0.366	0.357	0.378	0.356	0.352	0.377	0.376	0.407	0.397	0.411	0.378
陇南市	0.281	0.263	0.257	0.254	0.251	0.262	0.271	0.298	0.287	0.288	0.271
西宁市	0.792	0.802	0.771	0.840	0.835	0.842	0.853	0.844	0.865	0.839	0.828

续表

城市＼年份	2002	2003	2004	2005	2006	2007	2008	2009	2010	2011	均值
银川市	0.733	0.720	0.787	0.786	0.776	0.786	0.795	0.790	0.821	0.834	0.783
石嘴山市	0.631	0.661	0.695	0.683	0.671	0.733	0.768	0.704	0.715	0.742	0.700
吴忠市	0.399	0.388	0.358	0.371	0.367	0.396	0.410	0.466	0.431	0.442	0.403
固原市	0.369	0.433	0.421	0.409	0.391	0.407	0.396	0.459	0.439	0.413	0.414
中卫市	——	——	0.319	0.382	0.370	0.399	0.394	0.436	0.411	0.414	0.391
乌鲁木齐	0.816	0.793	0.800	0.800	0.802	0.818	0.820	0.791	0.796	0.818	0.805
克拉玛依	0.691	0.691	0.728	0.715	0.687	0.728	0.692	0.713	0.645	0.661	0.695
均值	0.526	0.523	0.530	0.536	0.524	0.544	0.538	0.563	0.544	0.556	0.538
变异系数	0.385	0.382	0.396	0.394	0.408	0.380	0.380	0.338	0.357	0.336	0.371

数据来源：作者计算。

4. 总体上，城镇化与土地集约利用处于勉强协调阶段

总体而言，西北民族地区城镇化与土地集约利用处于勉强协调发展阶段，如表6的最后一列的数据所示。2002—2011年西北民族地区整个区域的协调发展度为0.538，根据前文的定义，属于勉强协调发展阶段，这说明西北民族地区的城镇化进程中的土地利用效率还不够高，对土地资源的消耗过大，两者之间的协调度刚刚迈入协调发展的门槛。

5. 城镇化发展超前，土地集约利用较为滞后

西北民族地区呈现出明显的城镇化超前，土地集约利用较为滞后的不协调发展特征。如表4的数据所示，西北民族地区绝大部分城市的城镇化指数都要高于土地集约利用指数，两者之比的均值为1.479，最大的是张掖市3.6620，呈高度不协调发展态势，最小的两个城市是兰州市和银川市，这两个市的比值为0.9503和0.9183，这也是仅有的两个城镇化指数小于土地集约利用指数的城市。以上数据意味着，西北民族地区的城镇化与土地集约利用的协调发展度较低，大部分城市呈现出城镇化超前，土地集约利用滞后现象。

表6　城镇化与土地集约利用的耦合发展评价结果（2002—2011年平均）

城镇	城镇化指数（U）	土地利用指数（L）	耦合度（C）	协调发展度（D）	协调发展阶段	指数比较（U/L）	协调发展阶段特征
兰州市	0.6873	0.7233	0.994	0.835	良好协调	0.9503	土地集约利用
嘉峪关市	0.6199	0.3458	0.834	0.651	勉强协调	1.7924	城镇化超前
金昌市	0.4469	0.2007	0.725	0.501	勉强协调	2.2262	城镇化超前

续表

城镇	城镇化指数（U）	土地利用指数（L）	耦合度（C）	协调发展度（D）	协调发展阶段	指数比较（U/L）	协调发展阶段特征
白银市	0.3898	0.1658	0.701	0.458	失调	2.3511	城镇化超前
天水市	0.4463	0.3057	0.931	0.601	勉强协调	1.4598	城镇化超前
武威市	0.2074	0.0662	0.529	0.272	严重失调	3.1317	城镇化超前
张掖市	0.1572	0.0429	0.481	0.222	严重失调	3.6620	城镇化超前
平凉市	0.3941	0.2746	0.935	0.569	勉强协调	1.4353	城镇化超前
庆阳市	0.3763	0.1458	0.643	0.427	失调	2.5812	城镇化超前
定西市	0.2302	0.1141	0.785	0.378	中度失调	2.0184	城镇化超前
陇南市	0.1991	0.0611	0.526	0.271	严重失调	3.2590	城镇化超前
西宁市	0.7232	0.6449	0.992	0.828	良好协调	1.1214	城镇化超前
银川市	0.5990	0.6523	0.989	0.783	中度协调	0.9183	土地集约利用
石嘴山市	0.5071	0.4800	0.990	0.700	中度协调	1.0566	城镇化超前
吴忠市	0.3020	0.1302	0.710	0.403	失调	2.3185	城镇化超前
固原市	0.3089	0.1367	0.721	0.414	失调	2.2600	城镇化超前
中卫市	0.2678	0.1229	0.756	0.391	中度失调	2.1794	城镇化超前
乌鲁木齐	0.7058	0.5945	0.981	0.805	良好协调	1.1873	城镇化超前
克拉玛依	0.7174	0.3871	0.826	0.695	勉强协调	1.8531	城镇化超前
西北总体	0.4379	0.2961	0.792	0.538	勉强协调	1.4790	城镇化超前

数据来源：作者计算、整理。

四、总体结论与政策建议

根据前文的数据分析结果及讨论，本文得到以下总体结论：

第一，整体而言，西北民族地区城镇化与土地集约利用的协调发展水平不够高，处于勉强协调发展阶段。西北民族地区呈现出明显的城镇化超前，土地集约利用滞后的勉强协调发展特征。

第二，西北民族地区城镇化与土地集约利用协调发展度存在区域差距，但呈趋同趋势。虽然西北民族地区的城镇化与土地集约利用的协调发展存在一定的差距，但正在缩小，其城镇化与土地集约利用的协调发展度呈趋同趋势。

第三，就土地利用而言，发展大中型城市有助于提高土地集约利用效率。城市规模越大，西北民族地区城镇化与土地集约利用的耦合度与协调发展度越高，城市规模和城镇化与土地集约利用的协调发展度呈正相关关系。

依照以上研究结论，本文提出以下政策建议：

第一，若要集约土地利用，则应大力发展大中型城市。研究表明，城市规模越大，西北民族地区城镇化与土地集约利用的耦合度与协调发展度越高，城市规模和城镇化与土地集约利用的协调发展度呈正相关关系，这说明发展大中型城市能够有效节省土地，提高土地集约利用效率，因此，若要集约利用土地，则应大力发展大中型城市。值得说明的是，本文仅从土地的集约利用角度提出此政策建议，若考虑“大城市病”，如污染、交通拥堵等因素，则此政策建议应作出一定修正，但这超出了本文的研究范围，留待以后解决。

第二，加强土地利用规划，广泛学习国内外先进经验，提高土地集约利用水平。本文的研究结果说明，西北民族地区城镇化与土地集约利用的协调发展水平较低，处于失调发展状态，具体而言，西北民族地区呈现出明显的城镇化超前，土地集约利用滞后的失调发展阶段。要解决以上问题，应加强土地利用规划，提高土地集约利用效率，使其与城镇化协调发展。另一方面，本文的研究还表明，西北民族地区城镇化与土地集约利用协调发展度虽然存在区域差距，但呈趋同趋势，这意味着地区之间的土地集约利用的技术和经验存在扩散效应，因此，应广泛学习国内外先进经验，提高土地集约利用水平。

西北民族地区城镇化与生态环境协调发展分析①

本文基于2005—2013年西北民族地区的城镇化与生态环境相关统计数据，结合熵值综合评价法以及耦合法研究分析了两者协调发展水平。研究结果表明，西北民族地区城镇化与生态环境之间的耦合协调发展度在整体上不够高，呈现为生态环境良好，城镇化发展稍有滞后的勉强协调发展特征；就城镇化发展与生态环境质量协调度而言，不同区域之间存在着不平衡现象；就区域内两者变动趋势而言，两者变动方向一致；加大城市规模建设有利于地区生态环境保护。政策建议如下：，酌情加快大中城市的建设以推进城镇化发展与生态环境保护协调发展；抓住“一带一路”战略的发展契机；建立资源开发利用与生态环境恢复的补偿制度。

引言

近十年来，我国社会、经济飞速发展，工业化、城镇化进程不断加快，“一带一路”战略的提出同时成为新常态下的工作重点。城镇化是把双刃剑，它既促进了城市社会、经济发展，使人们生活水平有效提高，同时，也引发了环境污染、城市拥堵、就业困难、住房紧张等“城市病”。党的十八大不得不特别提出生态文明建设，“一带一路”的战略构想亦是便于产业向中西部地区的加快转移，缓解快速城镇化带来的环境压力。一方面，这是因为部分城市在城镇化进程中有效兼顾了环境保护，表明城镇化与生态环境协调可持续发展现实可行；另一方面，中西部地区可以抓住有利时机，加快推进城镇化，形成新的发展动力。

习近平同志指出，建设生态文明，关系人民福祉，关乎民族未来。并强调生态环境保护“功在当代，利在千秋”。在国家经济发展的过程中，城镇化是必然趋势，在有力推动城镇化的同时，树立“尊重自然，顺应自然，保护自然”的生态理念也是至关重要的。长久以来，我国西部地区的城镇化建设一直被视为改

① 发表于《青海师范大学学报》，2016.7

革重点，然而西部地区由于地理条件、自然环境等诸多因素的限制，经济发展水平相对于东部沿海地区较为落后，在当下“一带一路”战略的倡议下，相关产业的发展以及对外开放的局面势必有利于西部地区的新型城镇化。但是考虑到西部地区生态环境脆弱，城镇化的推进不可避免地会给当地造成较大的负面影响。因此，如何兼顾西部地区的城镇化进程与生态环境的有效保护，是我们在发展西部的眼前亟待解决的问题。加之西部地区是我国少数民族聚集地区，环境保护的生态效益对于维护民族团结，缓解边疆难题具有十分重要的现实意义。

一、文献回顾

2001 年美国诺贝尔经济学奖获得者斯蒂格利茨曾经说过：21 世纪影响世界的两件大事，一是美国的高科技，另一个是中国的城镇化。由此可见城镇化在经济社会发展中发挥的不可估量的作用。2011 年我国城镇化率首次越过 50% 这个关口，伴随着快速城镇化而来的生态环境问题逐渐呈现，城镇化发展与生态环境保护的协调发展得到学术界的持续探讨。

从城镇化造成的大气污染的角度来看，辜胜阻等（2014），韩文（2015）认为造成我国现阶段大气污染问题的深层次原因在于不平衡的城镇化模式以及粗放型的工业化模式：在我国城镇化进程中，由于片面追求扩张城市规模，最终导致大城市比重过高而中小城市发展不足；粗放的工业化模式消耗了大量的能源资源，造成巨量污染物直接排向大自然，导致生态环境遭到严重破坏；此外，不健全的大气污染治理机制使得持续恶化的大气污染缺乏切实的治理依据，由此形成另一个导致大气污染严重的原因。蒋春艳等（2014）选取 1985—2010 年河北省的时间序列数据，检验城镇人口增加与工业废气排放量之间单向的格兰杰因果关系，孙淑琴（2014）在哈里斯 - 托罗达模型的基础上导入环境污染并考虑环境污染对劳动者产生的负效应，两者均认为城镇化的发展需要考虑环境容量的约束，不能盲目求快，保护环境的政策虽然会使城市失业增加但是对增加全民福利是积极的，能够一定程度提高城镇化质量。

从城镇化造成的水污染的角度来看，吴慧军，潘中伟（2008）结合陕西农村城镇化进程，周启星，王如松（1997）选取绍兴 6 镇相关统计数据，马海良等（2015）基于 2003—2012 年中国工业废水污染的 5 类污染物，考察工业废水污染与城镇化的关系，于强等（2014）通过计算河北省近年来淡水资源足迹及其承载力的变化，研究结果均表明，在城镇化的发展过程中，由于农业化肥和农药的使用量，畜禽养殖规模扩大和产值增加，以及工业化的推进，地表水、地下水以及降水都遭到了不同程度的污染，水污染与城镇化明显呈现正相关关系，然而经济和城镇化发展水平的提高并不能主动促使水污染情况自发好转，生态环境的建设仍然需要国家其他宏观政策的约束和驱动，来协调城镇化发展与资源、环境的矛盾，在这样的背景下，小城镇为了达到可持续发展，在基本不加大生态环境投入的前提下，可以通过控制小城镇的人口规模以期缓解城镇化进程引起的水污染作为应急措施。

从城镇化与生态环境的协调发展的角度来看，管祥友，刘圣欢等（2013）建立 VAR 模型，通过协整检验，因果关系检验，脉冲响应以及方差分解，构建指标体系全面衡量城镇化进程与生态环境质量，张云峰，陈洪全（2011）运用协调发展模型对 2000—2009 年江苏沿海地区统计数据进行分析研究，刘焱序，吴文恒等（2013）创新选取植被固碳释氧效应这一生态系统服务功能的核心组成部分之一作为解释变量，薛晴（2015）结合西部地区 2003—2012 年统计数据采用因子分析法，并建立协调发展度模型，最终均得出结论：城镇化进程与生态环境质量之间整体上并不是此消彼长，互相对立，而是在相互影响的过程中协调发展；城镇化进程在整体上对生态环境质量造成了一定压力，生态环境质量的改善却有利于推动城镇化进程，在城镇化快速发展时期内，一个区域的生态环境质量是不断得到改善的；在城镇化水平达到一定程度时，生态环境压力不可避免地随之增大，但是人们的环保意识同时不断增强，两者在交互作用中逐渐趋于协调和适应。特别地，西部地区城镇化推进与生态环境之间协调发展度由中度失调逐步上升为中度协调，按年份从纵向比较发现，西部地区生态环境在总体上可以为当地城镇化发展提供支持，但是西部地区生态环境毕竟比较脆弱，因此进一步加大对保护生态环境的投入力度在城镇化进程中也是十分必要的。

综上所述，随着加快推进城乡一体化进程，国内来自不同专业领域的学者对由城镇化引发的生态环境保护问题，城镇化与生态环境耦合协调发展的研究日益丰富，研究成果均有值得借鉴学习之处。但大部分研究多采用定量分析的方法揭示城镇化与生态环境交互耦合机制的内在机理，针对不同地区的城镇化与生态环境耦合协调发展的特点及其规律的实证研究较少，难以为我国区域城镇化与生态环境的耦合协调发展提供具有实操性的建议。因此，本文在前者积累的优秀经验之上，选取西北民族地区。

二、数据来源和研究方法

（一）研究对象和数据来源

本文结合 2005—2013 年中国西部甘肃省、青海省、宁夏回族自治区、新疆乌鲁木齐自治区中 18 个城市作为研究对象，对城市土地集约利用和城镇化进行耦合分析。在空间上横向覆盖 2 个省 2 个自治区，在时间上纵向覆盖了 2005—2013 年的统计数据，数据均来源于《中国统计年鉴》《中国城市统计年鉴》，部分数据根据年鉴整理所得。

（二）研究方法

1. 评价方法

熵值法，是用客观的信息量大小来确定权重，该方法在很大程度上规避了评价指标权重计算的主观因素，使得评价更贴近现实，具有客观性和科学性。本文运用此方法来计算各指标的权重，计算步骤如下：

第一步，对指标做无量纲处理。当 x_j 为正向指标时，$y_j = \frac{x_j}{\max x_j}$；当 x_j 为逆指标时，$y_j = \frac{\max x_j + \min x_j - x_j}{\max x_j}$。

第二步，变换计算指标的比重。$R_{ij} = \frac{y_{ij}}{\sum_{i=1}^{m} y_{ij}}$，其中，$y_{ij}$（经正向化和无量纲化指标数据）表示样本 i 第 j 个指标的值（$i = 1,2,\cdots,m$；$j = 1,2,\cdots,n$）。

第三步，计算指标熵值。$h_j = -\sum_{i=1}^{m} R_{ij}\ln R_{ij}$。

第四步，将熵值逆向化。$l_i = 1 - h_j$。

第五步，计算指标 x_j 权重。$w_j = \frac{l_j}{\sum_{j=1}^{n} l_j}$。

第六步，加权线性求和计算指标得分。$x_i = \sum_{j=1}^{n} y_{ij} w_j$。

2. 耦合与协调发展

借鉴水贫困指数模型法（WPI）、加权模糊隶属度函数法、灰色综合关联度模型等模型，特别是运用物理学中的容量耦合概念和模型得到城镇生态环境（L）与城镇化（U）的耦合度函数，表达式为：

$$c = \{(U \times l)/[(U \times L)/2]^2\}^2$$

其中 C 为耦合度，耦合度值 $c \in [0,1)$，当 $c = 1$ 时，耦合度最大，系统之间或内部各要素之间达到良性共振，趋向有序结构；当 $c = 0$ 时，耦合度最小，系统之间或内部各要素之间处于无关状态，系统发展方向无序。

为区分耦合过程中良性和破坏性，笔者用协调度表示耦合的良性作用大小。本文提出生态环境与城镇化之间协调度的表达式为：

$$D = \sqrt{C \times T}$$

其中 $T = aU + bL$ 其中，D 为协调度，a、b 为特定权数，T 为生态环境与城镇化的综合评价指数。

3. 协调发展度的定义

本文研究认为，计算耦合协调度是为了摸清各子系统之间的现状协调情况，从而为最终的发展方案建议奠定基础，因此，耦合协调度的判断标准必不可少。按照所求耦合协调度的大小，将城镇化与土地集约利用协调发展状况分为 3 大类 7 个亚类。（见表 1）

表 1　协调发展的定义

大类	D	亚类
协调发展区间	0. 900 – 1. 000	优质协调类
	0. 800 – 0. 899	良好协调类
	0. 700 – 0. 799	中级协调类
过渡调和区间	0. 500 – 0. 699	勉强协调类
失调衰退类	0. 400 – 0. 499	失调
	0. 300 – 0. 399	中度失调
	0 – 0. 300	严重失调

三、实证分析结果及讨论

（一）城镇化与生态环境及其协调发展度的历史演进

1. 城镇化与生态环境都呈上升态势

图 1 表明，西北民族地区的城镇化水平与生态环境质量在整体上呈现上升态势，期间，西北民族地区生态环境质量在 2007—2009 年经历了短暂的波动，而后保持稳步增长的趋势，在 2010 年再次越过 0. 55，到 2013 年逐渐趋近 0. 65，生态环境保护略有成效；西北民族地区的城镇化水平则一直保持着稳步增长的态势，从 2005 年的 0. 29 上升至 2013 年的 0. 33，城镇化发展有目共睹。

2. 西北民族地区生态环境水平高于城镇化水平

西北地区生态环境水平与城镇化水平在整体上均呈上升趋势，但是两者之间始终保持着明显的差距，其中前者远远大于后者。2005—2013 年，西北民族地区的城镇化水平与生态环境质量的比值围绕着 0. 554 的均值上下波动，其中最低的是 2006 年，两者的比值仅为 0. 517，2008 年两者比值最高，到达 0. 598，但是自 2008 年以后，两者之间的差距呈逐渐缩小趋势。以上数据说明，西北民族地区的生态环境水平整体上一直高于城镇化水平，也就是说在西北民族地区的城镇化进程是符合新型城镇化的要求的，特别是近年来生态文明建设的提出，以及“一带一路”战略背景下，生态环境建设力度渐渐加大。

3. 城镇化与生态环境的耦合度与协调发展度在波动中增长

如图 1 所示，西北民族地区城镇化与生态环境的耦合度和协调发展度均在波动中增长。其中耦合度围绕着 0.714 的均值上下波动，从 2005 年的 0.716 增长至 2013 年的 0.725，平均年增长率 0.001；协调发展度也呈波动增长态势，2005—2013 年间，围绕 0.5436 的均值，从 2005 年的 0.5251 增长至 2013 年的 0.568，年均增加 0.0048。这些数据表明，西北民族地区城镇化和生态环境的耦合度和协调发展度正朝着良性循环的方向发展。

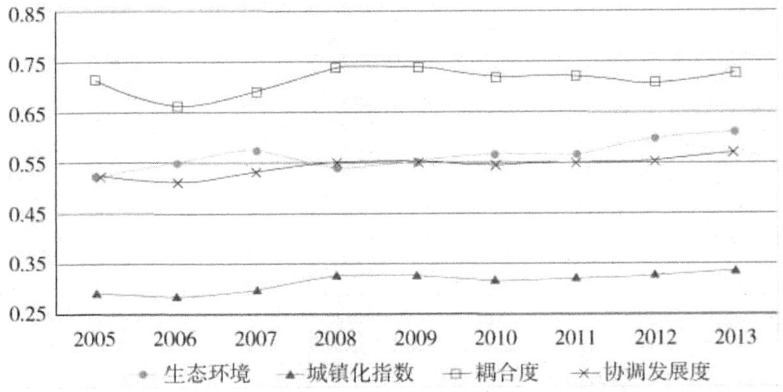

图 1　西北民族地区城镇化与生态环境发展状况（2005—2013 年平均）

（二）城镇化与生态环境及其协调发展度的区域特征

1. 城市规模和城镇化与生态环境的协调发展度呈正相关关系

城市规模越大，西北民族地区城镇化与生态环境的耦合度与协调发展度越高。表 2 和表 3 数据显示，西北民族地区的四个大型省会城市，如兰州、西宁、银川和乌鲁木齐的耦合度和协调发展度最高；金昌、石嘴山这类中型城市的耦合度和协调发展度次之；其他城市的耦合度和协调发展度均处于较低水平，其中武威市耦合协调度最低，这主要是因为武威地处甘肃省中部，毗邻腾格尔沙漠，属于典型的温带大陆性气候，自然环境本身比较恶劣，生态环境质量较低。以上资料表明，西北民族地区城市规模和城镇化进程与生态环境质量的协调发展度呈正相关关系。

2. 城镇化与生态环境的协调发展度之间存在区域不平衡现象

西北民族地区的城镇化与土地集约利用的协调发展具有区域不平衡现象，其中，城市建设起步较早并且建设成果较完善的大中型城市的城镇化与生态环境的耦合度和协调发展度的水平较高，例如兰州、西宁、银川、乌鲁木齐、石嘴山、金昌等大中城市；而其他城市建设起步较晚的城市，城市建设尚不完善，其耦合度与协调发展度较低，例如武威市、张掖市、定西市、陇南市等。（见表2、表3）。

3. 区域内生态环境质量变动方向与城镇化水平变动方向一致

观察某个特定的区域内城镇化发展与生态环境质量变化趋势，两者变动方向一致，城镇化发展水平与生态环境之间正向变动。这意味着区域内城镇化进程对生态环境的影响是较为明显的：城镇化发展较快，区域内生态环境破坏程度不可避免地增加；反之，城镇化进程放缓，生态环境质量随之有所提高。不仅大型省会城市（兰州、西宁、银川、乌鲁木齐）呈现这种变动特征，其他中小城市亦然。

表2　城镇化与生态环境的耦合度（C）

城市＼年份	2005	2006	2007	2008	2009	2010	2011	2012	2013	均值
兰州市	0.999	0.999	1.000	0.960	0.990	0.997	0.998	0.998	1.000	0.993
金昌市	0.930	0.886	0.846	0.889	0.985	0.919	0.948	0.963	0.931	0.922
白银市	0.753	0.584	0.770	0.864	0.942	0.890	0.819	0.762	0.738	0.791
天水市	0.612	0.726	0.554	0.624	0.595	0.531	0.531	0.564	0.560	0.589
武威市	0.351	0.407	0.338	0.442	0.421	0.403	0.396	0.354	0.456	0.397
张掖市	0.443	0.350	0.360	0.448	0.327	0.515	0.489	0.421	0.517	0.430
平凉市	0.655	0.369	0.630	0.702	0.608	0.703	0.782	0.903	0.896	0.694
酒泉市	0.606	0.718	0.557	0.658	0.778	0.695	0.684	0.582	0.602	0.653
庆阳市	0.654	0.452	0.733	0.713	0.691	0.794	0.772	0.704	0.789	0.700
定西市	0.423	0.544	0.478	0.453	0.425	0.430	0.581	0.403	0.505	0.471
陇南市	0.736	0.454	0.769	0.660	0.599	0.446	0.395	0.462	0.398	0.546
西宁市	0.991	0.995	1.000	0.978	0.981	0.984	0.987	0.984	0.996	0.988
银川市	0.973	0.977	0.958	0.987	0.979	0.978	0.998	0.978	0.995	0.980
石嘴山市	0.962	0.991	0.981	0.998	0.978	0.914	0.941	0.920	0.994	0.964
吴忠市	0.646	0.490	0.528	0.615	0.662	0.592	0.633	0.603	0.698	0.607
固原市	0.644	0.422	0.486	0.704	0.556	0.501	0.501	0.429	0.449	0.521
中卫市	0.543	0.623	0.440	0.628	0.881	0.687	0.587	0.660	0.532	0.620
乌鲁木齐	0.966	0.977	0.985	0.954	0.976	0.998	0.996	0.998	1.000	0.983
平均	0.7160	0.6647	0.6896	0.7376	0.7430	0.7209	0.7243	0.7049	0.7253	0.714

表 3　城镇化与生态环境的协调发展度（D）

城市＼年份	2005	2006	2007	2008	2009	2010	2011	2012	2013	均值
兰州市	0.812	0.787	0.794	0.754	0.787	0.779	0、780	0.795	0.733	0.780
金昌市	0.588	0.562	0.642	0.647	0.614	0.656	0、660	0.642	0.671	0.631
白银市	0.525	0.463	0.514	0.522	0.536	0.526	0、546	0.539	0.572	0.527
天水市	0.455	0.569	0.428	0.466	0.476	0.449	0、431	0.455	0.434	0.463
武威市	0.331	0.354	0.333	0.385	0.381	0.375	0、349	0.329	0.393	0.359
张掖市	0.364	0.324	0.341	0.384	0.338	0.395	0、402	0.380	0.435	0.374
平凉市	0.461	0.382	0.445	0.472	0.474	0.478	0、473	0.506	0.531	0.469
酒泉市	0.489	0.486	0.505	0.553	0.586	0.555	0、554	0.512	0.522	0.529
庆阳市	0.431	0.391	0.463	0.512	0.525	0.510	0、536	0.534	0.561	0.496
定西市	0.333	0.327	0.354	0.351	0.342	0.347	0、402	0.362	0.413	0.359
陇南市	0.370	0.355	0.376	0.339	0.317	0.295	0、285	0.351	0.289	0.331
西宁市	0.726	0.752	0.740	0.724	0.700	0.759	0、779	0.794	0.752	0.747
银川市	0.807	0.716	0.800	0.792	0.814	0.795	0、796	0.799	0.830	0.794
石嘴山市	0.664	0.618	0.691	0.707	0.712	0.706	0、704	0.690	0.693	0.687
吴忠市	0.415	0.403	0.428	0.477	0.507	0.499	0、517	0.514	0.575	0.482
固原市	0.480	0.414	0.431	0.533	0.473	0.442	0、423	0.392	0.416	0.445
中卫市	0.369	0.439	0.399	0.458	0.549	0.431	0、410	0.471	0.480	0.445
乌鲁木齐市	0.761	0.758	0.773	0.781	0.789	0.797	0、828	0.811	0.866	0.796
平均	0.525	0.510	0.531	0.551	0.557	0.548	0、551	0.552	0.568	0.544

数据来源：作者计算

4. 总体上，城镇化与生态环境处于勉强协调阶段

总体而言，西北民族地区城镇化与生态环境处于勉强协调发展阶段，如表 4 所示。2005—2013 年西北民族地区整个区域的协调发展度为 0.54，由前文给出的协调发展度的定义，属于勉强协调发展阶段，这说明西北民族地区的城镇化进程与当地生态环境水平并不是有序协调推进。

5. 生态环境发展超前，城镇化推进较为滞后

西北民族地区呈现出较为明显的生态环境超前，城镇化进程较为滞后的不协调发展特征。如表 4 的数据所示，西北民族地区绝大部分城市的生态环境水平都要高于城镇化指数，两者之比的均值为 0.56，其中武威市、张掖市、定西市等城市的指数之比均小于 0.3，与生态环境质量相比，城镇化水平明显严重落后。比值较大的城市包括兰州市、西宁市和乌鲁木齐市，它们是仅有的城镇化超前的城

市。以上数据意味着，西北民族地区的城镇化与生态环境水平的协调发展度较低，大部分城市呈现出生态环境超前，城镇化发展滞后现象。

表 4　城镇化与生态环境的耦合发展评价结果　　（2005—2013 年平均）

城镇	城镇化指数（U）	生态环境（L）	耦合度（C）	协调发展度（D）	协调发展阶段	指数比较（U/L）	协调发展阶段特征
兰州市	0.62	0.59	0.99	0.78	濒临协调发展	1.06	城镇化超前
金昌市	0.36	0.54	0.92	0.63	勉强协调发展	0.67	生态环境超前
白银市	0.26	0.51	0.79	0.53	勉强协调发展	0.51	生态环境超前
天水市	0.22	0.60	0.59	0.46	中度失调发展	0.37	生态环境超前
武威市	0.15	0.60	0.40	0.36	严重失调发展	0.25	生态环境超前
张掖市	0.16	0.59	0.43	0.37	严重失调发展	0.27	生态环境超前
平凉市	0.21	0.50	0.69	0.47	失调发展	0.42	生态环境超前
酒泉市	0.27	0.68	0.65	0.53	中度失调发展	0.39	生态环境超前
庆阳市	0.23	0.54	0.70	0.50	失调发展	0.42	生态环境超前
定西市	0.14	0.49	0.47	0.36	严重失调发展	0.28	生态环境超前
陇南市	0.12	0.35	0.55	0.33	中度失调发展	0.34	生态环境超前
西宁市	0.58	0.53	0.99	0.75	濒临协调发展	1.08	城镇化超前
银川市	0.61	0.70	0.98	0.79	良好协调发展	0.86	生态环境超前
石嘴山市	0.45	0.57	0.96	0.69	中级协调发展	0.79	生态环境超前
吴忠市	0.22	0.62	0.61	0.48	中度失调发展	0.36	生态环境超前
固原市	0.21	0.65	0.52	0.44	中度失调发展	0.32	生态环境超前
中卫市	0.18	0.52	0.62	0.45	中度失调发展	0.35	生态环境超前
乌鲁木齐市	0.68	0.60	0.98	0.80	濒临协调发展	1.13	城镇化超前
西北总体	0.32	0.57	0.71	0.54	勉强协调发展	0.56	生态环境超前

数据来源：作者计算、整理。

四、总体结论与政策建议

根据前文的数据分析结果及讨论，本文得到以下总体结论：

第一，整体而言，西北民族地区城镇化与生态环境的协调发展水平仅处于勉强协调发展阶段。西北民族地区在两者的协调发展度上明显呈现出生态环境超前，城镇化发展滞后的勉强协调发展特征。

第二，西北民族地区城镇化与生态环境协调发展度存在着较大的区域差距。西北民族地区城镇化发展与生态环境水平协调度的区域差别较为明显。

第三，就生态建设而言，加快城市规模建设有助于提高生态环境水平。城市规模越大，西北民族地区城镇化与生态环境的耦合度与协调发展度越高，城市规模和城镇化与生态环境水平的协调发展度呈正相关关系。

根据上述研究结论，本文提出以下政策建议：

第一，推进城镇化发展与生态环境保护协调发展，应酌情加快大中城市的建设。研究结果表明，西北民族地区城市规模和城镇化水平与生态环境质量呈现正相关关系，这意味着加快大中城市的建设，在推动城镇化进程的同时，有助于生态环境的建设，提高城市生态环境质量。当然，大中城市的建设应有效借鉴已有的成功经验，规避当前出现的“大城市病”，防止城镇化的发展带来的生态恶化。

第二，“一带一路”战略的提出是沿线西北民族地区的契机。无论是建设生态环境还是推进城镇化，减轻当地人口对农业经济的依赖性都是必要的，其背后就必须有产业支撑，西北民族地区由于能源资源禀赋优势历来形成了以能源重工业为主的单一性的产业结构，高能耗、高污染、高投入的发展方式严重破坏了当地生态环境，“一带一路”沿线西北地区城市应抓住此次机会将城镇化发展规划与当地文化、传统特色有机结合在一起，加快产业结构升级，积极发展生态产业。

第三，建立资源开发利用与生态环境恢复的补偿制度。随着城镇化进程的不断推进，以及当下“一带一路”战略对西部地区的开发建设，西北民族地区的资源开发力度可能会继续加大，这意味着西北民族地区的生态环境承受的压力将不断增加，因此，我们应该建立起资源能源开发利用与生态环境重建的补偿机制，对区域内共享的生态资源征收一定的开发补偿费用，借助财政转移支付的方式实现两者之间的协调发展。

西北民族地区城镇化与农业现代化耦合度分析

本文采用熵值综合评价法和耦合法，对2003—2013年西北民族地区的城镇化和农业现代化协调发展水平进行实证研究分析。研究结果表明：整体上，西北民族地区的城镇化与农业现代化协调发展水平不够高，处于勉强协调发展阶段，农业现代化超前、工业化滞后的特征；西北民族地区城镇化与农业现代化协调发展度存在一定差异性，但呈逐渐趋同趋势；同时，西北地区各城市间在城镇化与农业现代化发展水平、综合指数、耦合度、协调度均存在明显的差异性，城镇化与农业现代化的协调发展水平越高，区域经济发展水平和农村发展水平越高，而城乡居民的收入差距和消费差距越低。政策建议：若要加快农业现代化建设，则应加快工业化建设，提高城市规模，着力发展以工业为主导的大中型城市的城镇化；加强对农业现代化与城镇化的合理规划和科学布局，使其协调同步发展；同时要广泛借鉴国内外先进科技理念和丰富经验，有效提高农业现代化发展水平。

引言

在2015年的政府报告中，李克强总理进一步明确指出要坚持“三农”重中之重地位不动摇，加快推进农业现代化，提升城镇规划建设管理水平，推进新型城镇化取得新突破，促使中国特色城镇化、工业化、信息化和农业现代化道路同步协调发展。这是我们党在新的历史时期，统揽全局、放眼长远的战略性决策，也是立足当前、着眼长远，基于转变发展方式的客观要求，这是对解决三农问题做出的重大战略部署，同时为下一步经济建设指明了发展方向，也是对新时期下工农和城乡关系的深刻认识，更是全面建成小康社会和加快推进现代化建设的一项重大任务。一方面，“四化同步”的本质是四化互动，是一个整体系统，但长期以来农业现代化在四化中始终处于短板，其发展速度很慢，发展力度不强，在一定程度上制约着四化的协调、同步发展。另一方面，西北民族地区是边疆地区，是少数民族的聚集地，多数地区还处于传统农耕现状，解决好城镇化与农业现代化问题能够有利于缩小区域间贫富差距、缓解贫困问题，有利于促进城乡各族人民族共同团结奋斗、共同繁荣发展，使他们共享改革成果，最终实现共同富裕。在这种背景下，本文以城镇化与农业现代化发展为主题，结合西北民族地区具有代表性的13座城市城镇化与农业现代化发展的实际发展现状和客观依据，对此进行实证分析研究，这对于推动我国四化同步和解决三农问题具有重要的现实指导意义。

一、文献回顾

改革开放以来，随着经济社会的飞速发展，我国的城镇化、工业化、信息化和农业现代化取得了快速发展。在近年来，关于城镇化、工业化、信息化和农业现代化的问题研究已成为国内外的热点，研究文献也很多，如马德君等人很早就进行西北民族地区城镇化与土地集约利用关系的研究等。

从城镇化与农业现代化的相互影响方面来看，刘玉（2007）认为农业现代化既依赖于城镇化，又推动城镇化的向前发展，实现农业现代化是保证城镇化能持续、健康发展的重要基础和有效途径，促进农业产业规模化等措施是城镇化进程中农业现代化的关键。杨曙辉等人（2012）认为虽然工业化、城镇化在生产方式、和资金保障等多方面给农业现代化建设带来明显的推动作用；然而其对农业现代化建设也会产生一系列负面影响；他们进一步提出，转变发展观念与创新生产方式，提升工业化和城镇化的质量、效益与效率，方能确保“三化”间同步协调发展。陈志峰（2012）认为，一方面，城镇化会推动工业化，进而必然会推动农业现代化；另一方面，农业现代化为城镇化提供有力支撑，城镇化与农业现代化互为前提和为基础、相互制约与促进。周战强等人（2012）通过向量自回归模型，得出工业化、城镇化变动是农业现代化的格兰杰原因，但农业现代化不是工业化、城镇化变动的格兰杰原因。夏显力等人（2013）运用误差修正等模型，发现陕西省“三化”之间在长期中具有同向的发展趋势，城镇化对工业化和农业现代化的促进作用明显。董梅生等人（2014）通过构建VAR模型发现，短期内农业现代化是引起城镇化的主要原因之一，长期内城镇化、工业化和信息化都能提升农业现代化水平；城镇化是农业现代化的载体，它承担吸纳农村剩余劳动力的功能，虽然“四化”间存在不协调等问题，但是它们之间相互影响，缺一不可。

从城镇化与农业现代化协调发展关系的角度来看，胡培兆（2003）认为，城镇化的发展必然会使农村人口比例减少，而农村人口的合理减少又推动农业现代化的发展，其进而得出农业现代化并不与人口居住城镇化相等，两者互为条件，具有很大相关性，城镇化建设之路也是农业现代化之路。钱津（2010）认为农业现代化是实现城镇化、工业化的前提，同时农业现代化也为工业化、城镇化的深入发展提供了重要保障。杨爱君（2012）通过我国当前农业现代化建设明显滞后于城镇化、工业化建设的实际现状指出，农业现代化是社会整体现代化的基础，为城镇化、工业化提供必要的杠杆作支撑，三者必须有机统一起来才能保证我国现代化的全面实现。夏春萍（2012）认为三化之间具有长期均衡关系，三者之间存在明显的相互促进作用，尤其从长期来看，城镇化对农业现代化的促进作用要高于工业化，农业现代化同样对城镇化具有正效应。周建群（2013）认为虽然我国城镇化、工业化和农业现代化处于初级协调状态，但是发展严重滞后的农业现代化是制约“三化”协调的主要因素，所以应该大力推行以城带乡、以工促农的有效发展思路。王春丽（2013）认为我国城镇化与农业现代化之间具有明显的正向互动作用，虽然就目前而言，农业现代化对城镇化的带动作用明显低于城镇化对农业现代化的正面影响，但是从长期来看，这种互动作用会趋向于均衡协调发展。

总之，通过对已有成果的梳理，可以发现上述研究人员多数探讨的是城镇化、农业现代化和工业化三者之间的关系，单独以农业现代化和城镇化为主题的研究成果还鲜有涉及，尤其结合中国具体实践方面的定量分析研究更少，很难单独提供一些可供操作的区域城镇化与农业现代化利用方面的建议。本文在总结以往研究成果的基础上，选取西北民族地区具有代表性的 13 个城市进行实证研究，运用耦合分析方法测度西北地区城镇化和农业现代化之间的协调关系，通过对于西北民族地区城镇化和农业现代化发展水平及其协调关系的分析发现，西北地区城镇化、农业现代化发展水平及其协调发展均不高，处于勉强协调发展状态。

本文余下内容的安排如下：第二部分是数据来源和研究方法，第三部分是实证分析结果和讨论，第四部分是总体结论和政策建议。

二、数据来源和研究方法

（一）研究对象和数据来源

本文选取中国西部甘肃省、青海省、新疆乌鲁木齐自治区三省中具有代表性的 13 个城市作为研究对象，对城镇化和农业现代进行耦合分析。由于受数据可得性的限制，本论文中研究起止年限为 2003—2013 年，总共 11 年。因为宁夏回族自治区与西北地区其他地级市的建制和统计口径不一致，同时甘肃的嘉峪关市是资源城市、新疆的克拉玛依市是石油城市，情况都比较特殊，另外在中国城市统计年鉴中青海除西宁市外、新疆除乌鲁木齐市外都不具有完整性的统计数据，因此本论文未将以上城市纳入分析范围，只选取这三省中具有代表性的 13 个城市，主要数据来源于《中国城市统计年鉴（2014）》，《中国统计年鉴（2014）》。

（二）研究方法

本研究项目的研究方法主要有：

1. 综合评价方法：本研究将使用熵权赋值综合评价方法来评价西北地区城镇化和农业现代化的发展状况。

（1）熵值法

熵值法是用客观的信息量大小来确定权重。该方法在很大程度上规避了评价指标权重计算的主观因素，使得评价更贴近现实，具有客观性和科学性。本报告运用此方法来计算各指标的权重，计算步骤如下：

步骤1：对指标做无量纲化处理。当 x_j 为正向指标时，$y_j = \frac{x_j}{\max x_j}$；当 x_j 为逆向指标时，$y_j = \frac{\max x_j + \min x_j - x_j}{\max x_j}$。

步骤2：计算指标的比重变换。$R_{ij} = \frac{y_{ij}}{\sum_{i=1}^{m} y_{ij}}$，其中，$y_{ij}$（经正向化和无量纲化指标数据）表示样本 i 第 j 个指标的值（$i = 1,2,\cdots,m$；$j = 1,2,\cdots,n$）。

步骤3：计算指标熵值。

$$h_j = -\sum_{i=1}^{m} R_{ij} \ln R_{ij}。$$

步骤4：将熵值逆向化。

$$l_i = 1 - h_j。$$

步骤5：计算指标 x_j 的权重。

$$w_j = \frac{l_j}{\sum_{j=1}^{n} l_j}。$$

步骤6：加权线性求和计算指标得分。

$$x_i = \sum_{j=1}^{n} y_{ij} w_j。$$

（2）指标选取

本论文以西北地区城镇化和农业现代化为核心，构建了1个一级指标“西北地区两化水平指数”，2个二级指标“城镇化和农业现代化”，同时每个二级指标选取5到7个指标作为三级指标，用以评价西北地区各地级市两化水平。评价指标体系如表1所示：

表1　西北地区两化评价指标体系

一级指标	二级指标	三级指标	指标类型
西北地区两化水平指数	城镇化	城镇人口比重	越大越好型
		人口密度	越大越好型
		第一产业从业人员	越小越好型
		第一产业占 GDP 比重	越小越好型
		每万人拥有公共汽车数	越大越好型
		人均城市道路面积	越大越好型
		城市建设用地面积比重	越大越好型
	农业现代化	农业机械化率	越大越好型
		每公顷耕地农业机械化动力	越大越好型
		每公顷耕地农业机械化动力	越大越好型
		有效灌溉面积占耕地总面积比例	越大越好型
		每公顷耕地农村用电量	越大越好型

2. 耦合度和协调度方法：本项目将使用耦合度和协调度概念与方法计算西北地区城镇化与农业现代化之间的协调和同步发展程度。根据物理学中的容量耦合概念和模型，结合城镇化和农业现代化的内容特征，得到城镇化和农业现代化的耦合度函数，表达式为：

$$C=\{(U\times L)/[(U+L)/2]^2\}^2$$

其中 U 为城镇化指数，L 为农业现代化指数，C 为城镇化和农业现代化的耦合度，耦合度值 $C\in[0,1)$。当 $C=1$ 时，耦合度最大，城镇化和农业现代化之间达到良性共振，趋向有序结构；当 $C=0$ 时，耦合度最小，城镇化和农业现代化各要素之间处于无关状态，系统发展方向无序。

为区分耦合过程中良性和破坏性，我们采用协调度表示耦合的良性作用大小。本报告提出的城镇化和农业现代化的协调度的表达式为：

$$D=\sqrt{C\times T}$$

其中，$T=aU+bL$，D 为协调度，a 和 b 为特定权数，T 为城镇化和农业现代化的综合评价指数。

三、实证分析结果及讨论

（一）西北地区城镇化与农业现代化变化趋势的分析

1. 西北地区的城镇化和农业现代化都呈现出上升趋势，但两者的变化轨迹有所不同。

虽然西北地区的城镇化和农业现代化都表现出上升趋势，但两者的变化轨迹却不一致。如图1所示，单就城镇化而言，在2003—2006年间，处于波动中下降期，尤其从最高值2003年的0.383快速下降到2004年0.316，之后又开始缓慢上升到2005年，2005和2006年间围绕0.339进行小范围波动，从2006年开始稳中上升，一直到2013年。在2003—2006年间，农业现代化的整体变化幅度不大，在平稳中增长，从2003—2005年呈直线上升，之后短暂下降到最低值0.340，2007—2009年围绕0.357上下波动，之后一直到2013年，始终处于稳中上升阶段。

2. 西北地区的农业现代化的整体水平高于城镇化水平。

通过图1可以整体反映出西北地区的农业现代化发展水平要高于城镇化发展水平，虽然在2003年，城镇化的发展水平要高于农业现代化，但是很快农业现代化就赶超上来，而且从此之后一直处于领先于城镇化地位。不过表现为三个层次：在2009年基本处于相同水平，均在0.34左右；在2005、2007、2008、2010、2011年间农业现代化水平略高于城镇化水平，比值都在1.05上下；在2004、2006、2012差距比较明显，尤其在2004比值最大为1.13。西北地区的农业现代化发展水平之所以要高于城镇化发展，是因为西北民族地区是边疆地区，是少数民族的聚集地，多数地区还处于传统农耕现状，生产力还很不发达，产业结构比较低下，第一产业仍是其主导产业，工业基础比较薄弱，有的区域城镇化建设刚起步，城镇化进程相当缓慢。

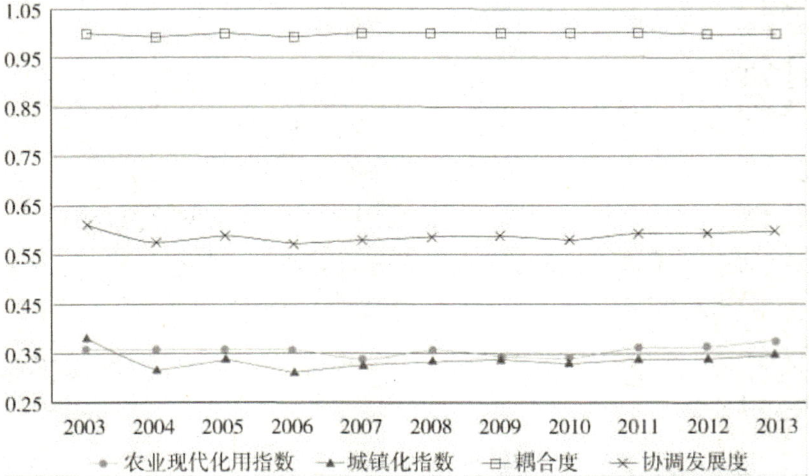

图1　西北民族地区城镇化与农业现代化的发展状况　（2002—2011年平均）

（二）西北地区城镇化与农业现代化耦合度与协调度分析

1. 西北地区的耦合度和协调度都处于稳步增长状态且呈趋同趋势

西北地区的耦合度和协调度虽然都表现为平稳步增长状态，但还存在着不同之处。通过表 1 可以看出，西北地区的耦合度从 2003 年—2013 年这 11 年间，整体都处于稳定上升趋势，变化幅度很小，从 2003 的 0.997 到 2013 年的 0.997，在 2004 年为最小值，也仅为 0.992。但是协调度却有所不同，协调度从最高值 2003 年的 0.610 迅速下降到 2005 年的 0.574，在 2004—2006 两年间围绕 0.588 上下波动，从 2006 年开始一直稳定上升趋势，并且差距逐渐减小，呈趋同趋势。

2. 西北各地区的耦合度和协调发展度存在一定差异性

通过对西北地区 12 个代表性的城市进行实证分析得出，西北各地区的耦合度和协调发展度存在差异性。如表 1 和表 2 所示，兰州、白银、天水、乌鲁木齐等城市的耦合度和协调发展比较高，这几个城市都有一些共同之处，即都是以工业为主导的城市，城市规模也比较大，尤其天水市更以老工业闻名，兰州和乌鲁木齐又是省会城市，拥有得天独厚的资源优势。而以传统农业为主、经济欠发展的金昌，张掖，武威，陇南等城市的耦合度和协调发展比较小。虽然西宁既是大城市又是青海省的省会，但其很特殊，因为它是中国重要的畜牧业生产基地，第一产业更以畜牧业为主，所以其耦合度和协调发展度也比较低。

表 1　城镇化与农业现代化的耦合度（2003—2013）

年份 城市	2003	2004	2005	2006	2007	2008	2009	2010	2011	2012	2013	均值
兰州市	0.835	0.838	0.805	0.798	0.736	0.732	0.704	0.741	0.734	0.695	0.779	0.763
金昌市	0.094	0.210	0.217	0.238	0.071	0.171	0.152	0.106	0.094	0.104	0.090	0.141
白银市	0.987	0.957	0.963	0.889	0.975	0.964	0.987	0.971	0.972	0.966	0.988	0.965
天水市	0.879	0.900	0.902	0.823	0.997	0.949	0.958	0.975	1.000	0.991	1.000	0.943
武威市	0.227	0.195	0.202	0.224	0.222	0.277	0.281	0.275	0.212	0.190	0.272	0.234
张掖市	0.520	0.419	0.486	0.354	0.438	0.552	0.514	0.596	0.584	0.514	0.660	0.512
平凉市	0.856	0.999	0.907	0.985	0.941	0.931	0.919	0.944	0.989	0.977	0.975	0.948
酒泉市	0.986	0.948	0.967	0.924	0.987	0.947	0.974	0.925	0.897	0.839	0.881	0.934
庆阳市	0.999	0.997	0.988	0.966	0.989	1.000	1.000	0.988	0.987	0.971	0.979	0.988
定西市	0.000	0.538	0.824	0.742	0.837	0.832	0.807	0.788	0.849	0.741	0.792	0.705
陇南市	0.000	0.995	0.910	0.911	0.911	0.486	0.793	0.748	0.651	0.845	0.744	0.727
西宁市	0.749	0.772	0.664	0.680	0.582	0.550	0.534	0.398	0.369	0.303	0.428	0.548
乌鲁木齐	0.974	0.986	0.955	0.972	0.946	0.945	0.965	0.973	0.969	0.972	0.945	0.964
平均	0.997	0.992	0.998	0.991	0.999	0.998	1.000	0.999	0.998	0.997	0.997	0.997

表 2 城镇化与农业现代化的协调发展度（2003—2013）

年份 城市	2003	2004	2005	2006	2007	2008	2009	2010	2011	2012	2013	均值
兰州市	0.673	0.670	0.693	0.659	0.627	0.622	0.610	0.615	0.612	0.596	0.580	0.610
金昌市	0.153	0.229	0.243	0.233	0.146	0.219	0.202	0.171	0.163	0.167	0.163	0.190
白银市	0.603	0.570	0.584	0.520	0.552	0.548	0.563	0.539	0.562	0.560	0.591	0.563
天水市	0.467	0.451	0.438	0.473	0.448	0.440	0.460	0.443	0.447	0.456	0.447	0.452
武威市	0.324	0.299	0.314	0.333	0.327	0.368	0.369	0.363	0.317	0.295	0.365	0.334
张掖市	0.428	0.368	0.406	0.342	0.378	0.414	0.392	0.427	0.436	0.413	0.495	0.409
平凉市	0.431	0.382	0.432	0.416	0.422	0.433	0.442	0.436	0.452	0.474	0.496	0.438
酒泉市	0.567	0.527	0.574	0.541	0.571	0.592	0.617	0.591	0.592	0.558	0.576	0.573
庆阳市	0.496	0.484	0.454	0.435	0.472	0.513	0.534	0.509	0.542	0.545	0.567	0.505
定西市	0.000	0.283	0.387	0.363	0.403	0.404	0.403	0.397	0.435	0.418	0.454	0.359
陇南市	0.000	0.442	0.397	0.400	0.393	0.338	0.347	0.333	0.324	0.397	0.336	0.337
西宁市	0.572	0.585	0.543	0.534	0.487	0.479	0.454	0.417	0.410	0.377	0.413	0.479
乌鲁木齐	0.854	0.846	0.808	0.805	0.791	0.794	0.819	0.806	0.804	0.777	0.840	0.813
平均	0.610	0.574	0.588	0.573	0.577	0.586	0.585	0.580	0.589	0.589	0.598	0.586

（三）西北地区的城镇化与农业现代化协调和发展情况分析

1. 西北地区的城镇化和农业现代化整体处于勉强协调阶段

通过观察表 2 得出，2003—2013 年期间西北地区城镇化和农业现代化的整体协调发展度是 0.586，根据前面定义而言，处于勉强协调阶段。尤其从表 4 可以具体看出金昌市处于严重失调阶段，武威和陇南等市处于中度失调阶段，兰州和乌鲁木齐分别处于勉强协调与良好协调阶段。这反映出西北地区的城镇化进程很缓慢，发展力度不高，农业现代化的发展水平也很低，大都还处于传统的农业发展模式，与现代化、规模化、产业化的农业经营模式相比，差距很大、路途还很遥远。

2. 西北地区农业现代化超前，城镇化稍微落后

通过表 4 可以看出，西北地区整体表现出农业现代化超前，城镇化较为落后的现状。整体而言，西北地区的城镇化指数要小于农业现代化指数，前者与后者比值大于 1 的只有 6 个城市，最大比值是 8.792，为金昌市，其还处于严重失调发展阶段；比值最小的是 0.164，为武威市，城镇化与农业现代化处于中度失调阶段，在勉强协调中仅只有兰州市城镇化超前，其他城市都是农业化超前，唯一一个城镇化超前又表现出城镇化与农业现代化良好协调发展的是乌鲁木齐市。通

过对以上数据的分析，反映出西北的城镇化与农业现代化的协调发展度很不高，整体处于农业现代化超前，城镇化较为落后的发展现状。

表 4　城镇化与农业现代化的耦合发展评价结果　　(2003—2013 年平均)

城市	协调发展阶段	协调发展度	城镇化指数（U）	农业现代指数（L）	指数比较 I	指数比较 Ⅱ（=U/L）	协调发展特征
兰州市	勉强协调发展	0.610	0.663	0.317	U〉L	2.090	城镇化超前
金昌市	严重失调发展	0.190	0.418	0.048	U〉L	8.792	城镇化超前
白银市	勉强协调发展	0.563	0.295	0.379	U〈L	0.778	农业现代化超前
天水市	失调发展	0.452	0.242	0.181	U〉L	1.340	城镇化超前
武威市	中度失调发展	0.334	0.157	0.961	U〈L	0.164	农业现代化超前
张掖市	失调发展	0.409	0.172	0.564	U〈L	0.305	农业现代化超前
平凉市	失调发展	0.438	0.227	0.169	U〉L	1.346	城镇化超前
酒泉市	勉强协调发展	0.573	0.302	0.430	U〈L	0.701	农业现代化超前
庆阳市	勉强协调发展	0.505	0.246	0.280	U〈L	0.878	农业现代化超前
定西市	中度失调发展	0.359	0.143	0.285	U〈L	0.504	农业现代化超前
陇南市	中度失调发展	0.337	0.129	0.242	U〈L	0.531	农业现代化超前
西宁市	失调发展	0.479	0.586	0.193	U〉L	3.043	城镇化超前
乌鲁木齐	良好协调发展	0.813	0.758	0.580	U〉L	1.3060	城镇化超前
总体	勉强协调发展	0.586	0.334	0.356	U〈L	0.938	农业现代化超前

四、总体结论与政策建议

根据上面的数据分析，本文得到以下整体结论：第一，西北民族各地区间，城镇化与农业现代化协调发展度存在一定差异性，但呈缩小、趋同趋势。虽然西北民族地区的城镇化与农业现代化的协调发展存在很大的差距，但正在慢慢缩小，而且城镇化与农业现代化的协调发展度表现为趋同趋势。

第二，总体而言，西北民族地区城镇化与土地集约利用的协调发展水平比较低下，仅处于勉强协调发展阶段。西北民族地区呈现出明显的农业现代化超前，城镇化较为落后的勉强协调发展现状。

第三，就农业现代化而言，大力发展以工业为主导的城市类型，提高城市规模，加快落后的产业转型等有助于提高农业现代化水平。通过对以上数据分析得出，城市规模越大，西北民族地区城镇化与农业现代化的耦合度与协调发展度也越高，整体体现出正相关关系。

依照以上研究结论，本文提出以下政策建议：

第一，若要提高农业现代化水平，则应加快工业化建设，提高城市规模，着力发展以工业为主导的大中型城市的城镇化。研究表明，城市规模以及工业化规模越大，西北民族地区城镇化与农业现代化的耦合度与协调发展度越高，城市规模和城镇化与农业现代化的耦合度与协调发展度表现出正相关关系，因此，若要使农业现代化快速发展，则应大力发展大中型城市。因为发展大中城市的城镇化工业可以起辐射作用，带动农业“装备”现代化，由于农业现代化的重要特征是实现农业生产条件的现代化，而农业生产条件就涉及农业生产的水电、通讯、农机等设施，所以农业生产设施“装备”现代化就是农业现代化的硬件现代化，然而农业装备都要依赖于现代工业进行生产和研发，因此大中城市的工业化是农业现代化的装备支撑。所以在大力推进农业现代化的进程中，应该要重点考虑发挥大中型城市工业的优势，通过以工促农、以城带乡的手段，在提高农业生产效率的同时，又促进农业“装备”现代化，改善了农业生产条件，最终快速推进了农业现代化的发展。

第二，加快农业现代化的发展，应广泛借鉴国内外的先进理念和丰富经验，要提高农业现代化水平。通过本文的研究发现，宏观上，西北民族地区城镇化与农业现代化的协调发展水平不高，仅处于勉强协调发展状态，微观上，西北民族地区呈现出明显的城镇化滞后现状，农业现代化超前的失调发展阶段。要合理解决以上矛盾，一方面，应加强对农业现代化与城镇化的合理规划和科学布局，提高城镇规划建设管理水平，推进新型城镇化取得新突破，加快推进农业现代化发展水平，使其与城镇化同步协调发展。另一方面，本文的研究还表明，西北民族地区农业现代化和城镇化的协调发展度虽然存在一定的区域差距，但表现出逐渐趋同趋势，这表明地区之间农业现代化和城镇化的经验存在蔓延效应，所以，应广泛学习国内外先进理念和丰富经验，提高农业现代化水平。

西北民族地区城镇化与工业化耦合度分析

本文选取西北民族地区18个城市2003—2013年城镇化和工业化具有代表性的评价指标数据，运用熵值综合分析法和耦合协调度模型，通过建立协调度评价指标体系，对18个城市的城镇化和工业化耦合度和协调发展度进行分析，研究二者协调发展的程度。研究表明：整体而言，西北民族地区城镇化与工业化处于勉强协调状态，城镇化与工业化发展存在较大的区域差距，城市规模越大有助于提高城市城镇化及工业化水平。针对此现状，本文提出，正确认识城镇化与工业化之间的关系；切实抓住“一带一路”战略发展契机，加快推动西部地区工业化进程；加快建立创新机制，促进产业结构转型升级。

引言

自2013年以来，中央出台各项方针政策，多角度、大举措不断推进以人为本的新型城镇化建设。同年，“一带一路”战略的正式提出携手新型城镇化战略共同成为新常态下保持和促进我国经济平稳快速发展的新的经济增长点。其中，“新丝绸之路经济带”的构建，起始于西部，经中亚、西亚通向欧洲，必将促进我国西北部地区产业结构的深化转型，城镇化建设的快速推进和社会经济的健康发展。而作为重要支撑平台和核心发展载体，西北部地区“新丝绸之路经济带”沿线城镇化的规模和发展水平将对“一带一路”战略的成功实践起到至关重要的作用。除此之外，西北民族地区电力、铁路等基础设施的工业化进程作为“一带一路”战略实施的基础保障，也会对其产生影响。纵观工业革命以来的世界经济发展轨迹，一个国家和地区的城镇化进程一定程度上伴随着工业化程度的不断加深，工业化是城镇化的推手，而城镇化是工业化发展的基础和结果。西北地区是我国少数民族聚集区，文化底蕴深厚，自然资源丰富，发展空间巨大。然而，改革开放以来，由于我国的经济发展长期处于“东强西弱”的局面，使得西部少数民族地区即使拥有丰富的自然资源和劳动力资源，工业化进程依旧发展缓慢，城镇化水平相对低下。党的十八大报告在阐述“四化”建设时明确提出

“要推动我国工业化与城镇化良性互动”。在当前社会发展机遇下，怎样准确把握西部地区城镇化与工业化发展现状，衡量二者之间的发展关系，正确引导工业化发展助力城镇化建设，推动城镇化发展刺激工业化加强，是我们当下急需关注的关键问题，对促进西部地区“四化”建设，推动“一带一路”战略成功实施具有重要意义。

一、文献回顾

工业革命以来，生产力的不断突破和发展带来了产业结构的不断调整和就业结构的不断分化，在此基础上，社会结构从低级到高级逐步改变，工业化进程在一系列结构的优化调整中向前推进。此外，伴随着社会大生产的不断发展，传统的农业经济逐步向现代工业文明进阶，人口的迁徙和聚集形成了城市空间和社区结构的变迁，城镇化进程在一系列变迁中产生发展。针对工业化与城镇化的发展规律以及相互之间的发展关系，国内外专家学者从不同的视角不断加以分析探讨。

在工业化与城镇化关系的研究中，一种观点认为，工业化的不断深入成就了城镇化的迅速发展。美国经济学家 Lewis（1954）的二元经济理论基于亚洲发展中国家的经济发展落后，人口过剩等发展现状，构建两部门模型，认为农村剩余劳动力不断被新工业部门吸收，由农村向城市转移，得出经济发展的过程就是工业化发展推动城镇化的过程。经济学家 H · Chenery 和 M · Syrquin（1975）通过建立城镇化率与工业化率比较的模型，认为城镇化与工业化发展具有正相关的关系。类似的观点也在一些学者（Harris，1970；Lucas，2004；Poschke，2011）的研究中得以证明。另一种观点认为，工业化与城镇化的发展是一种交互影响，互动关系。工业化的不断发展促进了产业结构的升级转型，进而影响就业结构，促进农村劳动力城市化迁徙，改变社会结构，推动城镇化进程，城镇化程度的不断加深使得人才、资源集聚，消费增长，拉动工业发展，从而形成工业化对城镇化的拉动作用和城镇化对工业化的推动作用（李捷等，2003；景普秋等，2007；姜爱林，2003；李国平，2008）。K · J · Button（1986）从微观的角度分析了英国城镇化与工业化进程中的一些特点，认为工业化与城镇化发展互相促进，相互配合，工业化发展使得工业人口聚集，不断推动城镇化发展，城镇化的聚集效应又反过来促进了工业化的不断深入和城镇化的规模扩大。

在对工业化与城镇化关系的测度方面，向鹏成等（2014）运用价值工程理论构建工业化与城镇化协调度测度模型及分类判断标准。肖晓勇等（2014）通过对工业化与城镇化耦合演化的理论逻辑进行分析，结合中国实际发展案例，测度工业化与城镇化发展关系，认为中国的新型工业化与新型城镇化的耦合系统面临低端人力资本和高端人力资本双重缺失的局面。陈耀等（2014）基于产值和就业结构建立综合指标测度工业化和城镇化的总体水平，进而通过耦合协调模型考察两者的协调度，并检验协调度的影响因素。李刚等（2013）通过构建完美市场和不完美市场条件下的工业化和城镇化协调发展模型，研究中国工业化与城镇化发展协调程度较低的形成机理。朱海玲等（2010）采用多元回归和滞后分布回归方法，构建工业化和城镇化互动、联动模型，从动态分析的角度考虑得出工业化先导城镇化，城镇化拉动工业化。

考虑工业化与城镇化融合发展方面，Todaro（1969）利用人口迁徙模型，解释了在发展中国家由于城乡收入差异预期导致的城市化发展快于工业化，“过度城市化”现象造成了工业化与城镇化发展的不协调，缩小城乡收入差距对促进工业化与城镇化相辅相成发展具有重要作用。李霞等（2012）、改革杂志社专题研究部（2012）均表示，城乡二元体制有效地推进工业化水平的不断提高，但是一定程度上制约了城市化进程的发展。打破城乡二元体制，统筹区域产业协调发展将有助于工业化与城镇化协调发展。景普秋等（2007）认为工业化与城镇化融合发展在发达国家和发展中国家表现出不同的形式，中国的工业化与城镇化经历了从偏差到逐步协调的发展过程。此外，考虑如何促进工业化与城镇化融合发展，深化经济体制改革，建立健全制度体系，立足西部地区资源优势，发展特色产业，推动产业升级，促进以人为本城镇化进程等，无疑是推进我国西部地区工业化与城镇化融合发展的明智之举（陈永奎，2011；王建锋等，2013；王可侠等，2014）。

综合国际国内学者对工业化与城镇化的研究来看，不论是立足宏观角度分析两者之间的发展关系，还是运用模型测度工业化与城镇化的关系发展历程，均有其可借鉴学习之处。但是结合我国当前发展战略的特定地区发展情况方面的定量分析研究较少，难以提供一些可供操作的区域城镇化与工业化方面的建议。因此，本文在总结现有研究成果的基础上，选取西北民族地区具有代表性的 18 座城市为研究对象进行实证研究，运用耦合分析方法测度西北地区城镇化和工业化之间的协调关系，在此基础上审视这一特定地区城镇化和工业化的发展特点，从中总结经验及不足，针对所发现的问题，提出在当前社会发展大环境下，促进西北民族地区城镇化与工业化协调发展的切实可行的政策建议。

二、数据来源和研究方法

（一）研究对象和数据来源

本文选取我国西北部地区甘肃、青海、宁夏、新疆四省（自治区）中城镇化、工业化发展具有代表性的18座城市①作为研究对象，对其城镇化和工业化进行耦合度分析。时间跨度覆盖了2003—2013年的统计数据，数据均来源于《中国统计年鉴》和《中国城市统计年鉴》，部分数据根据年鉴的数据整理获得。

（二）研究方法

1. 评价指标的选取

一个城市或地区的城镇化水平既反映在农业从业人口向非农从业人口的转移上，也反映在城市二、三产业的发展程度以及城镇基本社会保障的覆盖面上。本文选取城镇人口比重、人口密度（市辖区）等10个指标来说明该城市的城镇化水平；与此同时，选取工业从业人员比重、工业占GDP的比重等5个指标来反映该城市的工业化程度和质量。建立城镇化与工业化综合评价指标体系（见表1）。

表1　评价指标

子系统	评价指标
工业化	工业从业人员比重（%）
	工业占GDP的比重（%）
	企均工业总产值（当年价格）（万元）
	人均工业总产值（当年价格）（元）
	企业密度（个/平方公里）
城镇化	城镇人口比重（%）
	人口密度（市辖区）（人/平方公里）
	非农从业人员比重（%）
	城市建设用地占市区面积比重（%）
	人均城市道路面积（平方米/人）
	人均公共绿地面积（平方米/人）
	每百人高等学校在校学生数（人/百人）
	每万人医生（人/万人）
	每百人公共图书馆馆藏量（册/百人）
	每万人拥有公共汽车（辆/万人）

2. 评价方法

熵值法，是用数据中客观的信息量大小来确定权重，从而度量信息有效程度

① 18座城市分别为：兰州、金昌、白银、天水、武威、张掖、平凉、酒泉、庆阳、定西、陇南、西宁、银川、石嘴山、吴忠、固原、中卫、乌鲁木齐。

的一种评价方法。信息量越大，熵值越小，表明该指标提供的有效信息量较大，则相应的指标权重就越大。通过对信息中“熵”的计算确定权重，该方法在很大程度上规避了主观因素对评价指标权重计算的影响，使得评价更具客观性和科学性。本文运用此方法来计算城镇化与工业化各评价指标的权重，计算步骤如下：

（1）指标无量纲化处理

$$y_j = \frac{x_j}{\max x_j}（当 x_j 为正向指标时）$$

$$y_j = \frac{\max x_j + \min x_j - x_j}{\max x_j}（当 x_j 为逆指标时）$$

（2）计算指标比重变换

$$R_{ij} = \frac{y_{ij}}{\sum_{i=1}^{m} y_{ij}}$$

其中，y_{ij}（经正向化和无量纲化指标数据）表示样本 i 第 j 个指标的值（$i = 1,2,\cdots,m$；$j = 1,2,\cdots,n$）

（3）计算指标熵值

$$h_j = -\sum_{i=1}^{m} R_{ij}\ln R_{ij}$$

（4）熵值逆向化处理

$$l_i = 1 - h_j$$

（5）计算指标 x_j 权重

$$w_j = \frac{l_j}{\sum_{j=1}^{n} l_j}$$

（6）计算指标得分

$$x_i = \sum_{j=1}^{n} y_{ij} w_j$$

3. 耦合度

本文将物理学概念中的耦合化用来分析城镇化与工业化之间的发展关系。在灰色综合关联度模型等模型方法的基础上，通过构建城镇化与工业化的耦合度函数，测算出城市－工业耦合度，分析城镇化与工业化彼此相互作用影响的程度，衡量其在经济发展过程中城镇化与工业化的协同作用效果。本文中城镇化（U）与工业化（I）耦合度函数表达式为：

$$c = \{(U \times 1)/[(U \times I)/2]^2\}^2, c \in [0,1)$$

其中 c 为城镇化与工业化的耦合度，随着数值的增加，耦合度越来越大，系统趋向有序结构，城镇化与工业化发展良性互动，相互促进；当 c = 0 时，系统耦合度最小，城镇化与工业化处于无关状态，各为一体，独立发展。

4. 协调发展度

在计算城镇化与工业化耦合度的基础上，为了直观、准确地说明两者耦合的良性与破坏性作用大小，本文提出用城镇化与工业化的协调发展度来衡量。其表达式为：

$$D = \sqrt{C \times T}$$

其中 $T = \alpha U + \beta I$，为城镇化与工业化的综合评价指数，D 为协调发展度，α、β 为特定权数。在此基础上，按照所求耦合协调度的大小，将城镇化与工业化协调发展状况分为 3 大类 7 个亚类（见表 2）。

表 2　协调发展度的定义

大类	D	亚类
协调发展区间	[0.9000，1.000)	优质协调
	[0.8000，0.9000)	良好协调
	[0.7000，0.8000)	中级协调
过渡调和区间	[0.5000，0.7000)	勉强协调
失调衰退区间	[0.4000，0.5000)	失调
	[0.3000，0.4000)	中度失调
	[0，0.3000)	严重失调

三、实证结果分析及讨论

（一）西北民族地区城镇化与工业化水平的发展特征

1. 城镇化与工业化水平不断波动

观察 2003—2013 年西北民族地区城镇化和工业化水平的历史演进（见图 1），二者呈现不断波动的发展态势。总体来看，城镇化水平在均值 0.318 上下波动，最大波幅为 0.025，最小波幅为 0.003，在 2006 年降至历史最低值 0.285 后开始出现回转现象。除此之外，工业化水平在均值为 0.335 附近波动，最大波幅为 0.088，最小波幅为 0.005。相较于 2003 年，二者发展水平都有不同程度的下降。但 2006—2007 年后，城镇化与工业化水平都呈现出上升态势。

2. 西北民族地区城镇化与工业化趋于相同水平

如图 1 所示，在波动的同时，西北民族地区的城镇化与工业化逐步趋于相同水平。2003—2007 年期间，城镇化与工业化水平之间差距较大，呈现此消彼长的态势。2003 年西北民族地区的城镇化水平远低工业化水平近 20 个百分点，2004 年又高工业化水平 15 个百分点，波动剧烈，幅度较大。随后二者差异逐渐缩小，至 2007 年，城镇化与工业化水平比值接近 0. 971，这之后城镇化与工业化进程在我国西北地区并无较大差异，水平旗鼓相当。而 2013 年开始提出的“一带一路”战略带动西北地区经济发展有助于工业化进程的向前推进，可能是造成当年工业化高出城镇化出现 6 个百分点的主要原因。

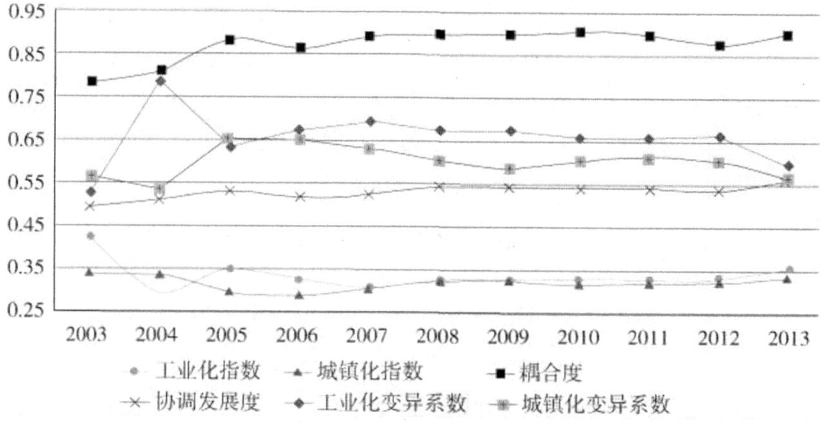

图 1 西北民族地区城镇化与工业化发展的历史演进（2003—2013 年平均）

3. 城镇化与工业化地区发展不均衡，差异较大

由图 2 可以看出，无论是城镇化还是工业化发展，不同的城市在城镇化与工业化水平上表现出巨大的差异。一些省会城市，如兰州、西宁、银川、乌鲁木齐，其城镇化水平远超于一般的地级市，最高达到 0. 679，高出西北民族地区城镇化均值水平近 114 个百分点，与此同时，省会城市得益于政治、交通等发展大环境的优势，工业化水平同样处于发展高位，成效突出；而以第一产业为主的陇南市地处秦巴山区，受制于地理位置和自然条件的限制，发展缓慢，城镇化和工业化水平仅为 0. 120、0. 1，不足较为发达城市的五分之一，差异较大。此外，除却城镇化与工业化均处较低水平的情况，固原市城镇化水平相对中等，但工业化程度仅为 0. 027，发展缓慢。固原虽然经济主要以第一产业为主，但得益于城市深厚的文化底蕴，浓郁的历史氛围，加之地理位置优越，使得农产品市场发展成熟，第三产业发展初具规模，从而推动了固原的城镇化建设。

4. 西北民族地区城镇化与工业化发展速度差异呈下降趋势

从图 1 中变异系数变化的角度来看，西北民族地区城镇化与工业化发展速度差异呈下降的趋势。剔除 2003—2006 年城镇化与工业化发展不平稳，波动剧烈的情况，自2007年城镇化与工业化进程稳步进行之后，各个主要城市之间的发展差异呈现出逐渐减少的趋势。就城镇化水平来看，各个城市的发展差异从2007年的0.629降至2013年的0.561，年均降幅近0.11；工业化水平的发展逗度差异从2007年的0.693降至2013年的0.594，年均降幅近0.17，下降趋势明显。

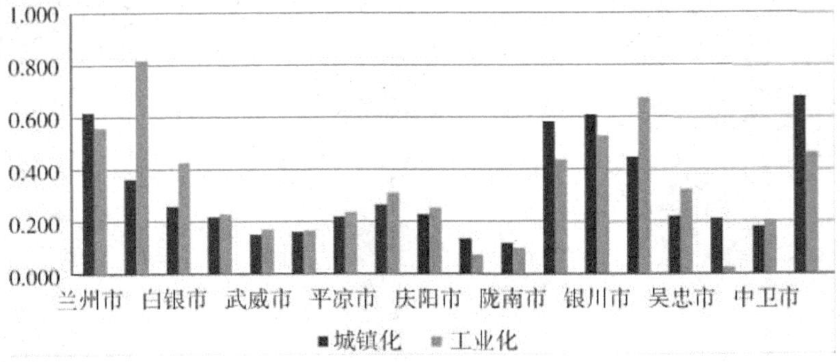

图2　西北民族地区18个城市城镇化与工业化发展水平（2003—2013年平均）

（二）西北民族地区城镇化与工业化的协调发展情况

1. 城镇化与工业化的耦合度与协调发展度均呈增长趋势

如图1所示，西北民族地区的城镇化与工业化的耦合度与协调发展程度均呈现出增长的趋势。其中2004—2007年耦合度在经历了大范围（0.021－0.072）波动之后，从2008年开始，增长较为缓慢，呈现波动增长，从2008年0.897增长到2013年0.901，增长近0.004。与此相较，城镇化与工业化的协调发展度增长较为平稳，波动性不大，增长近0.029，增幅明显。

2. 区域间城镇化与工业化的耦合度较为接近，协调发展度差异明显

由表3、表4分析西北民族地区城镇化与工业化的耦合度可以看出，兰州、天水、平凉、庆阳等一些城市的耦合度相对较高，且城市规模越大，耦合度与协调发展度相对越高；武威、张掖、陇南、中卫等一些城市的耦合度相对较高，但城镇化水平较低，协调发展度也较低；定西、陇南、固原等一些城市城镇化水平较高，但耦合度、协调发展度较低。这主要是因为省会城市等一些城市规模较大的地区，发展条件优越，市场完善，结构合理，从而带动了工业化的发展，进而又促进城镇化的形成。

表3　城镇化与工业化的耦合度（C）

城市＼年份	2003	2004	2005	2006	2007	2008	2009	2010	2011	2012	2013	均值
兰州市	0.969	1.000	0.999	0.996	0.990	0.978	0.969	0.975	0.966	0.960	0.998	0.982

续表

年份 城市	2003	2004	2005	2006	2007	2008	2009	2010	2011	2012	2013	均值
金昌市	0.610	0.730	0.629	0.578	0.731	0.752	0.717	0.758	0.781	0.759	0.799	0.713
白银市	0.765	0.917	0.824	0.767	0.885	0.877	0.917	0.896	0.929	0.928	0.957	0.878
天水市	0.968	0.959	0.941	0.980	0.985	0.999	1.000	0.993	0.995	0.999	1.000	0.984
武威市	0.951	0.598	0.990	0.991	0.993	1.000	1.000	0.990	0.974	0.939	0.890	0.938
张掖市	0.987	0.762	0.974	0.976	0.995	0.994	0.972	0.994	1.000	0.996	0.991	0.967
平凉市	0.964	0.969	0.982	0.949	0.998	0.991	0.988	0.976	0.960	0.975	0.998	0.977
酒泉市	0.891	0.987	0.947	0.962	0.998	0.999	0.993	0.990	0.992	0.975	0.951	0.971
庆阳市	0.970	0.884	0.908	0.909	1.000	1.000	0.999	1.000	0.999	0.999	0.959	0.966
定西市		0.564	0.906	0.685	0.751	0.834	0.784	0.858	0.642	0.570	0.908	0.750
陇南市	——	0.582	0.981	0.999	1.000	0.989	0.969	0.999	0.996	0.837	0.996	0.935
西宁市	0.990	0.918	0.970	0.961	0.962	0.966	0.980	0.939	0.937	0.935	0.995	0.959
银川市	1.000	0.929	0.997	0.997	0.980	0.987	0.988	0.993	0.989	0.999	0.997	0.987
石嘴山市	0.941	0.973	0.888	0.848	0.943	0.930	0.924	0.905	0.913	0.902	0.933	0.918
吴忠市	0.533	0.985	0.772	0.830	0.914	0.943	0.977	0.985	0.987	0.976	0.982	0.899
固原市	——	0.024	0.310	0.148	0.011	0.003	0.064	0.055	0.145	0.067	0.018	0.084
中卫市	——	0.929	0.902	1.000	0.996	0.998	0.966	0.998	0.989	0.998	0.997	0.977
乌鲁木齐	0.983	0.891	0.971	0.923	0.878	0.901	0.915	0.943	0.954	0.925	0.851	0.921
平均	0.894	0.811	0.883	0.861	0.889	0.897	0.896	0.902	0.897	0.874	0.901	0.882

数据来源：作者计算。

表4　城镇化与工业化的协调发展度（D）

年份 城市	2003	2004	2005	2006	2007	2008	2009	2010	2011	2012	2013	均值
兰州市	0.796	0.767	0.799	0.777	0.771	0.771	0.764	0.749	0.739	0.750	0.719	0.764
金昌市	0.561	0.641	0.573	0.538	0.635	0.643	0.621	0.654	0.663	0.646	0.672	0.623
白银市	0.540	0.564	0.528	0.479	0.517	0.522	0.538	0.525	0.544	0.540	0.572	0.534
天水市	0.502	0.501	0.468	0.520	0.439	0.460	0.469	0.460	0.440	0.449	0.435	0.467
武威市	0.392	0.306	0.369	0.362	0.372	0.400	0.400	0.406	0.384	0.374	0.427	0.381
张掖市	0.420	0.372	0.391	0.365	0.375	0.406	0.387	0.407	0.410	0.390	0.426	0.395
平凉市	0.481	0.451	0.428	0.430	0.440	0.465	0.478	0.476	0.470	0.498	0.510	0.466
酒泉市	0.515	0.532	0.503	0.486	0.508	0.540	0.543	0.548	0.546	0.524	0.537	0.526
庆阳市	0.453	0.423	0.441	0.426	0.443	0.492	0.502	0.487	0.514	0.517	0.556	0.478
定西市	0.000	0.235	0.307	0.236	0.278	0.300	0.283	0.305	0.276	0.248	0.369	0.258

续表

城市 \ 年份	2003	2004	2005	2006	2007	2008	2009	2010	2011	2012	2013	均值
陇南市	0.000	0.294	0.366	0.368	0.358	0.318	0.293	0.309	0.296	0.299	0.301	0.291
西宁市	0.707	0.659	0.703	0.687	0.686	0.713	0.699	0.719	0.734	0.750	0.724	0.707
银川市	0.754	0.723	0.764	0.741	0.731	0.743	0.761	0.748	0.760	0.766	0.801	0.754
石嘴山市	0.725	0.709	0.672	0.637	0.702	0.733	0.724	0.707	0.707	0.692	0.713	0.702
吴忠市	0.375	0.522	0.424	0.433	0.453	0.490	0.508	0.507	0.519	0.523	0.571	0.484
固原市	0.000	0.059	0.214	0.134	0.036	0.022	0.094	0.083	0.131	0.084	0.046	0.082
中卫市	0.000	0.320	0.389	0.432	0.421	0.441	0.487	0.420	0.416	0.462	0.488	0.389
乌鲁木齐	0.803	0.726	0.766	0.715	0.691	0.741	0.739	0.738	0.752	0.718	0.728	0.738
平均	0.526	0.508	0.528	0.509	0.518	0.540	0.540	0.538	0.539	0.533	0.555	0.530

数据来源：作者计算。

3. 总体上，城镇化与工业化处于勉强协调阶段，工业化发展情况优于城镇化水平

总体而言，西北民族地区的城镇化与工业化处于勉强协调发展的阶段（见表5），工业化发展情况优于城镇化发展所达到的现状。在西部总体2003—2013年平均0.8722的耦合度下，城镇化与工业化发展的平均协调度仅为0.5273。在18个研究样本中，有近45%的城市城镇化与工业化协调发展程度达到勉强协调及以上程度，近40%的城市属于城镇化超前于工业化发展，城镇化与工业化指数之比最大值为定西市1.8511，呈现严重失调状态。以第一、第三产业作为经济支柱的定西市城镇化水平远超工业化水平。作为一个地区的省会城市，兰州、西宁、宁夏、乌鲁木齐的城镇化水平较高，城镇化与工业化协调度较高，反映出城镇的规模对其城镇化和工业化水平有正向影响。综上数据看出，西北民族地区的城镇化发展相对落后，城镇化与工业化拥有较为广阔的发展空间。

表5　城镇化与工业化的耦合发展评价结果（2003—2013年平均）

城镇	城镇化	工业化	耦合度	协调发	协调发	指数比较	协调发展
	指数（U）	指数（I）	（C）	展度（D）	展阶段	（U/I）	阶段特征
兰州市	0.6215	0.5551	0.9817	0.7639	中级协调	1.1197	城镇化超前
金昌市	0.3594	0.8210	0.7131	0.6225	勉强协调	0.4378	工业化超前
白银市	0.2580	0.4256	0.8784	0.5335	勉强协调	0.6062	工业化超前
天水市	0.2191	0.2296	0.9835	0.4675	失调	0.9543	工业化超前
武威市	0.1507	0.1647	0.9379	0.3811	中度失调	0.9148	工业化超前

续表

城镇	城镇化指数（U）	工业化指数（I）	耦合度（C）	协调发展度（D）	协调发展阶段	指数比较（U/I）	协调发展阶段特征
张掖市	0.1613	0.1638	0.9674	0.3953	中度失调	0.9851	工业化超前
平凉市	0.2114	0.2405	0.9771	0.4661	失调	0.8790	工业化超前
酒泉市	0.2667	0.3121	0.9714	0.5256	勉强协调	0.8543	工业化超前
庆阳市	0.2280	0.2514	0.9661	0.4777	失调	0.9067	工业化超前
定西市	0.1362	0.0736	0.6820	0.2579	严重失调	1.8511	城镇化超前
陇南市	0.1204	0.0997	0.9348	0.2911	严重失调	1.2078	城镇化超前
西宁市	0.5779	0.4389	0.9592	0.7072	中级协调	1.3169	城镇化超前
银川市	0.6058	0.5310	0.9869	0.7537	中级协调	1.1409	城镇化超前
石嘴山市	0.4472	0.6714	0.9180	0.7019	中级协调	0.6661	工业化超前
吴忠市	0.2212	0.3244	0.8986	0.4840	失调	0.6818	工业化超前
固原市	0.2058	0.0274	0.0845	0.0822	严重失调	7.5086	城镇化超前
中卫市	0.1833	0.1970	0.9773	0.3888	中度失调	0.9303	工业化超前
乌鲁木齐	0.6794	0.4603	0.9212	0.7380	中级协调	1.4758	城镇化超前
西北总体	0.3177	0.3354	0.8722	0.5273	勉强协调	0.9472	工业化超前

数据来源：作者计算。

四、总体结论及政策建议

通过上述对四省（自治区）18个城市的城市化及工业化指标数据所做的定量与描述性统计分析，本文对西北部地区城镇化与工业化发展关系的研究得出以下理论：

（一）整体而言，西北部民族地区城镇化与工业化水平基本持平，偶有波动，城镇化与工业化勉强协调。西北部地区的城镇化指数和工业化指数分别在0.3177、0.3354上下波动，两者水平越高，差距越小，协调发展度就越高。目前，西北地区的城镇化与工业化发展处于勉强协调状态，未来有更大的相互融合促进的发展空间。

（二）西北部民族地区城镇化与工业化发展存在较大的区域差距。总体上看，城市规模不同，城镇化与工业化发展程度不同，地理位置优越，交通通信便利地区，工业化程度高，城镇化水平较少出现极低值；同一城市（例如固原市），城镇化水平可能远超前于工业化进程，第一产业的发展可能先导致城镇的形成，再促进工业的发展。

（三）城市规模越大有助于提高城市城镇化及工业化水平。类似兰州、西宁、宁夏、乌鲁木齐等省会城市，由于城市规模较大，城镇化水平、质量相对更高，对工业化的要求也随之增高。反之，城镇规模扩大意味着第二、三产业需求增加，相应工业化程度要加深，工业化水平提高，吸引更多人口进入城市，继续推动城镇化进程向前发展，使得城镇化与工业化协调发展度更高。

根据以上对西北民族地区城镇化与工业化发展程度及相互关系的分析，提出以下政策建议：

1. 厘清城镇化与工业化的关系，切实抓住“一带一路”战略发展契机，加快推动西部地区工业化进程。研究表明，西北民族地区长期以来由于自然条件的束缚，社会经济发展缺少机遇，受到限制。类似兰州、银川等一些西部省会城市，作为一个地区的政治、经济、文化中心，发展前景广阔，潜力巨大，条件优渥，资源丰富，相较于一般地级市，拥有更多发展机遇和成长空间。国家“一带一路”战略的正式提出，是西部大开发战略的补充和升级，将为沿线城市提供优厚的政策支持和更多的发展机遇。另一方面，城市规模的扩大将会吸引更多资金、人才，促进产业集聚，进而又拓宽城镇范围。厘清城镇化与工业化协调发展相互促进的关系，加快推动西北民族地区工业化进程，引领城镇化有序、有效实现。

2. 加快建立创新机制，促进产业结构转型升级。本文的研究结果说明，类似固原、陇南等西北民族地区，拥有种类繁多，储量丰富的自然资源，使得这些地区多以发展特色养殖、种植的第一产业为主要经济来源。加之个别地市拥有得天独厚的自然风光或人文景点，开发旅游等第三产业项目，促成这类地区城镇化进程快于工业化的发展。然而，由于技术、资金、市场等诸多因素的限制，这部分地区城镇化与工业化进程缓慢，处于严重失调的状态。要解决以上问题，首先要顺应市场引导，加快建立创新机制，改变原有的粗放型经济发展模式，促进产业结构升级转型，以产品和服务打开市场，抓住发展机遇，走集约化、市场化的新型农业、服务业发展道路。

西北民族地区城镇化与信息化分析
——基于耦合模型①

城镇化和信息化作为“四化”中重要的战略政策组成部分，对于国民经济发展和区域产业空间结构的建设有着重要的作用，对其的研究具有深远的实践意义。本文运用熵值综合分析法和耦合协调度模型，通过建立西北民族地区2003—2013年城镇化和信息化耦合协调度评价指标体系，对18个城镇的城镇化和信息化耦合度和协调度进行分析。研究表明：西北地区城镇化和信息化发展呈现缓慢上升的趋势，但城镇化水平始终高于信息化的发展；其城镇化与信息化耦合度及协调度同样也呈逐年上升的趋势，但总体的协调程度处于失调的状态，针对此现状，给出的政策建议是，对于不同城镇化、信息化发展程度的城镇，政府应给予不同的政策支持；发挥“典型”城镇的带头作用；加快中型工业化城镇的建设。

引言

党的十八大报告中指出，“坚持走中国特色新型工业化、信息化、城镇化、农业现代化道路，推动信息化和工业化深度融合、工业化和城镇化良性互动、城镇化和农业现代化相互协调，促进工业化、信息化、城镇化、农业现代化同步发展。”将“四化”上升到国家发展战略的高度。随后中共十八届三中全会提出要坚持走中国特色新型城镇化道路，将新型城镇化的“新”字再一次与信息化时代的来临紧密的联系在一起。国务院在2014年印发的《国家新型城镇化规划(2014—2020年)》中明确指出“要大力推进智慧城市建设，推动物联网、云计算、大数据等新一代信息技术创新应用，实现与城市经济社会发展深度融合。强化信息网络、数据中心等信息基础设施建设。”说明要想实现我国城镇的科学发展，关键在于发挥好信息化在“四化”同步发展中的基础性作用。信息化和城镇化作为我国实现现代化不容小觑的关键组成部分，正确的解读其相互的影响作用对于如今信息化时代新型城镇化的不断探索发展有着深远意义。我国西北地区

① 发表于《财经科学》，2016.6

是少数民族的聚集地，传统的农牧生产收入方式和工业发展水平低下使得经济现代化发展缓慢，其信息化程度也远远低于全国平均水平。但同时能矿资源丰富，草原辽阔，畜牧业发达等一系列天然的优势，有无可比拟的经济价值，其经济、人民、生活的稳定关系到国家的稳定。西部大开发战略是我国缩小区域经济差距，促进可持续发展的重要手段之一，西部民族地区城镇化进程稳定的推进在某种程度上对促使我国整体城市化水平的全面提升大有裨益。因此，在这样的背景下，讨论和研究互联网时代的到来、信息化程度的加深对西部地区城镇化发展有否影响，两者该如何协调发展等问题，具有重要的理论和实践意义。

一、文献回顾

在关于城镇化和信息化相互关系的角度上，姜爱林（2001）认为城镇化与信息化之间具有内在必然的联系，在工业化的推动下，相互作用，共同发展。城镇化是信息化的主要载体和依托，信息化是城镇化的提升机和倍增器。城镇化对信息化具有推动作用，而信息化对城镇化具有带动作用。何敏（2014），李兰婷、洪功翔（2013）运用向量自回归模型，使用 Johansen 协整检验、Granger 因果检验、脉冲响应和方差分解一系列定量分析方法，证明信息化、工业化和城镇化之间具有长期均衡关系，并且用到面板门限回归模型，证明随着信息化水平的提高，西部地区的工业化水平在一定程度上对该地域城镇化的阻碍作用是逐渐减弱。郭理桥（2009）认为“信息化”在新的历史舞台上，即将扮演的是“工业化、城镇化、市场化、国际化”的中枢管理角色，是润滑剂、活化剂。可以在凸显信息化节省人力、物力、财力这些优点的基础上，帮助其他“三化”实现效率、效益、效果的提高，增强行业竞争力、工业生产力、民众创造力，降低成本、节约能耗、物耗。刘国斌，王轩（2014）在对吉林省的实地调研中，认为没有产业的支撑、产业基础，信息化就失去了有效载体，所以说培育具有特色的产业集群，深度融合产业集群建设与信息化建设，在落实产业经济基础的同时，融入物联网、云计算等信息技术无疑会为新型城镇化进程增添动力，是促进新型城镇化的重要的基础。另一方面，陈永光（2014）在对河南省信息化程度调查中发现，新型城镇化建设产生了对信息基础设施建设大量需求和信息消费需求，进而也会带动信息化的飞速发展，为信息化提供更为广阔的发展空间。

从信息化对新型城镇化的影响方面来看，王晓娟（2014）利用对文献的研究、归纳演绎以及对比的方法，认为信息化的发展可以很大程度上提高城镇化发展质量，并且带动城镇化高速发展。刘国斌、王轩（2014）认为通过信息技术的深入应用，可以提高生产效率、公共管理及服务效率，有效协调城镇化的自然资源和社会资源，提高资源利用效率，推进城市经济发展的智慧化和可持续化；刘密霞、丁艺（2015）认为信息化可以通过IT技术把城镇所需要的基础设施，例如能源、水资源、交通、医疗、教育、通信、建筑等变为公众所需要的基本服务，使基本公共服务均等化，解决了新型城镇化建设过程中的难题之一。刘国斌、杨富田（2015）认为信息化的发展有利于转变生产生活方式的同时，也促进了城镇自发进行合理的空间布局，有利于优化城镇化格局，促进“两横三纵”为主体的城镇化战略格局的基本形成，另一方面，也推动了产业优化升级，极大的促进了经济的发展。于海波、邱玮（2014）认为，信息化主要的作用在于信息化产业兴起与信息化应用的普及两方面，而这方面的蝴蝶效应对于城镇产业提升、功能调整、空间结构调整、城乡统筹等具有一定的优化作用。刘巍文、戴正、邓艾（2008）通过对西部民族牧区城镇化与信息化关系的纬度和强度进行了检验，认为想要加快西部民族牧区构建完备的城镇经济体系，必须着眼于信息化的基础和环境建设。

从信息化与城镇化协调发展的角度来看，姜爱林（2004）认为信息化和城镇化的协调发展是加快城镇化进程、走新型工业化道路和大力推进信息化的客观需求。处理好城市基础设施建设与信息基础设施建设的关系，认清城镇化与信息化之间的互动关系是其协调发展的重要动力。何光福（2007）认为要促进信息化与城镇化的协调发展，首先要做到有效率的运用城市信息化、发展新型工业化、推动城市化进程、推动社会主义新农村建设、提高城镇化发展质量。张克进、段秋利（2013）认为在信息化与城镇化融合协调发展的动力要素中，经济社会各领域的信息化需求是核心，以推动了信息基础设施建设、促进消费为协调发展的契机，推进了政府信息化政策的出台，并带动信息产业的发展是城镇化发展的有益助力。刘密霞，丁艺（2015）认为信息化有利于可持续城镇生态系统（可即持续城镇发展与智能生态系统相结合）的弹性管理。

综上所述是目前学术界的一部分相关研究，其中较多的是对“四化”的互动关系、协调作用及其深度融合的方式方法等问题的定性分析，值得学习和借鉴。但也反映出缺乏微观的和更具针对性、实证性的研究成果这一普遍问题。宏观理论分析无法完全适用于不同地区政策的实施和操作，单纯的理论定性分析缺乏数据和模型这一强有力的支撑，难免落得主观臆断的的嫌疑。而仅针对城镇化与信息化的文献研究较少，更不用提更加深入完善的实证研究。本文在借鉴前者优秀经验的基础上，立足于西北民族地区，尽可能使用获取的最新数据，对其城镇化和信息化的发展情况进行实证的分析，利用熵值综合评价法构造综合指标体系，使用耦合法对其各自的发展的现状和相互关系进行研究，最后针对出现的现实问题，提出具体的建议和实施办法。

二、数据的选取和处理及研究方法

（一）数据的选取和处理

本文以西部民族地区甘肃省、青海省、宁夏回族自治区、新疆乌鲁木齐自治区中的 18 个城市为研究对象，时间跨度选取从 2003—2013 年，研究数据均来源于《中国统计年鉴》和《中国城市统计年鉴》，通过整合处理作为以下使用的原始数据。其中 2003 年的数据可能有部分缺失，但并不会对整体的研究造成影响。

（二）研究方法

1. 综合评价法——熵值法

从信息论的角度上来看，熵是对不确定性的一种度量。信息量越大，不确定性就越小，熵也就越小；而信息量越小，不确定性越大，熵也越大。这种根据各项指标观测值所提供的信息的大小来确定指标权重的特性决定它是一种客观的赋权法，我们可以通过计算熵值来判断一个方案的随机性及无序程度，也可以用熵值来判断某个指标的离散程度，指标的离散程度越大，该指标对综合评价的影响越大。因此，可根据各项指标的变异程度，利用信息熵这个工具，计算出各个指标的权重，构建综合指标体系，为多指标综合评价提供依据。本文正是运用此方法来计算衡量信息化、城镇化水平各指标的权重，计算步骤如下：

a、指数的无量纲处理

$$y_i = \frac{x_j}{\max x_j}\text{（当 } x_j \text{ 为正向指标时）}$$

$$y_j = \frac{\max x_j + \min x_j - x_j}{\max x_j}\text{（当 } x_j \text{ 为逆指标时）}$$

b、指标的比重变换

$$R_{ij} = \frac{y_{ij}}{\sum_{i=1}^{m} y_{ij}}$$，其中，y_{ij}（经正向化和无量纲化指标数据）

表示样本 i 第 j 个指标的值（$i = 1,2,\cdots,m$；$j = 1,2,\cdots,n$）

c、指标的熵值计算

$$h_j = -\sum_{i=1}^{m} R_{ij}\ln R_{ij}$$

d、熵值的逆向化

$$l_i = 1 - h_j$$

e、指标 x_j 权重的计算

$$w_j = \frac{l_j}{\sum_{j=1}^{n} l_j}$$

f、加权线性求和计算指标得分

$$x_i = \sum_{j=1}^{n} y_{ij} w_j$$

2. 耦合度

耦合度是对一个系统中各研究对象之间相互作用、相互影响程度的一种衡量尺度。一个系统是有序或是无序，以及其走势和规律都源于内部各影响因素的相互作用，而耦合度正是这种协同作用的度量指标。本文所研究信息化与城镇化的耦合度即指其信息化水平和城镇化水平协调发展的程度。耦合度具体的函数关系式如下所示：

$$c = \{(U \times l)/[(U \times L)/2]^2\}^2$$

其中，U 为城镇化水平，L 为信息化水平，c 为两者的耦合度，取值位于［0，1］之间，且随数值的增大，而使信息化和城镇化彼此之间达到良性共振耦合，系统趋向新的有序结构；反之则意味着两者之间处于无关状态，系统将走向无序状态。

3. 协调度

耦合度反映了因素之间的协调程度，但没有反映出协调的实际水平，比如某地区信息化和城镇化的协调程度很高，但都属于低水平。这里，本文使用协调度的方式来反映两者耦合程度是优还是劣，其表达式为

$$D = \sqrt{C \times T}$$

其中，C 为协调度，其中 $T = aU + bL$，a、b 为通过熵值法算出的相应权数，T 为信息化与城镇化的综合评价指数。

通过协调度的计算可以赋予信息化和城镇化协调程度以数值的含义，接下来需要协定标准来对其优劣进行划分，如表 1 所示：

表 1　协调度等级的划分

一级	失调衰退类			过渡调和类	协调发展类		
二级	严重失调	中度失调	失调	勉强协调	中级协调	良好协调	优质协调
协调度	[0，0.3)	[0.3，0.4)	[0.4，0.5)	[0.5，0.7)	[0.7，0.8)	[0.8，0.9)	[0.9，1]

三、实证研究及数据输出分析

（一）指标体系的构建

本文在参考学者们对城镇化、信息化水平评估指标设定的基础上，结合笔者的观点，基于完整性、简明性和可操作性的原则，分别选用适当的评价因素来对城镇化、信息化这两点一级指标进行评估，这些具体的评价因素为二级指标，并通过熵值法计算出各个指标的权重，如表2所示：

表2　信息化和城镇化水平评价指标值

一级指标	二级指标	指标类型	权数
信息化	人均邮政业务收入	越大越好型	0.21
	人均电信业务收入	越大越好型	0.22
	固定电话普及率	越大越好型	0.18
	移动电话普及率	越大越好型	0.21
	互联网普及率	越大越好型	0.18
城镇化	城镇人口比重	越大越好型	0.12
	人口密度（市辖区）	越大越好型	0.07
	非农从业人员比重	越大越好型	0.12
	城市建设用地占市区面积比重	越大越好型	0.07
	人均城市道路面积	越大越好型	0.11
	人均公共绿地面积	越大越好型	0.09
	每百人高等学校在校学生数	越大越好型	0.10
	每万人医生	越大越好型	0.12
	每百人公共图书馆馆藏量	越大越好型	0.10
	每万人拥有公共汽车	越大越好型	0.10

（二）综合评价结果

根据上述评价方法和指标体系，通过运算得到的输出结果如表3所示，该表反映了西北地区各城镇的城镇化和信息化水平状况。

1. 城镇化水平发展综合评价

结合表3和图1，从截面综合评价城镇间比较发展上看，西北各地区呈现出“不均衡，差距大”的状态，在这18个地区中，发展水平在0.5以上的有4个城镇，依次从高到低为乌鲁木齐、兰州、银川和西宁市，综合指标值分别为0.68、0.62、0.61、0.58。这四个城市均为所处地区的首府或省会，是西北地区的重要中心城市，是西部大开发战略中国家大力发展的区域，其中乌鲁木齐和兰州是

"丝绸之路"经济带的重要节点城市，并且乌鲁木齐市是西北地区面向中西亚的国际贸易中心，幅员辽阔，人口众多。排名在最后的三位综合指标依次为0.15、0.14、0.12，分别为武威市、定西市和陇南市，超过一半的地区其城镇化水平超过了平均值，但剩下大部分分布在0.15附近，而处于平均值附近的很少，说明西北地区城镇水平发展不平衡，区域性差距较大。

从时间序列上观察，对比时，如2003年数据缺失，选择用2004年的相应数据来研究。各地域城镇化发展水平的波动幅度不大，涨幅最高的为吴忠市，2003年—2013年间，从0.14到0.31。值得一提的是，接近1/4的地区出现了城镇化水平"倒退"的现象，最为明显的是陇南市，从0.20降到0.09。虽跌幅不大，但也说明政府投入和关注度是引导城市化水平变化的重要因素。

从变异系数变化的角度来考虑，从2003—2013年没有明显的差异变化，仍为0.56，且期间也没有剧烈的差距变化，相对而言2004—2005年，城镇间差距拉开的比较明显。从2008年至今，差距变化比较平缓。

表3　西北民族地区十八个市城镇化现状水平

年份 城镇	2003	2004	2005	2006	2007	2008	2009	2010	2011	2012	2013	平均
兰州市	0.59	0.58	0.65	0.63	0.63	0.66	0.66	0.63	0.62	0.65	0.53	0.62
金昌市	0.30	0.38	0.31	0.28	0.37	0.38	0.36	0.39	0.40	0.38	0.41	0.36
白银市	0.26	0.29	0.25	0.21	0.24	0.24	0.26	0.25	0.27	0.26	0.30	0.26
天水市	0.23	0.29	0.20	0.30	0.18	0.21	0.22	0.20	0.19	0.20	0.19	0.22
武威市	0.14	0.21	0.13	0.14	0.13	0.16	0.16	0.16	0.14	0.13	0.16	0.15
张掖市	0.17	0.23	0.14	0.12	0.14	0.16	0.14	0.16	0.17	0.16	0.19	0.16
平凉市	0.21	0.23	0.20	0.17	0.19	0.21	0.22	0.21	0.20	0.23	0.25	0.21
酒泉市	0.24	0.31	0.23	0.22	0.25	0.29	0.31	0.29	0.29	0.26	0.26	0.27
庆阳市	0.19	0.24	0.17	0.16	0.20	0.24	0.26	0.23	0.26	0.26	0.28	0.23
定西市	——	0.13	0.12	0.11	0.13	0.13	0.13	0.13	0.16	0.15	0.17	0.14
陇南市	——	0.20	0.13	0.13	0.13	0.11	0.10	0.09	0.09	0.13	0.09	0.12
西宁市	0.53	0.55	0.56	0.55	0.54	0.58	0.54	0.63	0.65	0.69	0.55	0.58
银川市	0.57	0.64	0.61	0.57	0.59	0.59	0.62	0.59	0.62	0.60	0.66	0.61
石嘴山市	0.48	0.47	0.41	0.36	0.45	0.49	0.47	0.45	0.45	0.43	0.46	0.45
吴忠市	0.14	0.26	0.16	0.17	0.19	0.22	0.24	0.24	0.25	0.25	0.31	0.22
固原市	——	0.24	0.22	0.19	0.19	0.26	0.22	0.20	0.18	0.17	0.19	0.21
中卫市	——	0.09	0.14	0.18	0.17	0.20	0.27	0.17	0.16	0.21	0.23	0.18
乌鲁木齐市	0.70	0.70	0.66	0.64	0.65	0.72	0.69	0.65	0.66	0.64	0.76	0.68

续表

年份 城镇	2003	2004	2005	2006	2007	2008	2009	2010	2011	2012	2013	平均
平均	0.34	0.34	0.29	0.28	0.30	0.32	0.33	0.32	0.32	0.32	0.33	0.32
变异系数	0.56	0.53	0.66	0.64	0.63	0.60	0.58	0.60	0.61	0.60	0.56	0.60

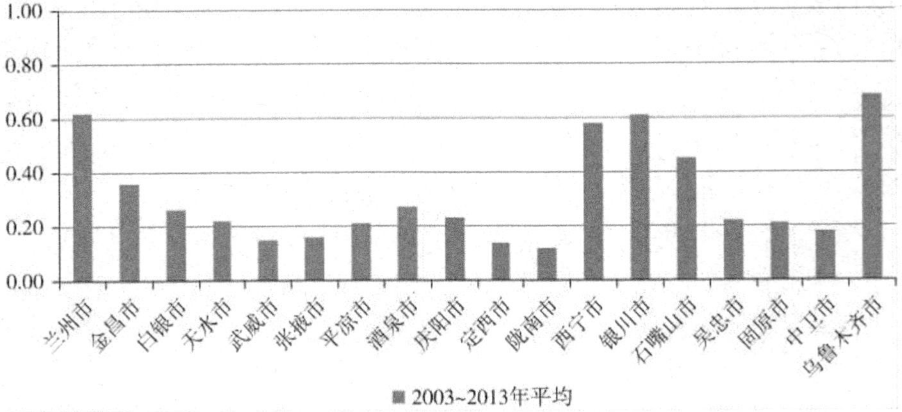

图 1　西北民族地区 18 个市城镇化综合评价（2003—2013 年 11 年平均）

2. 信息化水平发展综合评价

通过表 4 和图 2，从截面综合评价城镇间发展比较上看，西北地区信息化发展极不平均，有两极分化的倾向。乌鲁木齐和兰州市极高，分别为 0.96、0.78，这也说明“一带一路”政策对地方的经济发展和科技发展有明显的促进作用。排在综合指标最后三个的信息化水平发展综合指数仅有 0.04、0.03、0.02，分别是固原市、中卫市和金昌市。其中超过平均数的不超过一半，且大部分处于低水平。这说明，西北地区信息化投入集中，造成城市间水平极不平均。

从时间序列上观察，各地区从 2003—2013 年信息化发展水平变化幅度不大，在 2003—2006 年期间信息化水平下降较为明显，随后情况得到缓解，有缓慢回升的迹象。其中信息化水平增长最快的为乌鲁木齐，为 18%。而兰州市下降最为严重，为 -17%，虽这两者都是国家重点关注地区，但乌鲁木齐更多的是面向经济贸易，随着互联网时代的到来，经济交易越来越多的从实体转化为虚拟，由于客观的需要推动了政府对信息化基础建设的投入。而兰州更多的是工业化产业，对信息化的需求较少，这也是制约其发展水平的原因。

从变异系数变化的角度来考虑，从 2006 年至 2013 年西北地区各城镇的信息化水平之间的差距呈现逐步减小的趋势，数值上来衡量，降低了 19.3%，说明政府已经逐渐开始重视对信息化建设的支持力度。

表 4　西北民族地区十八个市信息化现状水平

城镇＼年份	2003	2004	2005	2006	2007	2008	2009	2010	2011	2012	2013	平均
兰州市	0.88	0.80	0.86	0.85	0.86	0.80	0.79	0.67	0.72	0.66	0.73	0.78
金昌市	0.06	0.02	0.01	0.00	0.01	0.01	0.03	0.01	0.01	0.03	0.02	0.02
白银市	0.12	0.11	0.12	0.13	0.12	0.13	0.14	0.11	0.14	0.16	0.16	0.13
天水市	0.19	0.16	0.15	0.14	0.15	0.18	0.20	0.33	0.27	0.27	0.29	0.21
武威市	0.11	0.08	0.10	0.09	0.11	0.11	0.13	0.11	0.12	0.13	0.12	0.11
张掖市	0.12	0.09	0.12	0.09	0.08	0.08	0.10	0.11	0.12	0.13	0.12	0.10
平凉市	0.10	0.03	0.05	0.04	0.06	0.06	0.10	0.09	0.10	0.15	0.14	0.08
酒泉市	0.17	0.13	0.12	0.12	0.11	0.12	0.15	0.12	0.12	0.14	0.11	0.13
庆阳市	0.13	0.10	0.11	0.11	0.13	0.17	0.17	0.21	0.22	0.16	0.17	0.15
定西市	0.11	0.05	0.06	0.07	0.08	0.08	0.12	0.07	0.09	0.17	0.17	0.10
陇南市	—	0.06	0.08	0.06	0.09	0.11	0.12	0.10	0.12	0.09	0.11	0.09
西宁市	0.33	0.30	0.38	0.41	0.40	0.43	0.51	0.49	0.37	0.44	0.41	0.41
银川市	0.48	0.47	0.51	0.41	0.39	0.30	0.18	0.27	0.34	0.43	0.46	0.39
石嘴山市	0.14	0.12	0.12	0.14	0.12	0.12	0.12	0.09	0.08	0.11	0.07	0.11
吴忠市	0.13	0.10	0.08	0.07	0.10	0.07	0.06	0.06	0.09	0.10	0.09	0.09
固原市	0.07	0.05	0.01	0.03	0.01	0.02	0.05	0.03	0.04	0.03	0.04	0.04
中卫市	—	0.01	0.02	0.02	0.02	0.03	0.05	0.03	0.04	0.04	0.06	0.03
乌鲁木齐市	0.84	0.96	1.00	1.00	0.94	0.98	0.96	0.90	0.97	1.00	0.99	0.96
平均	0.25	0.20	0.22	0.21	0.21	0.21	0.22	0.21	0.22	0.24	0.24	0.22
变异系数	1.04	1.34	1.33	1.35	1.30	1.27	1.19	1.16	1.14	1.07	1.09	1.21

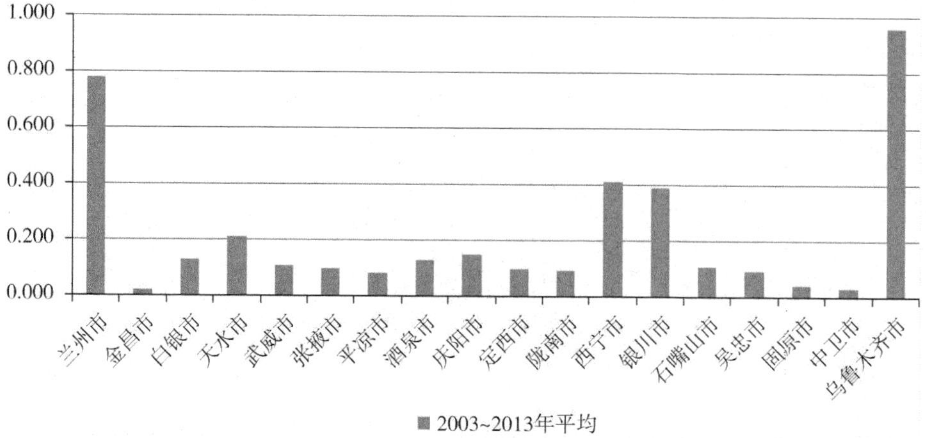

图 2　西北民族地区 18 个市信息化综合评价（2003—2013 年 11 年平均）

（三）城镇化与信息化水平及其协调发展度的历史演进

1. 西北地区城镇化与信息化水平发展呈缓慢上升趋势

从总体上来看，如图3所示，西北民族地区城镇化与信息化水平发展呈现出上升的状态，虽然在2003年—2006年有所下降，城镇化水平从2003年0.341降到2006年0.285，信息化水平从0.249到0.210，但从2006年开始至2013年，这两个指标均呈现平稳上升状态。城镇化水平2006—2013年从0.285上升到0.334，在2008—2009年有大幅度的上升，分别为0.324和0.326。信息化水平经过2003—2004年的下降后，从2005年到2008年开始呈现一种平稳的发展状态，在0.210附近徘徊，从2009年开始有上升的趋势，而原因可能在于2008年奥运会的举行和金融危机的爆发，政府加大各种基础设施建设的投放力度以及对经济增长的促进，使得从2008年开始，城镇化和信息化均处于上升期。

2. 西北地区城镇化水平始终高于信息化水平

如图3所示，虽然西北地区的城镇化水平和信息化水平均呈上升趋势，但前者始终快于后者。在2003—2005年间，两者差距在经过扩大后骤然减小，从2003年0.091到2004年0.133到2005年0.077。随后在2006—2008年间，两者再次拉开差距，指数显示差距从0.075上升到0.114。之后城镇化水平和信息化水平的差距逐年减小，而2012年国家发改委对“十二五规划”中西部大开发的重视，以及相关战略部署的制定，致使城镇化水平和信息化水平之间的差距降到0.087。

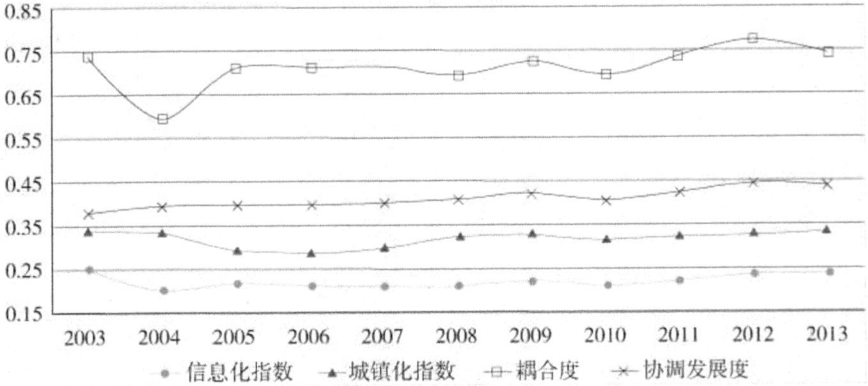

图3　西北民族地区城镇化与信息化发展状况

（2003—2013年平均）

3. 西北地区城镇化和信息化发展水平耦合度及协调发展度呈上升趋势

观察图3可知，耦合度和协调发展度均呈上升的趋势，但协调度增长较为稳定，波动性不大，从2003年0.380到2013年0.438。期中仅2006年和2010年小有回调，但幅度并不大，与前一年相比，分别下降了0.06和0.10，且每年的涨幅较上一年均没超过0.018。而耦合性呈现一种在波动中上涨的趋势。在2004年进行了一次剧烈的震荡，从2003年0.740下降至0.595，随后2004年至2005年又急剧上升至0.713，接着从2005—2008年围绕着均值0.708波动，之后从2008—2013年呈蜿蜒上升的趋势，且幅度围绕0.031运动。

（四）城镇化与信息化耦合度及协调发展度的区域性情况

1. 城镇化与信息化的协调发展度呈现区域高度分层化现象

结合表5和表6，西北各城市的城镇化与信息化协调发展度呈现阶梯状。处于顶层，即协调度发展高的依次为乌鲁木齐、兰州、西宁和银川；而处于低层的三个城市分别为中卫市、固原市和金昌市；其余城市处于中间阶层。而产生这种现状的原因，笔者认为主要原因有以下两点，首先，顶端阶层的城镇类型证明越是省会城市，其城镇化与信息化的协调发展度越高，这是因为市区是经济、文化、政治活动集中发展的地方，并且其自身往往具备高的资源配置率和政府投入量；其次，工业化程度也是重要的影响因素。低工业化往往伴随着城市化和信息化协调发展度低下，而处于最底层三个均为第一产业城市，即主要产业为农林牧鱼，特别是信息化程度最低的金昌市，至2011年，其农作物播种面积已达到107.45万亩。而类似乌鲁木齐和兰州是典型的工业发展区，其经济发展主要来自贸易和工业制造，所以，工业化程度与城镇化和信息化协调发展度呈正相关的关系。

2. 西北地区城镇化与信息化耦合度及协调度呈逐年上升的趋势

虽然从表5和表6中不难发现，各地的耦合度及协调发展度呈现出差距性，且相差较为明显，兰州耦合度值高达0.968，而金昌市仅只有0.05；乌鲁木齐协调发展度为0.862，而金昌市仅有0.083。但总体上来看，整个西北地区城镇化与信息化发展耦合度及协调度是呈上升趋势的，耦合度在2004年降低至0.595后经过2005—2007年的调整，从2008年0.694开始至2013年0.742处于缓慢上升的状态，涨幅为6.9%，而协调度呈现快速上升的趋势，在2003—2013年期间，涨幅达到15.3%，并且期间相较于上一年都处于增加的状态，这说明在过去的11年里，西北地区信息化与城镇化发展之间的协同作用越来越高，相互的促进，相互影响。

表 5　城镇化与信息化的耦合度（C）

城镇 \ 年份	2003	2004	2005	2006	2007	2008	2009	2010	2011	2012	2013	均值
兰州市	0.922	0.953	0.961	0.956	0.954	0.982	0.984	0.998	0.991	1.000	0.952	0.968
金昌市	0.298	0.032	0.010	0.004	0.004	0.004	0.070	0.016	0.018	0.066	0.024	0.050
白银市	0.755	0.635	0.753	0.891	0.776	0.803	0.841	0.713	0.811	0.880	0.826	0.790
天水市	0.982	0.830	0.961	0.744	0.987	0.990	0.994	0.885	0.929	0.967	0.912	0.925
武威市	0.975	0.633	0.960	0.913	0.980	0.940	0.974	0.941	0.990	1.000	0.959	0.933
张掖市	0.943	0.651	0.980	0.963	0.871	0.810	0.941	0.918	0.947	0.979	0.881	0.899
平凉市	0.728	0.184	0.415	0.422	0.517	0.478	0.755	0.681	0.801	0.916	0.855	0.614
酒泉市	0.943	0.719	0.821	0.848	0.723	0.684	0.758	0.670	0.703	0.820	0.709	0.763
庆阳市	0.928	0.692	0.891	0.925	0.906	0.939	0.924	0.995	0.987	0.872	0.874	0.903
定西市	—	0.679	0.749	0.905	0.894	0.900	0.999	0.857	0.865	0.985	1.000	0.803
陇南市		0.481	0.913	0.727	0.942	1.000	0.976	0.999	0.955	0.938	0.994	0.892
西宁市	0.897	0.837	0.929	0.957	0.952	0.958	0.999	0.972	0.854	0.906	0.960	0.929
银川市	0.984	0.954	0.987	0.950	0.916	0.799	0.491	0.735	0.832	0.945	0.937	0.866
石嘴山市	0.501	0.412	0.503	0.652	0.446	0.391	0.403	0.299	0.254	0.440	0.224	0.411
吴忠市	0.999	0.645	0.776	0.703	0.813	0.548	0.421	0.366	0.573	0.682	0.485	0.637
固原市	—	0.343	0.046	0.216	0.065	0.091	0.323	0.230	0.357	0.306	0.373	0.214
中卫市	—	0.073	0.251	0.130	0.193	0.218	0.255	0.256	0.424	0.330	0.418	0.255
乌鲁木齐市	0.985	0.952	0.920	0.905	0.934	0.953	0.948	0.949	0.929	0.907	0.965	0.941
平均	0.740	0.595	0.713	0.712	0.715	0.694	0.725	0.693	0.734	0.774	0.742	0.712

表 6　城镇化与信息化的协调发展度（D）

城镇 \ 年份	2003	2004	2005	2006	2007	2008	2009	2010	2011	2012	2013	均值
兰州市	0.806	0.798	0.841	0.827	0.832	0.837	0.838	0.801	0.808	0.808	0.763	0.815
金昌市	0.247	0.087	0.043	0.026	0.029	0.031	0.125	0.062	0.066	0.126	0.078	0.083
白银市	0.397	0.370	0.386	0.397	0.385	0.398	0.425	0.370	0.419	0.442	0.449	0.403
天水市	0.461	0.444	0.415	0.417	0.411	0.441	0.457	0.475	0.454	0.470	0.455	0.445
武威市	0.355	0.317	0.335	0.331	0.347	0.363	0.378	0.361	0.359	0.356	0.376	0.352
张掖市	0.373	0.336	0.360	0.329	0.314	0.322	0.339	0.355	0.375	0.380	0.378	0.351
平凉市	0.348	0.167	0.242	0.224	0.266	0.266	0.359	0.332	0.361	0.427	0.424	0.310
酒泉市	0.446	0.412	0.392	0.390	0.376	0.388	0.431	0.382	0.393	0.413	0.380	0.400
庆阳市	0.392	0.357	0.363	0.362	0.391	0.447	0.453	0.474	0.491	0.439	0.456	0.421
定西市	—	0.263	0.268	0.287	0.315	0.318	0.354	0.305	0.337	0.393	0.416	0.296

续表

城镇＼年份	2003	2004	2005	2006	2007	2008	2009	2010	2011	2012	2013	均值
陇南市	—	0.264	0.314	0.275	0.326	0.327	0.323	0.308	0.316	0.328	0.313	0.281
西宁市	0.638	0.613	0.673	0.684	0.678	0.707	0.726	0.747	0.680	0.729	0.688	0.688
银川市	0.727	0.741	0.749	0.693	0.682	0.618	0.468	0.582	0.648	0.706	0.740	0.669
石嘴山市	0.415	0.367	0.383	0.424	0.376	0.364	0.365	0.302	0.277	0.366	0.262	0.355
吴忠市	0.372	0.354	0.317	0.302	0.349	0.296	0.267	0.248	0.328	0.365	0.326	0.320
固原市	—	0.236	0.079	0.164	0.089	0.123	0.221	0.175	0.213	0.187	0.219	0.155
中卫市	—	0.065	0.151	0.124	0.148	0.170	0.215	0.172	0.221	0.217	0.261	0.159
乌鲁木齐市	0.864	0.874	0.855	0.842	0.845	0.884	0.871	0.846	0.856	0.844	0.905	0.862
平均	0.380	0.393	0.398	0.394	0.398	0.405	0.423	0.405	0.422	0.444	0.438	0.409

3. 西北地区处于城镇化整体赶超信息化发展的现状

18 个城市中仅兰州市和乌鲁木齐市出现信息化超前的现象，而其余的普遍是城镇化超前状态，正如表 7 显示，尽管这两个城市出现信息化超前，但程度并不高，指数比较分别为 0.795 和 0.709，其中金昌市城镇化超前现象格外突出，指数比较为 19.553，这种不协调的现象也说明了工业化程度不高导致信息化极缓慢的发展，各地不均衡的矛盾十分突出。

4. 西北地区总体上处于失调发展状态

表 7 中除乌鲁木齐和兰州市处于良好协调发展状态外，处于严重失调和中度失调状态均为 27.8%，其中 22.2% 处于失调状态，勉强协调和良好协调状态各占 11.1%，数据显示大多地区处于失调且严重失调状态，这些城市工业化程度不高，多是农业和牧业。结合表 6 和表 7，可以看出虽然整体上西北地区城镇化与信息化协调发展度在逐年上升，且大部分地区城镇化程度较高，但就水平的标准而言，仍处于失调发展状态，协调发展度为 0.409，重要原因还是信息化发展的普遍滞后性。

表 7　城镇化与信息化的耦合发展评价结果（2003—2013 年平均）

城镇	城镇化指数（U）	土地利用指数（L）	耦合度（C）	协调发展度（D）	协调发展阶段	指数比较（U/L）	协调发展阶段特征
兰州市	0.622	0.782	0.968	0.815	良好协调发展	0.795	信息化超前
金昌市	0.359	0.018	0.050	0.083	严重失调发展	19.553	城镇化超前
白银市	0.258	0.130	0.790	0.403	失调发展	1.981	城镇化超前
天水市	0.219	0.212	0.925	0.445	失调发展	1.035	城镇化超前

续表

城镇	城镇化指数（U）	土地利用指数（L）	耦合度（C）	协调发展度（D）	协调发展阶段	指数比较（U/L）	协调发展阶段特征
武威市	0.151	0.110	0.933	0.352	中度失调发展	1.375	城镇化超前
张掖市	0.161	0.105	0.899	0.351	中度失调发展	1.543	城镇化超前
平凉市	0.211	0.084	0.614	0.310	中度失调发展	2.510	城镇化超前
酒泉市	0.267	0.128	0.763	0.400	失调发展	2.080	城镇化超前
庆阳市	0.228	0.152	0.903	0.421	失调发展	1.498	城镇化超前
定西市	0.136	0.099	0.803	0.296	严重失调发展	1.376	城镇化超前
陇南市	0.120	0.093	0.892	0.281	严重失调发展	1.289	城镇化超前
西宁市	0.578	0.407	0.929	0.688	勉强协调发展	1.419	城镇化超前
银川市	0.606	0.386	0.866	0.669	勉强协调发展	1.571	城镇化超前
石嘴山市	0.447	0.112	0.411	0.355	中度失调发展	3.992	城镇化超前
吴忠市	0.221	0.086	0.637	0.320	中度失调发展	2.564	城镇化超前
固原市	0.206	0.036	0.214	0.155	严重失调发展	5.734	城镇化超前
中卫市	0.183	0.033	0.255	0.159	严重失调发展	5.564	城镇化超前
乌鲁木齐	0.679	0.958	0.941	0.862	良好协调发展	0.709	信息化超前
西北总体	0.318	0.220	0.712	0.409	失调发展	1.442	城镇化超前

四、总体结论与政策建议

以上在对西部民族地区城镇化和信息化状况进行分析描述和建模处理的基础上，对两者的关系进行了实证检验，主要结论可以总结为以下几点：

1. 西北地区各地在城镇化和信息化的发展水平上均存在“不均衡、差距大”的现象，且这两者的耦合协调度发展呈现明显的区域性特点。总体上来看，除乌鲁木齐、兰州、银川和西宁市四个省会城市其城镇化和信息化水平较高外，其他地区水平普遍偏低。且协调度发展明显呈现三段阶梯状。

2. 西部地区各地城镇化发展水平均高于信息化水平。虽城镇化水平始终高于信息化水平的发展，但差距在渐渐的减少，2012 年国家发改委重申“十二五规划中”西部大开发战略的重要意义后，这种迹象更为明显，说明政府在发展城镇化和信息化的过程中有着重要的指导地位。

3. 西北地区各地城镇化与信息化耦合度及协调度呈逐年上升的趋势，但从评价标准上来说，仍处于失调发展的状态。西部地区虽然地幅辽阔，物资丰富、人口众多，但整体上来说主要的产业集中在农业和牧业，经济增长慢，整体工业化程度低，致使对城镇化、信息化发展需求缺少敏感度。

4. 西部地区工业化程度与当地城镇化和信息化发展水平成正相关，且为重要的促进作用。从以上一系列的研究数据看出，类似乌鲁木齐、兰州这种城市规模大、工业发展好的地区，其城镇化和信息水平都比较高，且耦合度和协调度越高，而类似金昌市这种城市规模小、主要产业为农牧业的城市，其城镇化与信息化的发展水平较低，说明工业发展越薄弱，其协调发展度越差。

根据以上对西北民族地区总体的分析和了解，提出以下政策建议：

1. 政府应根据各地区信息化发展程度的不同来对信息化建设的推进和财政支持的投入做出规划。在之前的的数据分析中发现西部地区城镇化和信息化的协调发展水平虽呈现逐年上升的势态，但就发展水平的高低而言，仍处于失调发展的状态，究其原因，其中重要的一点是平均信息化水平太过滞后，所以对信息化建设的推进显得尤为重要，但并不意味着政府对于所有的地区都应加大信息化基础设施或宣传的投入，对于类似乌鲁木齐和兰州这样城镇化和信息化本身发展很好的区域，可以适当减少政府的干预，更多相信市场“无形的手”的作用，因为工业化推动经济的发展，互联网经济更是需要信息化硬件和软件作为物质基础，这些都是信息化高速发展强有力的动力，而对于金昌市、固原市和中卫市这类主要产业为农业和畜牧业的地区，信息化相对滞后，且需求度也低，那么加快工业化进程，促进产业空间结构的转型更为有必要和迫切，而对于信息化的建设更多的是知识的普及和相应基础设施的建立。对于中间层度的地区，是政府进行信息化建设和财政支持的重点，力求在保持优质发展地区经济发展水平不变的基础上下，大力消除信息化的短板处、推进信息化建设、提高信息化水平、缩小地区之间的差距。

2. 发挥城镇化水平、信息化高的城镇的带动作用。类似于“科技示范户”对于农业科技技术传播的影响，要发挥大型经济发展中心城区的示范作用。邓小平说，“要鼓励一部分地区、一部分人先富裕起来，也正是为了带动越来越多的人富。”这一观点也同样适用于对西部民族地区城镇化、信息化水平发展的指导，区域经济发展目的并不应该仅仅是某一两个城市受益，更多的应该依次为中心点，向外起到的促进和带头作用，使地区之间的差距减小，同时，也促进地区间的沟通，信息的整合，资源的优化配置。

3. 加快中阶层地区工业化转型进程，形成中型工业化城镇占主导促进信息化发展格局。前面的研究结果都表明，城市工业化程度越高，其城镇化和信息化程度越高，说明工业化发展对城镇化和信息化的发展有着极大的促进作用，而通过对乌鲁木齐和兰州分析的实际数据表明，在当今知识经济时代，“互联网 +”

的兴起，使信息化也成为了工业化和城镇化的有力推进器，反过来能促进工业结构的优化升级，进而为城镇化提供了原动力，其相互协调作用更胜以往。在保持西北地区大城市经济发展的基础上，应该加强中型工业化城镇的建设和对于信息建设政府的支持力度，加大对信息产业的优惠政策，这样有助于减小地区间城镇化和信息化发展的差距，同样也有助于提高城镇化和信息化的协调发展水平。

下篇　理性与选择

加快推进青海省新型城镇化指标体系研究[①]

前言

21 世纪，人类城市文明的发展达到了前所未有的高度。工业革命之后，人类的经济发展得到了飞速的提升，与此同时，城镇化的进程也加快了步伐，越来越多的人向城市聚集。目前，在全世界的总人口中，居住在城市的人口数量已经超过了 50%。在世界各地，城市逐步发展，不断推进都市经济发达地区，人类城市文明得到迅速发展。全球一体化，国际村的形成，使任何地方与世界的联系日益频繁和紧密，城市更将成为国际国内联系的桥梁和节点，发挥着不可替代的作用，新世纪全球变化的主要趋势就是科学的城市化。

随着国家城镇化政策的不断发展，新世纪推动我国经济社会又好又快发展的主旋律就是城镇化，城镇化是新时期国家扩大内需的重要途径。我国东部、中部、西部三大地区的发展基础和条件相差甚远，城镇化应该因地制宜，分类发展，建立不同的评价体系和探索实践模式。由于生态环境的承载力比较弱，西北地区的城镇化发展水平较低，速度较慢，与东部和中部地区有很大的差异。对于新型城镇化道路理论和实践的研究探索，成为新时期各省的主要研究和奋斗的目标，目前已在山东、江西等东部地区的城市全面展开。青海等西北欠发达省份缺乏创新，目前在城镇化的理论和实践中探索不够，没有很好的结合地域特征，在城镇化理论研究和新模式的探索上较为落后，没有走出符合当地特色的城镇化道路，这将会进一步拉大与东中部的差距。

一、新型城镇化的内涵及特征

新型城镇化，重新定义了城镇化，扬弃了原先的内涵，提出了一个全新的城镇化道路。新型城镇化就是以科学发展观为指导，以统筹兼顾为原则，以新型工

① 系青海软科学项目（2013 - Z - 614）

业化为动力，综合提高城镇化的质量和水平，实现城乡统筹、环境友好、资源节约、社会和谐的大中小城市和小城镇协调发展的建设之路。

（一）新型城镇化的内涵

新型城镇化是高质量的城镇化，是以人为本的城镇化，是环境友好、生态宜居、和谐发展的城镇化。过去粗放型城镇化是以牺牲农业和粮食、生态和环境为代价的，但新型城镇化侧重农业，立足农民，覆盖农村，实现城乡基础设施一体化和公共服务均等化，最终实现共同富裕。

青海省新型城镇化的具体内涵包括：一是以资源环境承载力为前提，实现生态文明与经济社会协调发展；二是实现不同区域之间相对均衡发展，不断缩小区域差距；三是实现城乡统筹发展，不断缩小城乡差距；四是以生态文化为引领，实现多民族、多元文化繁荣发展；五是新型工业化、新型城镇化、农业现代化、城乡智慧化、环境生态化的协调发展。

（二）新型城镇化特征

新型城镇化包括以下几个方面的特征：

1. 强化产业联动。新型城镇化要实现城镇经济社会的高速发展，必须大力发展服务业。用现代服务业的全面发展，城乡和产业联动发展来推进城镇化，以此来推动经济的发展，实现集约化的城镇化。

2. 提升城镇质量。更加注重城镇质量，更加完善城镇功能是新型城镇化的特点，开源节流，提升环境质量，打造宜居的生态城镇，提高城镇的容纳力，实现城镇的可持续发展。

3. 注重城乡统筹。由传统的城乡分离、重城轻乡向城乡统筹发展，新型城镇化不仅注重城市的发展，更注重农村的发展，从而逐渐缩小城乡差距，实现城乡一体化的发展。

4. 强调社会和谐。新型城镇化的提出，就要求人口真正实现由农民变为市民的蜕化，而不是单单的空间转移。城镇化的实质上是人的城市化。城镇化是为了城市居民都能够共同创造和公平享受到新型城镇化的发展成果，使人们的基本生活条件能够得到满足，基本发展条件能够得到保障，能够在城市里综合而自由的发展。

5. 发展生态宜居。新型城镇化的一个特征是将生态文明建设和城镇化结合在一起。通过生态文明的建设，以改善人居为目标，调整产业结构，优化城乡空间布局，走集约、环保、低碳的城镇化道路。

表 1　传统城镇化与新型城镇化表现对比

	传统城镇化	新型城镇化
城镇化的目的	以物为本，产业非农化，土地非农化，高楼大厦	以人为本，提高城镇居民的生活质量，让农村转移人口获得同样的幸福感受
城乡关系	城乡分离，重城轻乡，优先发展城镇，城市像欧洲，农村像非洲	统筹城乡协调发展，城乡一体化，城乡差距缩小，基本公共服务均等化
城镇居民关系	大院经济，纵向联系为主	邻里和谐，社区建设，加强横向联系
质与量关系	重数量、重规模、重速度	重质量，重结构、重效益
资源利用	粗放，土地城镇化远远快于人口城镇化	集约使用，土地城镇化与人口城镇化速度比小于 1.2∶1
与环境关系	高污染、高排放、高碳，大广场、大马路、大公园、高档政府办公楼	低污染、低排放、低碳；生态建筑，节能环保
产城关系	产城分离，力争互促	产城融合互动
城镇体系建设	或强调中小城镇优先发展，或强调优先发展大城市	大中小城市和小城镇统筹协调发展；特色发展，充分发挥城市群的作用
可持续性	不可持续	可持续

二、城镇化测度方法研究综述

（一）国外研究综述

国外关于城镇化水平的研究方法，主要有单一指标法和复合指标法两大类。单一指标法最具代表性的是美国地理学家诺瑟姆，其在《城市地理》一书中把一个国家和地区的城镇人口占总人口的比重，作为衡量一个国家或地区的城镇化水平的标准，他把城镇化过程分成 3 个阶段，即城镇化水平较低的初期，人口加速向城镇聚集的中期和城镇化高度发展以后城镇人口比重增长趋缓甚至停滞的后期，这就是著名的城镇化“S”阶段理论。

国外关于复合指标法来衡量城镇化水平的系统研究的著述并不多见，大多分散于各种经济、社会发展理论中，作为测度城镇化水平方法的一种改进。纵观国外学者在复合指标法方面所做的研究，可以发现其方法基本是一致，即先选出能反映城镇化各方面特征的一组指标，然后根据这些指标计算出一个综合值，就是衡量一个国家或地区的城镇化水平。由于不同学者的研究领域不同，因而所选取的指标也各不相同，具体采用的计算方法也就多种多样。

如：日本东洋经济新报社提出的 10 项指标来测算“城市成长力系数”：区域总人口、地方财政年度支出总额、制造业从业人数、商业从业人数、工业生产总值、批发业总额、零售业总额、住宅建筑总面积、储蓄额、电话普及率。① 计算方法是：两个不同时期的指标的增减值，除以各项指标的全国平均值，再将所得标准值算术平均，所得结果即为城市的成长力系数。② 而日本城市地理学家稻永幸男等则提出一个"城市度"概念，用来研究东京郊区城镇化推进情况。城市度是一个复合指标，主要由地域规模指标、位置指标、经济活动指标、静态人口结构指标以及动态人口结构指标共五类16个分指标构成，采用数理统计中的因子分析法计算得出。还有英国地理学家克劳克从人口、职业、居住及距离城市中心远近等16项指标进行综合分析，建立城镇化水平的复合指标体系。

（二）国内研究综述

1. 人口指标法

（1）城镇人口法

国内有许多种关于城镇化水平的计算方法，其中，最常用的是城镇人口法，即用城镇人口占总人口的百分比来计算，用公式表示为：城镇人口比重 = 总城市人口/总人口。这一方法是测度城镇化水平最基本的方法，又称之为国际通用方法。大量有关文献资料和实际材料都表明，以城市人口占总人口的百分比表示的城镇化水平的测度方法，在形式上简明实用，在内容上也体现出城镇化的深刻内涵。可以说，到目前为止，无论国内还是国外，几乎都用城市人口占总人口的百分比来表示城镇化水平。但用这种方法测算城镇化水平，主要存在三大问题：一是市镇的建制标准多次发生变动。不断调整的标准会导致城镇人口的统计出现差异。二是城镇的地理实体界线与城镇人口统计的地域范围不一致。我国城镇人口的统计范围比城镇实体范围大。三是城镇人口的统计对象没有形成统一的标准，几次人口普查关于城镇人口的标准都不尽相同。因此，许多学者对这一指标的计算方法进行修正，旨在消除与实际情况的偏差，得出能反映一个地区比较真实的城镇化水平。辜胜阻针对1990年人口普查资料，提出的城镇人口应修正为"城镇居委会人口/A"，A为理论参数，设区的市为0.65，不设区的市为0.70，镇为0.75。葛永军等认为，人口城镇化水平只是一个相对指标，表征的是城镇化的相对水平；而城市人口规模与城市经济总量和结构，尤其是与二、三产业的总量和结构是否相适应，表征的是城镇化的绝对水平。两者应结合起来综合考虑。

（2）人口加权法

由于对城镇人口的界定存在很大的难度，而获取相应的统计指标更非易事，

---

① 王柯．四川省城市化区域差异分析［D］．西南财经大学．2008.

② 段建新．河南城市化发展研究［D］．武汉大学．2001.

有许多学者就城镇化水平测算进行了探索，归纳起来主要有以下四种：第一，以户籍数据为基础，并考虑非户籍因素进行测算。第二，把建成区人口作为城镇人口进行测算。第三，区域内非农人口数所占比例法。第四，把街道人口作为城镇人口进行测算。

以上四种计算方法，都是以城镇人口的界定为基础，理论上可行，但实际上，计算出的城镇化水平差异很大，原因是城镇人口的界定极不确定。其一，目前很多户籍是农村的农业人口在从事非农产业，仅以户籍关系界定城镇人口，会使得这一部分人口漏掉。其二，以建成区人口为城镇人口，虽然建成区内人口就是城镇人口，但目前我国对于建成区的界定没有准确标准，导致各区域统计范围不一样，区域间难以比较。其三，将非农产业人口定义为城镇人口，虽然较准确地把握了城镇化的经济意义和内在动因，但是由于存在大量在农村从事非农产业的人口，其生活居住没有发生空间转移，是否纳入城镇人口，学界仍有很大争议。其四，把行政区划中的街道人口作为城镇人口，理论上可行，但由于乡镇一级行政区划调整比较频繁，各地撤乡建镇、撤村建居情况存在较大差异，由此得出的城镇化水平可比性较差。因此，卢斌综合考虑以上四种计算方法的合理因素，在测算城镇化水平时，对四种方法测算出的数据进行加权。

城镇化水平 $U = K_1 \times U_1 + K_2 \times U_2 + K_2 \times U_2 + K_2 \times U_2$

上述公式中 U_1、U_2、U_3、U_4 为四种不同方法测算出的城镇化水平，K_1、K_2、K_3、K_4 为经验常数，须综合考虑各地的经济发展水平而定。

（3）人口中数居民点规模

这一指标的含义是把居民点按人口数量进行规模分组，在规模组边界值的基础上用线性内插入法得到人口中数居民点的规模。这一方法的优点是避开各国不同的城市定义，而且使城镇化水平包括了城市规模的内容。缺点是这一指标所表示的城镇化水平不直观，并且受所研究的区域城镇人口分布的影响很大，不适合城镇数量少、规模等级不多的情况，还可能掩盖不同国家或地区所处的发展阶段的差异。所以，在实践中的使用并不广泛。

（二）土地利用指标法

由于人口指标法中的城镇人口的统计数值和统计范围难以准确地定义，使这个指标在进行一个地区不同时期的对比或者不同地区的对比没有意义，因而有学者试图从城镇化的其它含义角度出发寻找解决的途径，土地利用指标法就是其中之一。即根据城镇化含义中“城镇化过程是变农村地域为城镇地域的过程”，采用土地利用的指标，从土地性质和地域范围来反映城镇化水平。随着城镇化的推进，大量农村用地被用来进行城市建设，城市地域范围不断扩大，其中以耕地面积的减少最为显著。因此，土地利用指标法的计算方法就是：地区固定时期内非城市用地转变为城市用地的比率。

（三）交通指数法

李振福认为，城市交通基础设施作为社会经济活动的承载体，城镇化水平的提高是由与交通相关的多种因素共同作用的结果，从城市发展的交通经济力、交通潜在力、交通装备力多个方面测度城镇化水平，具有科学性，并对一些省市的城镇化水平进行综合测度，得出与其实际城镇化人口比率基本一致的结论。其计算公式为 $= QtHt + QtSt + QtKt$

式中 *Ht* 表示交通经济力，由国内生产总值、固定资产投资总额、财政总收入、客货周转量来表示；*St* 表示交通潜在力，由人均道路用地面积、人均停车场面积、出租车保有量、公交车保有量来表示；*Kt* 表示交通装备力，由道路总里程、城市道路总面积、交通用地面积、交通资金投入来表示。这三个变量都根据指数法，规定基年的指标为100，再用这一指标去测算其它年度的指标指数。*Qt* 表示协同系数，采用层次分析法计算得出。*Yt* 表示城镇化交通综合力。

这一方法可以比较完善地评价各地的城镇化水平，但测算出的城镇化水平指数，是一个相对指标参数，只能反映城镇化的相对水平。

（四）灯光指数法

城镇化水平是人口、产业、地域空间等方面的综合反映，而 DMSP/OLS 夜间灯光平均强度正是这些因素相互作用结果的综合体现。陈晋等利用 DMSP/OLS 非辐射定标夜间灯光平均强度数据的特点，挖掘数据信息，构建了一个综合的、全面的反映区域城镇化水平的灯光指数。具体通过“区域平均灯光强度”和“区域灯光面积”两方面的属性来构建。反映城镇化水平的灯光指数的计算公式为Lj=IjxJVUSp < JV2

式中 Lj 为区域 j 的灯光指数，Ij 和 Sj 分别为区域 j 的平均灯光强度指标和灯光面积指标，W1、W2 为其权重。

根据这一方法，测算出各省的灯光指数，并与城镇化水平复合指标进行相关分析，发现两者之间有显著相关性，灯光指数能够较好地反映区域的城镇化水平。此方法的最大优点是可比性高。

（五）复合指标法

许多学者指出，城镇化的内涵十分丰富，涉及人口、经济、社会等方方面面，不能片面的用人口这个单一指标或其他单方面的指标来衡量，而应该从城镇化的内涵出发，建立一组指标体系，进行综合分析，才能全面准确地反映城镇化水平。

欧名豪①等认为，城镇化是一个多因素综合发展过程，提出从经济、人口、生活方式和质量等方面来分析地区城镇化水平。

纪晓岚②等则认为构建复合指标测定中国城镇化水平十分有必要，尤其是在研究城镇化动力机制方面。他们从经济社会、产业结构、制度政策、教育科技几个方面来设定指标。并运用一些数学统计方法找出主要动力。

郜英角③等在分析安徽省城镇化水平的时候，也是从人口、经济、基础设施水平、生活方式几个方面来综合分析安徽省各市州的城镇化水平并对其进行分类。

姜爱林④提出计算城镇化水平的五种方法，分别是人口比重法、城镇土地利用法、调整系数法、农村城镇化指标法和现代城市化指标法。

孟素洁⑤等从经济、社会、人口素质、生活和基础设施五个方面设定16个指标。对北京市的农村城市化进行测定。分析得出北京市经济发展加快、社会发展滞后、城乡差距加大。

刘克利⑥等提出，城镇化不仅是城市范围的扩大、城市人口的增加，同时还应该是城市质量的提高，是经济、社会、生态环境的全面发展，这才是现代城市发展的特征。城镇化水平应该从城市经济、城市建设与环境、城市居民生活方面来衡量。

综上所述、随着城镇化的推进，城市发展的加快，对于城镇化水平的测定也应该由原来的单一指标片面测定改变为综合指标的测度。而综合指标应该包涵社会经济发展的各个方面。

三、新型城镇化水平指标体系构建

（一）传统城镇化指标体系的局限性

城市是一个复杂的系统，涉及到方方面面，所以对一个城市的城镇化水平进行评价，必须要建立一个全面的指标体系。目前，对于城镇化的评价方法有两种：单一指标法和复合指标法。传统的单一指标法，一般是指人口比重指标法，

① 欧名豪，李武艳，刘向南，谌明．区域城市化水平的综合测度研究——以江苏省为例［J］．长江流域资源与环境，2004（05）．

② 纪晓岚，赵维良．中国城市化动力机制评价指标体系的构建［J］．统计与决策，2007（3）．

③ 郜英角，许铭，张小平．安徽省城市化水平综合分析评价［J］．国土与自然资源研究，2005（2）．

④ 姜爱林．城镇化水平的五种测算方法分析［J］．中央财经大学学报，2002（8）．

⑤ 孟素洁，黄序．北京市农村城市化评价指标体系［J］．城市问题，2004（4）．

⑥ 马绍春，刘克利．中原城市群发展战略与河南省城镇化发展对策研究［D］．中央财经大学，2010.

用一个国家或地区内在一定时间内的城镇人口占总人口比重的大小来体现出这个地域的城镇化水平。表示为：

$$U = [PC/(PC+Pr)] \times 100\% = (PC/N) \times 100\%$$

其中，U 为城镇化水平，N 为地区总人口，PC 为城镇人口，Pr 为农村人口。

我们一般使用单一指标法来代表城镇化水平的高低，但是这一计算方法存在一定的局限性。首先，在统计过程中，城镇人口流动性强，比较多变，而且往往忽略了外来务工人员，所以存在一定的片面性。其次，仅仅只是用城镇人口的占比来体现城镇化率，而忽视其他诸如城镇景观、居民生活方式等其他因素对城镇化的影响。第三，城镇化率在一定程度上只是反映城镇化发展的一个方面，我国是人口大国，虽然城镇化率比较低，但城市人口数量众多。

复合型指标体系虽然较为全面、科学，但仍然存在一些问题，部分指标设置的系统性还有待优化，指标体系的动态性不强等问题。

（二）新型城镇化指标体系的建立原则

由于复合型指标数目较多，存在一定程度的重叠，为了更好的发挥指标的作用，在制定指标的过程中，须遵循一定的原则。

综合性原则。城镇化水平应该包括 P（Population 人口）、R（Resource 资源）、E（Environment 环境）、D（Development 发展）等方面的情况，是一个综合的系统。各个元素之间既独立，又有着一定的关联，存在于一个统一的系统。

科学性原则。新型城镇化是高质量的城镇化，是以科学发展观为指导，是遵循客观规律的，全面、协调、可持续发展的城镇化。在选取指标时，应遵循科学性这一原则。

数字化原则。在选取指标时，虽然有些指标能够反映城镇化水平，但应考虑到指标是否可以量化的问题，应避免选择不可量化的指标。便于进行数据的计算、分析和预测。

（三）新型城镇化指标体系构成及指标内涵

青海发展战略定位是，国家重要生态安全屏障地区，多民族团结的战略高点，西部大开发战略重点区域，国家重要矿产资源接续地基地，国家推进循环经济和高原特色产业发展的重要区域。这一战略定位就决定了青海城镇体系的发展必须以适应科学发展、转型发展、一体化的发展方向，应遵循因地制宜、以人为本、彰显特色、可持续、政府推动和市场主导相结合的原则。

基于上述原则，根据青海省新型城镇化的现状，本文采用复合型指标法来构建青海省城镇化指标体系，研究对象为青海省城镇化水平，研究区域为青海省 8

个市州。

1. 人口发展指标

人口发展是城镇化的结果，城镇化直接导致农村人口向城市人口转变，随着城镇化水平的提高，人口在空间布局上产生了一定的变化。人口发展指标主要涉及到城镇人口规模、城镇化水平、人口自然增长率、人口性别结构、公共图书馆图书总藏量和中小学生源容量。

2. 经济发展指标

城镇化的一个重要推力就是经济的发展，经济发展水平在一定程度上能够反映一个地区的城镇化水平，三产的比重更是城镇化深入体现。经济发展指标主要涉及到城镇固定资产投资、产业结构、GDP 总量、人均 GDP、GDP 增长率和研究与试验发展经费支出占 GDP 比重。

3. 城镇建设指标

城市建设规模用地的大小是衡量城镇化水平高低的重要指标，市政建设的情况直接反映城镇化的结果。城镇建设指标主要涉及建设规模用地、人均建设用地、人均城市道路面积、用水普及率、城市燃气普及率、万人拥有公家车辆数和万人拥有床位数。

4. 资源环境指标

新型城镇化是环境友好、生态宜居、和谐发展的城镇化。设置资源环境指标，不仅可以全面体现城镇化水平，而且可以充分利用资源和保护环境。资源环境指标主要涉及建成区绿化覆盖率、污水处理率、人均公园绿地面积、生活垃圾处理率、能源自给率和国际互联网普及率。

5. 社会服务指标

新型城镇化是以人为本的城镇化，是侧重农业，立足农民，覆盖农村，实现城乡基础设施一体化和公共服务均等化的城镇化。社会服务指标主要涉及人均公共服务设施用地面积、登记失业率、城镇居民人均住房面积、社会保障覆盖率和参加新型农村合作医疗保险人数。

（四）青海省建立新型城镇化指标体系的意义

1. 有利于加快推进城镇化进程，提升城镇化水平和质量

通过建立全面的新型城镇化指标体系，对每一项指标的分析，发现城镇化过程中的薄弱环节和问题，并及时进行指导和调控。这有利于实现青海省新型工业化、新型城镇化、农业现代化、城乡智慧化、环境生态化的协调发展，强化东部城镇群、区域中心城市、重点城镇和新型城乡社区的建设，根据因地制宜、分类指导的建设策略，进一步推进西宁大都市建设、撤县设市、产城融合、区域协

调、基础设施建设的进程，实现区域均衡发展。

2. 有利于明确青海各地的差异，完善城镇格局

青海省地处我国西部地区，经济发展水平较低，区域差异十分显著。因地制宜地建立新型城镇化指标体系，取代原来以城镇人口为主要依据的传统城镇化指标，全面评价青海各地城镇化水平。有利于更好的了解青海各地的城镇化的发展态势；有利于对东部地区、柴达木地区、环青海湖地区和三江源地区进行分区指导发展；有利于构建与农业发展格局、生态安全格局协调发展的青海特色城镇化格局，推动东部城镇群、柴达木城镇群和南部生态城镇群的城镇群建设，带动全省城镇化稳步发展。

3. 为有关部门制定决策提供理论支撑

青海省地域辽阔，各地的城镇化水平也参差不齐，新型城镇化指标体系的构建，在一定程度上能为各地的发展提供决策依据。有利于推进行政区划调整工作；有利于加大县城的建设力度，加强县城道路、供热、垃圾处理、污水处理、园林绿化、环境整治等基础设施建设；有利于全面分层次推进城乡新型社区建设，加强和创新社区管理，推进社区的管理功能向服务功能转变；有利于推进新型工业化和新型城镇化互动发展，以产业兴城镇，以城镇促产业，实现产业集聚区与城镇布局相融合、人口与经济相协调。

总而言之，新型城镇化指标体系的建立，为走青海特色新型城镇化道路提供了方法论，为青海不同地区发展城镇化提供了理论支撑。建立青海省新型城镇化指标体系，对促进青海省和地区城镇化发展具有重要的意义。

四、青海省城镇化发展水平评价与进程分析

（一）青海省城镇化发展进程分析

青海社会经济的持续发展是城镇体系演化的原动力。资源的大规模开发和工业建设时青海城镇发展的首要动力，民族地区的优惠发展政策、牧民居住环境的改善和民族宗教文化的区域融合也是青海城镇发展的基本构成要素。

到 2013 年底，青海省城镇化水平达到 48.51%，按照城镇化过程的 S 型曲线来分析，青海省城镇化已进入加速阶段。

1. 与全国发展水平比较

虽然全省进入城镇化快速增长期，但无论从发展层次还是速度均低于全国城镇化发展水平，仍处于艰难的“爬坡”阶段，与全国的平均水平仍显现出不断拉大的趋势。

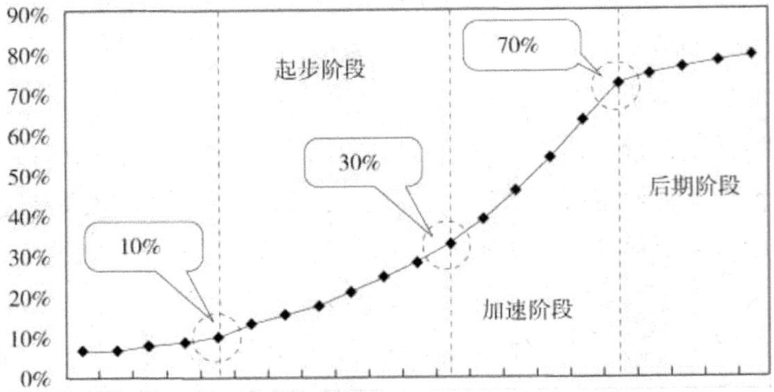

图1　城市发展的诺瑟姆 S 型曲线

1995 年全国城镇化步入加速发展的阶段，青海省由于实施撤乡建镇政策，城市规模扩大，城市人口增加，从 2000 年开始出现加速发展的特征。城镇化受行政建制调整的影响大，呈现短时间突变、长时间消化；实际水平低于城镇化指标，2013 年全省户籍非农业人口 251.97 万人，按照户籍非农业人口，城镇化率仅为 43.6%。

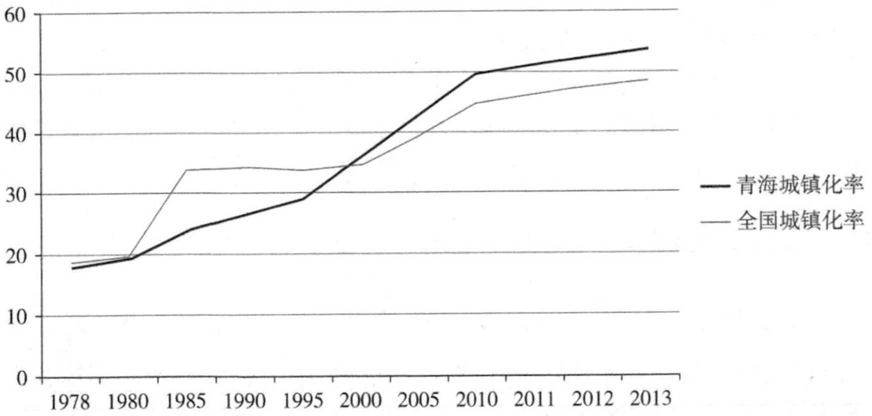

图2　青海省与全国城镇化水平比较

2. 与西部各省区的比较

从全国范围看，我国东部城镇化水平高、增速慢，中西部城镇化水平低、增速快。2013 年底我国东部城镇化水平为 62.2%，中部城镇化水平为 48.5%，西部城镇化水平为 44.8%。在西部 12 省（区、市）中，青海省城镇化水平位居第 5 位，比 2013 年西部 12 省市平均水平高 3.25 个百分点，低于东中部发达地区。①

表 2　青海省与全国城镇化水平比较

地区	2000 年		2005 年		2010 年		2013 年	
	(%)	排序	(%)	排序	(%)	排序	(%)	排序
西部平均	29.5		35.66		42.00		45.26	
陕西	32.26	6	37.23	5	46.50	5	51.31	4
甘肃	24.01	9	30.02	9	35.10	10	40.13	9
宁夏	32.43	5	42.28	3	48.00	4	52.02	3
内蒙	42.68	1	47.20	1	53.40	1	58.71	1
新疆	33.82	3	37.15	6	40.00	3	44.47	8
西藏	18.93	12	26.65	12	23.80	12	22.75	12
广西	28.15	7	33.62	7	40.60	7	44.82	7
云南	23.36	11	29.50	10	35.20	9	39.31	10
贵州	23.87	10	26.87	11	33.81	11	37.83	11
青海	26.69	8	33.00	8	40.18	8	44.90	6
重庆	33.09	4	45.20	2	53.00	2	58.34	2

（二）青海各地域城镇化发展水平评价

1. 中心城市发展水平比较评价

青海省省会，西宁市，西北地区的中心城市之一，国家重要的循环经济示范区、生态保护服务基地。近年来，西宁市经济社会快速发展，2013 年全年实现地区生产总值 978.5 亿，增长 14.1%，超出国家经济增长速度。

（1）城市发展水平综合评价体系的构建

城市的发展包括城市经济的发展、科教文卫的发展和生态文明的发展。根据青海省的省情，选取的指标主要包括四个方面，共涉及 25 项指标，其中控制性指标 6 项。

① 国家统计局．中国统计年鉴［M］．北京：中国统计出版社，2013．

表3　青海省城市发展水平综合评价体系

总体层	准则层	指标层	类型
青海省城市发展水平综合评价指标体系	经济发展指标	GDP 总量	引导性
		人均 GDP 总量	引导性
		第一产业占总 GDP 比例	控制性
		第二产业占总 GDP 比例	控制性
		第三产业占总 GDP 比例	引导性
		非国有经济投资额	引导性
	社会发展指标	城镇化率	引导性
		基尼系数	控制性
		万人拥有大学生数	引导性
		恩格尔系数	控制性
		人均居住建筑面积	控制性
		人均拥有机动车数量	引导性
		城镇最低生活保障覆盖率	引导性
	科教文卫发展指标	R&D 投入占 GDP 比重	引导性
		每万人专业技术人员数	引导性
		公共教育支出占 GDP 的比重	引导性
		人均娱乐教育文化消费支出比重	引导性
		居民家庭计算机普及率	引导性
		人均预期寿命	引导性
		千人拥有医生数	引导性
	生态环境指标	污水处理率	引导性
		固体废弃物处置率	引导性
		人均绿地面积	引导性
		环保投资占 GDP 比重	引导性
		大气污染指数	控制性

（2）与西部其他中心城市比较

在 2013 年西部十省会主要经济指标增速排名中，西宁多项指标位于前列。其中，规模以上工业增加值和固定资产投资增速均居首位；社会消费品零售总额增速居第 3 位；农民人均纯收入增速居第 2 位；地方公共财政预算收入增速居第 2 位；地区生产总值增速居第 3 位；城镇居民人均可支配收入增速居第 4 位。

表 4　地区生产总值完成情况

单位：亿元、%

城市名称	2013 年			2012 年		
	地区生产总值		占西部九省会城市比重	地区生产总值		占西部十省会城市比重
	完成数	增速		完成数	增速	
西宁	978.53	14.1	4.38	851.09	15.0	3.06
银川	1273.49	10.0	5.70	1140.83	12.5	4.10
兰州	1776.83	13.4	7.96	1564.41	13.4	5.62
贵阳	2085.42	16.0	9.34	1700.30	15.9	6.11
乌鲁木齐	2400.00	15.0	10.75	2060.00	17.3	7.41
呼和浩特	2710.39	10.0	12.14	2475.57	11.0	8.90
昆明	3415.31	12.8	15.30	3011.14	14.1	10.83
南宁	2803.54	10.3	12.56	2503.55	12.3	9.00
西安	4884.13	11.1	21.87	4369.37	11.8	15.71
成都	-	10.2	-	8138.94	13.0	29.26

但单从经济总量及占比看，西部十省会城市中经济总量未超千亿元的城市只有西宁市（978.53 亿元），较兰州和银川分别低 798.3 亿元和 294.96 亿元。西宁市经济总量仅占到西部九省会城市经济总量的4.38%，而经济总量最大的西安占到21.87%，高于西宁 17.49 个百分点。与邻近的兰州、银川相比，也存在一定差距。

2. 中心城市现代化水平分析

“现代化理论”起源于18 世纪末的欧洲，它是探讨怎样把国家从农业社会发展到工业社会的理论。“现代化理论”于 19 世纪 60 年代正式形成在美国，主要代表人物有帕森斯、罗斯托、布莱克等，这些学者对现代化的定义、特点和量化指标等方面作了大量研究。

19 世纪 60 年代美国学者英克尔斯提出的 10 项现代化指标是最为广泛应用的指标。即：

表 5　国家现代化评价标准

评价指标	现代化标准	现伏值	标准值※
综合实现程度（%）	100	77	100
1. 人均国民生产总值（GDP 美元）	≥3000	908	9000
2. 非农产值占 GDP 比重（%）	≥85	84.8	≥85

续表

评价指标	现代化标准	现伏值	标准值※
3. 服务业产值占 GDP 比重（%）	≥45	33.6	≥60
4. 城市人口占总人口比重（%）	≥50	36	75
5. 非农劳动力占总劳动力的比重（%）	≥70	80	80
6. 适龄青年中大学生的比重（%）	≥10~15	4	20
7. 人口自然增长率（‰）	≤1	0.69	0.7
8. 平均预期寿命（岁）	≥70	70	75
9。每千人口医生人数（人）	≥2	1.6	≥2
10. 成人识字率（%）	≥80	84	90

根据表5国家现代化评价标准，2013年西宁市人均GDP为4.32万；非农产值占GDP比重为96%；第三产业占GDP比重为44%；城市化水平为48.51%；非农就业人口占就业人口的比重为57%；在校大学生占适龄人口的比重为12%；人口净增长率为0.9%；平均预期寿命为70岁；平均每个医生服务人数为589人；成人识字率为96%。根据西宁市的各项指标显示，西宁市已初步达到现代化水平。

3. 各州市城镇化发展水平评价

2013年底全省城镇化率与“十二五”规划的城镇化率目标（2015年为50.5%）尚差1.99个百分点。从“十二五”规划目标的角度看，近三年青海城镇化建设整体稳步推进。但各市、州城镇化率差异较大。各市、州城镇化率的极差2000年为49.91个百分点；2010年为47.2个百分点，2013年为45.3个百分点。2000年以来，城镇化水平最高的地区是海西州，2000年为62.10%，2010年为70.03%，2013年为70.06%，分别高出同期全省平均水平27.34个百分点，25.31个百分点，21.55个百分点。城镇化率最低的地区，2000年和2010年均为海东市，分别是12.19%和22.83%，2013年为果洛州，是24.76%。“十二五”前三年各市、州中城镇化推进最快的地区是海东市，城镇化率上升了8.46个百分点，这主要是由于进入“十二五”以来东部城市群建设全面稳步推进，海东撤地建市城镇区域不断扩大，城镇人口增加①。

① 青海统计局．青海统计年鉴［M］．青海：中国统计出版社，2013.

表6　青海各市、州历年城镇化率比较　　　　单位:%

地区	2000 年	2010 年	2013 年
全省	34.76	44.72	48.51
西宁市	56.58	63.7	67.8
海东市	12.19	22.83	31.29
海北藏区自治州	28.21	32.78	32.8
黄南藏族自治州	21.71	25.69	25.89
海南藏族自治州	14.63	28.47	29.54
果洛藏族自治州	19.51	24.72	24.76
玉树藏族自治州	19.91	32.11	32.13
海西蒙古族藏族自治州	62.1	70.03	70.06

4. 评价结果分析

从青海省外部来看，全省城镇化水平与全国平均水平相比较，仍存在较大差距；在西部12省中，青海省城镇水平居于第5位，但与位居第1的陕西省仍相差10.2个百分点。

从青海省内部来看，通过对中心城市水平的比较与分析，西宁市已初步达到现代化水平，并且在西部各大城市之中，具有较强的竞争力；各州县城镇化水平层次不齐，相差甚远。

（三）青海省城镇发展现状综合分析

1. 近年来增长速度有所提高，但城镇化水平仍然较低

2013年全国城镇化水平达到53.73%，与全国水平相比，青海省的城镇化水平仍然较低。到2013年底青海省城镇化水平达到48.51%，按照城镇化过程的S型曲线来分析，青海省城镇化已进入加速阶段。

2. 城镇空间分布差异大，地区增长不均衡

全省城镇化水平地区分布不均。2013年，全省各州、地、市的城镇化水平差异明显，西宁和海西地区的城镇化高于其他地区，而城镇化水平最低的海南地区仅为25.89%，与海西州相差44.17%。

从发展水平看：海西州是全省非农业人口城镇化水平最高的地区，省会西宁次之，黄南、果洛是两个城镇化水平较低的区域。

3. 城镇规模小，经济聚集度弱

建国初期，全省城镇数量少，1957年全省仅有40个城镇，从1957—1978年仅增加了4个城镇，增长缓慢。西部大开发的实施，青海省城镇数量迅速增加，1999—2013年全省新增建制镇90个。

城镇数量虽然增加很快，但是城镇规模普遍较小。只有西宁市城镇人口超过百万，5 万 ~20 万的城市（镇）有格尔木、德令哈、民和等 9 个，多数城镇的城镇人口为 1 万 ~5 万，尚有相当一部分城镇的城镇人口在 1 万人以下。城镇规模小，经济集聚效益不强。

表 7　青海省分区城镇化水平比较（2013 年）

地区	城镇人口（人）	乡村人口（人）	总人口（人）	城市化率（%）
西宁	1357705	644810	2002515	67.80
海东市	532981	1170378	1703359	31.29
海北州	95978	196639	292617	32.80
黄南州	69401	198660	268061	25.89
海南州	136900	326540	463440	29.54
果洛州	47768	145158	192926	24.76
玉树州	126850	267953	394803	32.13
海西州	285985	122215	408200	70.06

4. 城镇功能结构单一，区域带动力不足

（1）城镇职能类型单一

青海省的城镇体系处在发展的初级阶段，城镇职能类型分工较简单，根据现有城镇的主要职能大致可分为以下几类：

省会城市。西宁市，是全省的政治、经济、文化中心，在城市人口、工业总产值、科教文卫、城市基础设施等方面，均居全省之首，在青海省的国民经济和社会发展中发挥着辐射、示范和带动作用。工矿型城镇包括格尔木市、冷湖、花土沟、大柴旦、芒崖、茶卡等城镇。地方性综合城镇主要行使行政管理职能，包括黄南州、果洛州、海南州、玉树州的州府及辖县的县城，是州、县的中心城镇同时也是商品集散地。还有民族商品集散城镇，民族宗教文化城镇。

（2）产业协作关系不明确，带动力不足

地方性综合城镇，被动产生于地方政府，起源早，实力弱，地方财政又不能为其发展提供充足的财政保证，因而形成了职能胶结、结构雷同的现象。民族商贸城镇的商品交换活动较频繁，但输出产品附加值低。在这种缺少产业协作关系的贸易中，商品经济的发展空间狭窄，带动不了整个地区的经济发展。所以所谓的商贸只停留在商品集散的初级功能上，并没有形成区域的带动作用。对于资源开发型的城镇而言，有着自身独特的品牌产业，由于受到相关部门的垂直管理，无法更好的参加与域外经济的合作交流，因此并没有发挥其民族经济龙头的作用。

5. 城镇发展质量不高

青海省的城镇化呈现短时间突变、城镇化实际水平低于城镇化率指标的特点，受行政建制调整的影响大。行政区划调整推动了城镇化快速发展，但在建制镇调整初期，当地的生产生活水平和基础设施功能并没有相应得到提高和改善，对大量新增的城镇人口，需要有一个较长时间的消化。目前青海省县以下建制镇中，约有60%以上的居民，特别是三江源地区退牧还草生态移民工程转移到小城镇的农牧民，仍保持着城内居住的生活习惯和城外耕作的生产方式，向要实现真正意义上的转移将需要更长的时间。

（四）城市化进程成因分析

1. 自然生态环境制约

青海地形复杂，很多地区在四千米海拔以上，高寒缺氧，大部分土地为高原戈壁，耕地面积仅占总面积的0.8%，自然条件较为严酷，适居性差。人口聚集在河谷盆地之中或分散于草原之上，呈现既聚集又断裂的形态。自然地理环境使青海难以形成聚集的城市群，城镇化进展较慢。此外，青海位于三江源头，生态保护任务重大。随着全球气候的干暖化和人类活动的影响，青海生态环境逐年恶化，水土流失、草原退化、荒漠化扩大的趋势在一些地区仍在加剧，这种自然和生态的约束，决定了青海分散的城镇空间布局，限定了城镇发展的地理空间和规模，使城镇地域分布不平衡和人口难以向城镇集中，成为青海城镇滞后的先天因素。

2. 城镇化滞后于工业化

青海省自然条件各异，从而导致经济文化发展也不平衡。青海的工业化不是经济自我积累和发展的结果，其工业化主要在国家的大力扶持下发展的，自然经济仍然占着主导地位。在工业化进程中，由于外部拉力明显，工业内部联系不紧密，导致经济空间发展波动大，制约了资源配置的聚集效益。传统农业经济和以城镇为载体的工业发展的封闭发展，不仅使青海呈现典型的“二元经济”结构，也阻碍了工业发展对经济、教育、文化等综合带动效应的发挥。由此，也导致青海工业发展长期在分工中处于劣势地位。一方面限制了产业的迂回度和对中间产品的需要，使资源利用效率不高；另一方面降低了对轻工业的投资与消费需求，使轻工业变得更为滞后，最终制约城镇的自然发展。

3. 城镇化水平低是经济发展进程的反映

城镇是社会经济大系统中的一个相对独立的子系统，城镇化过程就是经济结构转变和经济发展方式转变的过程。城镇化过程是经济发展的结果，也是经济发展水平的具体表现。构筑科学合理的大中小城镇协调发展的城镇体系，形成因地制宜的特色城镇化，速度适中规模适宜的高品位城镇化，城乡一体化发展的城镇化，是整个经济社会系统科学发展的前提和条件，也是当前青海经济社会系统性迭加的重要因素。

4. 基础设施欠账多，城市管理水平落后

基础设施的完备与否，是城镇发展的准备条件。青海深居内陆，远离东部和内地市场，大部分农牧区仍处于封闭半封闭的环境，牧区多数地区尚处于游牧到定居的过渡阶段。长期以来，区位条件和资源配置的不合理性，使青海基础设施建设极其落后，严重阻碍与影响人流、物流、资金流向城镇的集聚，影响城镇间经济交往与人口流动。尽管实施西部大开发战略以来，青海基础设施建设速度加快，并得到显著改善，但“冰冻三尺，非一日之寒”，由于青海地形多样，气候多变，基础设施建设投入大、回报慢，再加上经济发达程度低，管理水平滞后，这都严重制约青海城镇的发展。

5. 观念与规划慢一拍，发展结果差几级

在观念上，由于青海省各地区城市发展水平层次不齐，在城镇化过程中出现的“一刀切”的问题，没有充分考虑农牧区的实际情况，致使城镇化的质量不高。

在规划上，对于贯彻落实新农村和新农区建设的指导思想、基本原则和具体目标的力度不够，规划编制的深度和质量有待加强。

6. 潜在特色资源突出，挖掘和发展不足

矿产资源。青海省的柴达木盆地有着“聚宝盆”的美称，蕴藏着丰富的盐、石油以及金属矿产。目前青海省矿产资源的潜在价值位居全国第一，盐类矿产所占比重最大，潜在价值最高，但需求有限，难以充分利用。矿产资源是青海的重要资源，具有强大的挖掘潜力。

生物资源。青海的野生植物约有两千多种，包括经济类植物、药用植物和名贵药材。其中雪莲，夏草，贝母，当归，发菜，枸杞等，深受国内外市场的欢迎，具有良好的开发潜力，经济效益显著。

土地资源。青海省土地资源总量位居全国第四，是除了内蒙古、新疆、西藏以外，面积最大的省份，共有土地面积 72. 23 万平方公里。根据青海省土地资源的特点，全省土地资源的开发潜力，应以牧业为主。同时在适宜于农、林、渔的地区，大力发展多种经营。从地区看，青海省的玉树、果洛、海西州发展潜力较大。

旅游资源。青海省境内高峻巍峨的名山奇峰，辽阔美丽的草原，挺拔丛生的原始森林，浩淼的湖泊和雪山、冰川、温泉、云雾等水景，成群的牛羊和稀有的野生动物，浓郁的民族风情，神秘的宗教活动和历史跨度很长的地上、地下、有形、无形的古迹等特色资源相互交织在一起，形成了"独有"或"独优"的旅游资源优势。但青海省旅游资源具有广泛性，不够集中的特点，大大减弱了旅游的吸引力。

五、青海省新型城镇化趋势与预测

（一）人口现状分析

1. 人口基本情况

截止2013年底，青海省总人口为577.79万人，全省人口最多的地区是省会城市，西宁市总人口200.25万人，占全省总人口的34.66%，全年人口出生率14.16‰，人口死亡率6.13‰，人口自然增长率8.03‰。全省人口密度为每平方公里8.01人，仅高于西藏而居全国倒数第二位，人口差异很大，呈东疏西密。①

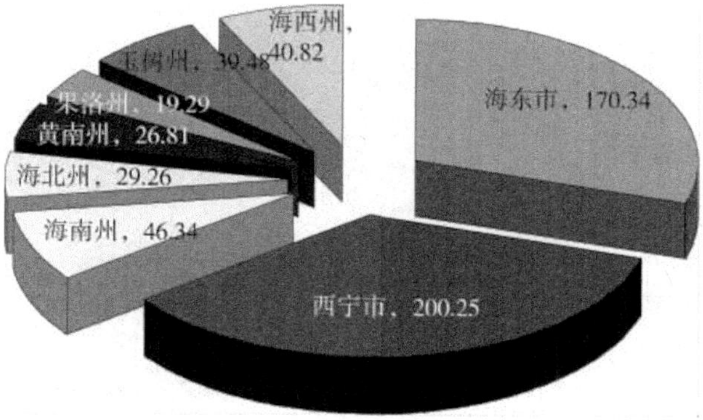

图3 青海省2013年各地区人口数量对比

青海省共有43个民族，少数民族271.45万人，占常住人口的46.98%，主要是藏、回、撒拉、土、蒙古五个世居民族。

青海省人口机械增长变化幅度较大，从20世纪80年代中期开始，青海省出现持续的人口流失。从1952年到1978年，青海省每年的人口迁入量都要大于迁出；1985年到2006年，每年都是净迁出；1986—2006年，机械人口以迁出为主，从省外共迁入26.93万人，迁出人口46.46万人，从2007年开始人口才有净迁入。

2. 人口变化特征分析

（1）人口总量变化分析

1949年后，青海的人口明显增长，表现为：

① 青海统计局．青海统计年鉴［M］．青海：中国统计出版社，2013.

增长率高，发展速度快。1950 年前，处于高出生率、高死亡率、低自然生长率增长状态。1950—1995 年，全省净增长人口 24.9 万人，呈高出生、低死亡率、高自然增长率状态。1960—1963 年，人口出现负增长，3 年自然灾害共减少人口 55 万。1963—1970 年，进入了高出生率、低死亡率、高自然增长率的增长模式。自 1970 年后，计划生育政策的落实，人口出生率有所下降，由 1970 年的 32.54‰下降到 2013 年的 14.16‰。与全国相比，因少数民族所占比重较大，人口自然增长率仍高出 2.08 个千分点。

汉族人口以机械增长为主，少数民族人口以自然增长为主。根据我国现行的计划生育政策①，少数民族的人口出生率比汉族要高，医疗卫生条件的改善也是少数民族人口的自然增长较高的影响因素。

受城镇化影响，非农人口的增长快于农业人口。受地域空间限制，以及国家政策的影响。1978 年以前，农牧业人口向本地区的大城市聚集；1978 年以后，人口逐渐“走出去”，向更高品位的城市转移。

（2）人口构成分析

①人口年龄构成

青海省人口年龄结构是：0—14 岁人口比重逐渐下降；15—64 岁人口比重逐步增加；65 岁以上人口比重逐渐降低。年轻型向成年型转化。

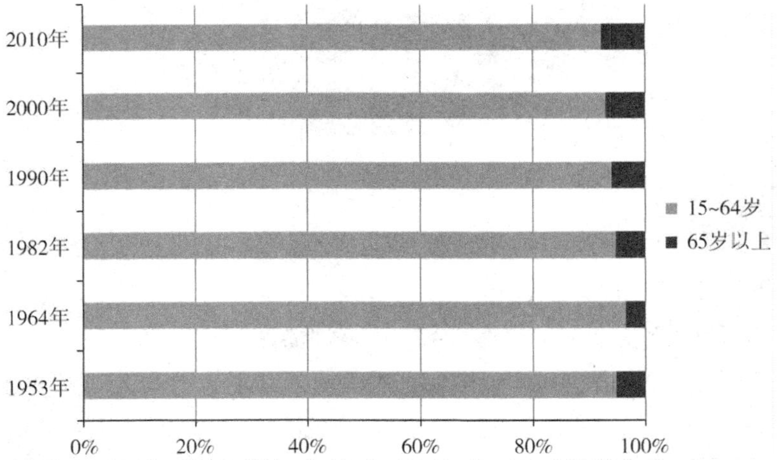

图 4　青海省历次普查人口年龄构成图

②人口性别构成

青海省人口性别比例波动较大。1964 年人口普查时高达 113，远高于全国

① 人口在1000 万以下的少数民族，根据人口密度等情况，允许一对夫妇生育二胎，个别的可生育三胎。

（105.5）同期水平。改革开放以来，青海省人口性别比例渐趋调和，基本保持在107左右。根据2010年的第六次人口普查，青海省人口性别比为107.4，2013年为102.6。青海省产业体系对男性劳动力需求较大，从而导致男女比例高于全国（105.1）水平。这是社会经济发展的必然，因而目前青海省的人口比例有利于经济发展。

③人口分布特点

影响人口分布的因素是：自然条件和人文条件。青海省各地区的自然条件和人文环境存在着很大差距，人口分布不均衡，各区人口密度差异大。

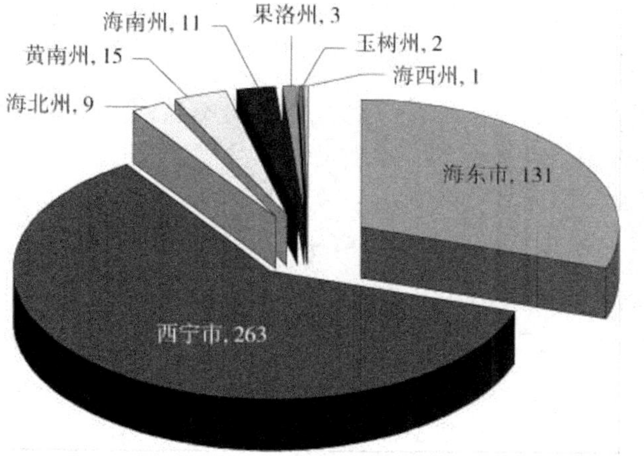

图5　青海省分地区人口密度对比（2013年）

全省人口分布以西宁市和海东地区为核心，2013年，西宁市和海东市的人口密度在100—300人/KM^2之间，外围黄南州、海南州、海北州在8—15人/KM^2之间，果洛州、玉树州、海西州则在1—3人/KM^2之间。

④人口文化构成与区域发展

据“六普”统计，青海省常住人口中，接受小学教育的有198.43人/万人，接受初中教育的有142.77人/万人，接受高中教育的有58.67人/万人，接受大专以上教育共计399.87人/万人。与“五普”相比，每万人拥有大学学历的人口明显增加，教育质量有了明显的提高。但青海省总体的人口文化构成，仍低于全国平均水平。一般来说，人口文化构成与区域经济发展呈正相关。

（二）城镇化发展趋势

1. 我国城镇化发展趋势

根据第六次人口普查数据，我国城镇化水平为49.7%，2013年，我国城镇化水平达到53.7%，呈稳步上升趋势。

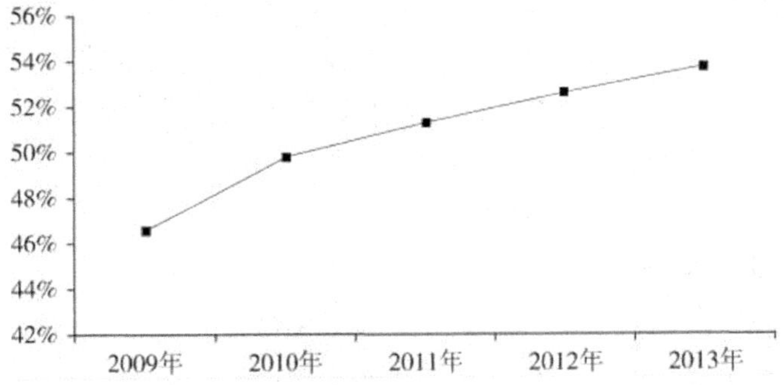

图 6　我国近年来城镇化水平

2. 青海省城镇化发展趋势分析

随着国家政策向中西部地区倾斜，从目前中西部有关发展规划可以看出，“十二五”期间及以后一段时期，中西部地区的城镇化发展趋势，将继续保持较快发展的势头。

从纵向看，城镇化上升幅度呈现增加的趋势。从 1952 到 2013 年，城镇化水平由 5. 2% 提高到 48. 51%，增长了 43. 31 个百分点。“十五”期间，全省城镇化率上升了 4. 49 个百分点，每年平均上升 0. 9 个百分点；“十一五”期间，城镇化率上升了 5. 47 个百分点，每年平均上升 1. 09 个百分点；“十二五”前三年城镇化率上升了 3. 79 个百分点，每年平均上升 1. 26 个百分点。目前，青海省城镇化处于快速发展阶段，预计到 2020 年，青海省城镇化水平将赶超全国的平均水平。

（三）人口与城镇化水平预测

1. 人口与城镇化现状

新世纪以来，青海城镇人口快速增加，城镇化率水平稳步提高。2000 年底全省城镇人口为 179. 54 万人，城镇化率为 34. 76%，到 2013 年底全省城镇人口增加到 280. 30 万人，城镇化率上升到 48. 51%。较 2000 年底全省城镇人口增加 100. 76 万人，城镇化率上升 13. 75 个百分点，城镇人口年均增加 7. 75 万人，城镇化率年均上升 1. 06 个百分点。

2. 人口预测

从青海省人口发展趋势看，未来人口增长主要取决于自然增长。运用人口学理论和数学模型，预测出青海省人口发展趋势。目前青海省人口出生率、自然增长率呈下降趋势，但人口惯性依然存在。在预测未来人口时将采用线性回归法、对数回归法和总人口递增模型三种方法，再对这三种方法得出数据进行校正综合。

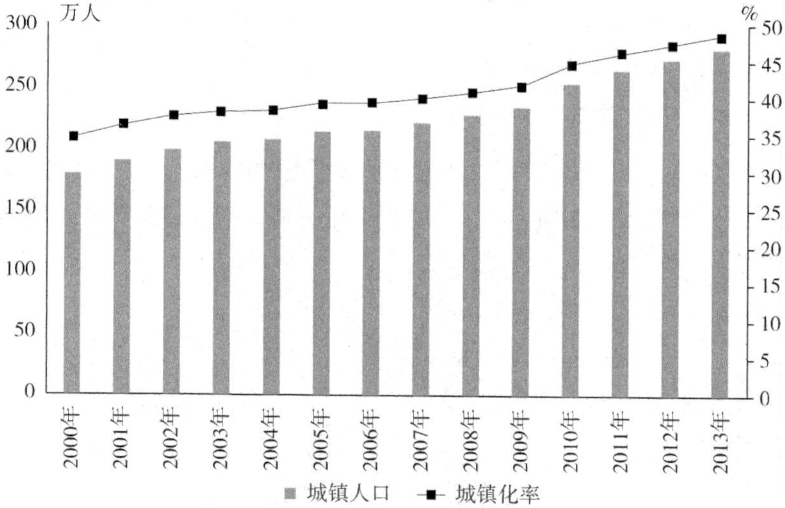

图7　2000—2013 年青海城镇人口及城镇化率

①线性回归模型

$$y = ax + b$$

其中：y—第 n 年的总人口；x—第 n 年年份；a，b—回归系数

根据对历年青海省人口变化数据的回归分析，可得出青海省的一元线性回归方程：

$$y = 5.8197X + 447.07 \text{（方程 1）}$$

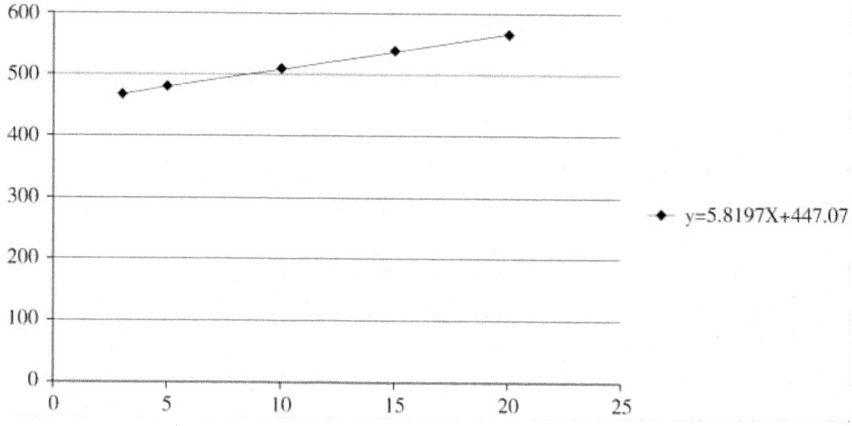

将相应年份序号代入方程 1，得到 2015—2030 年青海省总人口人口回归预测结果。

表 8　青海省总人口线性回归预测结果

年份	2015	2020	2030
预测人口（万人）	598	627	685

随着今后青海人口政策的继续实施，以及 70—80 年代人群生育高峰的过去，未来青海省人口增长速度将放缓，因此，线性回归方法得出的人口规模会略偏高。

②对数回归模型

$$y = a \times In\ (x)\ + b$$

其中：y 是第 n 年的总人口；x 是第 n 年年份；a，b 是回归系数

根据对历年青海省人口变化数据的回归分析，可得出青海省的对数回归方程，由图可知，对数回归拟合比较符合青海人口增长趋势。

$$y = 140.21 \times In\ (x)\ + 93.48 \text{（方程 2）}$$

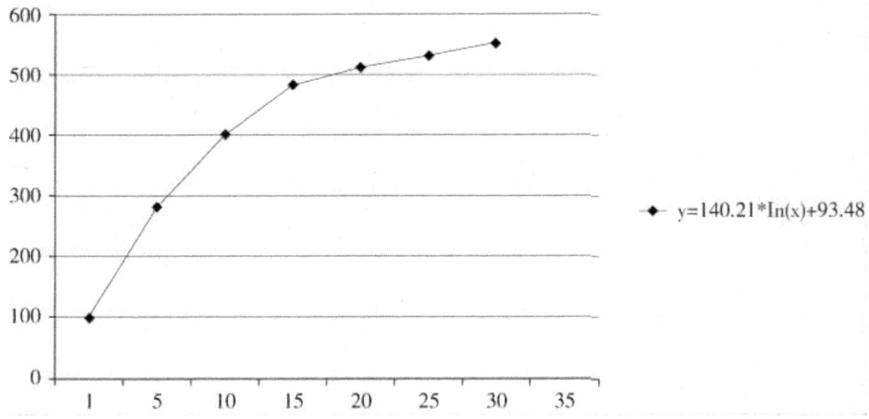

将相应年份序号代入方程 2，得到 2015—2030 年青海省总人口回归预测结果。

表 9　青海省总人口对数回归预测结果

年份	2015	2020	2030
预测人口（万人）	590	610	640

③总人口递增模型

通过预测未来青海人口平均自然增长率来计算总人口。通过分析青海省近年的人口自然增长率变动趋势和人口迁移情况，了解到近年青海迁移人口很少，对人口的影响很弱，只有在 2011 年人口机械增长率达到了 0.22%。结合未来人口

政策变动和一定时期内人口增长的惯性，预测 2013—2015 年人口平均自然增长率为 8‰，2016—2020 年人口平均自然增长率为 7‰。

表 10　青海省人口变动情况一览表

年份	人口自然变动			人口机械变动		
	出生率（‰）	死亡率（‰）	自然增长率（‰）	迁入率（%）	迁出率（%）	机械增长率（%）
1952	30.25	13.98	16.27	3.59	2.03	1.56
1957	32.2	10.4	21.78	3.91	3.72	0.19
1965	48.72	9.06	39.66	5.9	5.12	0.79
1970	40.06	7.52	32.54	5.45	4.72	0.74
1975	31.95	8.24	23.71	3.08	2.85	0.23
1978	26.15	6.66	19.49	2.94	2.64	0.3
1980	21.14	5.61	15.53	3.24	3.32	-0.07
1985	14.24	4.58	9.63	1.29	0.82	0.47
1990	24.34	7.47	16.87	0.23	0.55	-0.32
1991	23.37	8.35	15.02	0.25	0.58	-0.33
1992	22.54	8.14	14.4	0.27	0.62	-0.35
1993	20.5	8.26	12.24	0.23	0.54	-0.31
1994	22.06	6.82	15.24	0.24	0.43	-0.19
1995	22.01	6.89	15.12	0.25	0.38	-0.13
1996	21.89	7.2	14.69	0.24	0.37	-0.13
1997	21.8	6.95	14.85	0.24	0.31	-0.08
1998	21.26	6.78	14.48	0.16	0.27	-0.11
1999	20.68	6.78	13.9	0.15	0.26	-0.11
2000	19.25	6.15	13.1	0.17	0.35	-0.18
2001	19.06	6.44	12.62	0.19	0.39	-0.2
2002	18.05	6.35	11.7	0.22	0.4	-0.18
2003	16.94	6.09	10.85	0.28	0.46	-0.18
2004	16.32	6.45	9.87	0.32	0.46	-0.14
2005	15.7	6.21	9.49	0.36	0.53	-0.17
2006	15.24	6.27	8.97	0 43	0 48	-0.05
2007	14.93	6.13	8.8	0.53	0.49	0.04
2008	14.49	6.14	8.35	0.52	0.48	0.04
2009	14.51	6.19	8.32	0.51	0.46	0.05
2010	14.94	6.31	8.63	0.49	0.42	0.07

续表

年份	人口自然变动			人口机械变动		
	出生率（‰）	死亡率（‰）	自然增长率（‰）	迁入率（%）	迁出率（%）	机械增长率（%）
2011	14.43	6.12	8.31	0.59	0.37	0.22
2012	14.3	6.06	8.24	0.45	0.34	0.11
2013	14.16	6.13	8.03	0.42	0.3	0.12

数据来源：青海统计年鉴2013。

$$Pt = PO\ (1+\alpha)\ t \quad \text{（方程 3）}$$

其中：PO—基年的总人口；Pt—第 t 年总人口；α—年均增长率；t—年份数。

将相应年份序号代入方程3，得到2015—2030年青海省总人口预测结果。

表11　青海省总人口递增模型法预测结果

年份	2015	2020	2030
预测人口（万人）	587	609	653

综合以上三种方法所得出的人口总数，并结合青海省未来人口政策以及机械增长情况，预测青海省总人口2015年为592万人，2020年为620万人，2030年为660万人。

3. 城镇化水平预测

根据青海省城镇化历史发展规律，青海省城镇化是由政府主导的、自上而下的城镇化，属于被动城市化。虽然改革开放和西部大开发战略的实施，促进了城镇化的发展，但由于青海省本身基础弱，经济发展水平低，未来城镇化的发展趋势难以定性预测。

①联合国法

$$\frac{PU\ (t)}{1-PU\ (t)} = \left(\frac{PU\ (l)}{1-PU\ (1)}\right) \cdot e^{URGD \cdot t}$$①

依据2000年与2010年两次人口普查数据，得出城乡人口增长率差为0.04231，将2010年城镇人口比重44.72%代入公式，计算得出青海省2015、2020、2030年城镇化水平为50%、55%、65%。

① 其中：$PU\ (t)$ 为预测年份的城镇人口比重（城镇化水平）；t—距离第一次人口普查的年数，$URGD$—城乡人口增长率差；$PU\ (1)$ —前一次人口普查的城镇人口比重。

②趋势外推法

根据2000年以来青海省城镇化水平发展趋势，以直线拟合，公式如下：

$$y = 0.8715x + 34.147$$

其中：y—城镇化水平（%）；x—年份；拟合优度为0.9213。

依据公式计算得出青海省2015、2020、2030年城镇化水平为48%、52%、61%。

③类比法

“十一五”末，全省城镇化水平达到44.72%。2013年，城镇化水平达到53.7%。根据全国城镇化发展趋势和中西部城镇化发展趋势，结合全省国民经济和社会发展“十二五”规划，全省城镇化水平以年均提高1.5个百分点计算，至2015年，城镇化水平将达到52.22%，2020年将达到59.72%，2030年将达到74.72%。

根据以上三种方法，综合确定全省的城镇化水平，至2015年，城镇化水平为51%，城镇人口300万人；至2020年，城镇化水平为58%，城镇人口360万人；至2030年，城镇化水平为68%，城镇人口450万人。

表12　青海省城镇化目标预测

年份	总人口（万人）	城镇人口（万人）	城镇化水平（%）
2013	577.79	280.30	53.7
2015	592	300	51
2020	620	360	58
2030	660	450	68

（四）建设用地规模

1. 现状

2013年全省实际城镇建设用地43732.24公顷，人均建设用地156m²/人。从2000年至2013年，全省城镇建设用地量从15831.47公顷增加到43732.24公顷；城镇人口从179.54万人增加到280.30万人。总体上，城镇人口与城镇建设用地呈正相关。城镇人口每年增加约10万人，建设用地年均增加10平方公里。从分区看，东部地区建设用地比重接近50%，环湖地区建设用地比重最小。

2. 建设用地规模预测

《青海省土地利用总体规划（2006—2020年）》，规划至2020年城镇建设用地（含能源用地）64313公顷。

根据全省土地利用总体规划，结合建设用地和城镇人口之间的关系，规划至

2015 年，全省城镇人口为 300 万人，建设用地控制在 43500 公顷，人均建设用地 145m²/人；规划至 2020 年，全省城镇人口为 360 万人，建设用地控制在 50400 公顷，人均建设用地 140m²/人。

表 13　青海省建设用地预测

年份	城镇建设用地（公顷）	城镇人口（万人）	人均建设用地 m²/人
2013	577.79	280.30	156
2015	43500	300	145
2020	50400	360	140
2030	54000	450	120

（五）城镇固定资产投资

1. 线性回归模型

$$y = ax + b$$

其中：y—第 n 年的城镇固定资产；x—第 n 年年份；a，b—回归系数。

根据对历年青海省域人口变化数据的回归分析，可得出青海省域的一元线性回归方程。

$$y = 106.33x - 212933$$

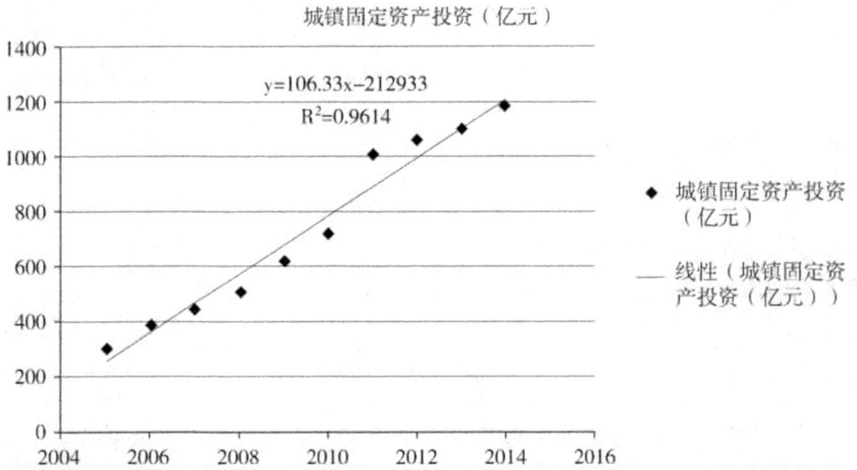

将相应年份序号代入方程，得到 2015 年与 2020 年青海省域城镇固定资产投资回归预测结果。

表 14　城镇固定资产投资预测结果

年份	2015	2020
城镇固定资产投资	1322	1854

经过修正得出城镇固定资产投资的预测结果分别为 1322 亿元，1854 亿元。

2. 分区城镇固定资产投资

东部地区城镇固定资产投资约占全省的 62%，柴达木地区城镇固定资产投资占全省的 20%，环青海湖地区城镇固定资产投资约占全省的 7%，三江源地区城镇固定资产投资约占全省的 11%，按照比例分配法计算得出分区的城镇固定资产投资。

表 15　固定资产投资

地区	城镇固定资产投资（亿元）	
	2015 年	2020 年
东部地区	820	1149
柴达木地区	264	371
环青海湖地区	93	130
三江源地区	145	204
全省	1322	1854

（六）发展目标

1. 青海省新型城镇化指标发展目标

表 16　青海省新型城镇化指标体系发展目标

指标		单位	2013 年	2015 年	2020 年
人口发展	城镇人口规模	（万人）	280.30	300	350
	城镇化水平	（%）	48.50	51	56
	人口性别结构	（%）	103	101	101
	公共图书馆图书总藏量	（千册）	3543	3600	3800
	中小学生源容量	（人/所）	416	430	450
经济发展	城镇固定资产投资	（亿元）	1176	1322	1854
	三产增加值所占比重	（%）	33	34	35
	财政一般预算收入	（亿元）	368	400	450
	城镇居民可支配收入	（元/人）	19498	20000	25000

续表

指标		单位	2013 年	2015 年	2020 年
城镇建设	建设规模用地	（公顷）	38030	43355	48720
	人均建设用地	（m^2/人）	150	145	140
	人均城市道路面积	（m^2/人）	11. 32	13	15
	用水普及率	（%）	92. 5	95	98
	城市燃气普及率	（%）	20	55	57
资源环境	建成区绿化覆盖率	（%）	31	32	35
	污水处理率	（%）	31	50	52
	人均公园绿地面积	（m^2）	3. 9	7	7. 5
	生活垃圾处理率	（%）	89	92	94
社会服务	人均公共服务设施用地面积	（m^2/人）	34	30	28
	登记失业率	（%）	3. 3	<4	<3
	城镇居民人均住房面积	（m^2）	26	31	35
	社会保障覆盖率	（%）	11	15	18

2. 东部地区新型城镇化指标发展目标

表 17　东部地区新型城镇化指标体系发展目标

指标		单位	2015 年	2020 年
人口发展	城镇人口规模	（万人）	227	274
	城镇化水平	（%）	52	58
	人口性别结构	（%）	101	101
	公共图书馆图书总藏量	（千册）	2662	2810
	中小学生源容量	（人/所）	420	440
经济发展	城镇固定资产投资	（亿元）	820	1149
	三产增加值所占比重	（%）	45	50
	财政一般预算收入	（亿元）	141	188
	研究与实验发展经费支出占 GDP 比重	（%）	1. 5	1. 8
	城镇居民可支配收入	（元/人）	190000	240000
城镇建设	建设规模用地	（公顷）	21313	23951
	人均建设用地	（m^2/人）	94	91
	人均城市道路面积	（m^2/人）	13	15
	用水普及率	（%）	92	95
	城市燃气普及率	（%）	58	60
	国际互联网普及率	（%）	26	28

续表

指标		单位	2015年	2020年
资源环境	建成区绿化覆盖率	（%）	35	38
	污水处理率	（%）	75	80
	人均公园绿地面积	（m^2）	7.5	8
	生活垃圾处理率	（%）	93	95
	城市空气质量优良率	（%）	85	88
社会服务	人均公共服务设施用地面积	（m^2/人）	28	25
	登记失业率	（%）	<4	<3
	城镇居民人均住房面积	（m^2）	26	30
	社会保障覆盖率	（%）	11	13

3. 柴达木地区新型城镇化指标发展目标

表18　柴达木地区新型城镇化指标体系发展目标

指标		单位	2015年	2020年
人口发展	城镇人口规模	（万人）	35	40
	城镇化水平	（%）	75	78
	人口性别结构	（%）	102	101
	公共图书馆图书总藏量	（千册）	325	343
	中小学生源容量	（人/所）	580	600
经济发展	城镇固定资产投资	（亿元）	264	371
	三产增加值所占比重	（%）	25	28
	财政一般预算收入	（亿元）	93	124
	科技进步贡献率	（%）	50	55
	城镇居民可支配收入	（元/人）	20000	25000
城镇建设	建设规模用地	（公顷）	11207	12594
	人均建设用地	（m^2/人）	173	171
	人均城市道路面积	（m^2/人）	22	25
	用水普及率	（%）	85	90
	城市燃气普及率	（%）	60	70
资源环境	建成区绿化覆盖率	（%）	30	34
	污水处理率	（%）	40	48
	人均公园绿地面积	（m^2）	6	6.5
	生活垃圾处理率	（%）	92	94
	耕地保有量	（万亩）	52	55

续表

指标		单位	2015 年	2020 年
社会服务	人均公共服务设施用地面积	(m^2/人)	29	26
	登记失业率	(%)	<4.5	<4
	城镇居民人均住房面积	(m^2)	30	34
	社会保障覆盖率	(%)	19	22

4. 环青海湖地区新型城镇化指标发展目标

表 19　环青海湖地区新型城镇化指标体系发展目标

指标		单位	2015 年	2020 年
人口发展	城镇人口规模	(万人)	18	22
	城镇化水平	(%)	35	41
	人口性别结构	(%)	102	101
	公共图书馆图书总藏量	(千册)	360	380
	中小学生源容量	(人/所)	485	490
经济发展	城镇固定资产投资	(亿元)	93	130
	三产增加值所占比重	(%)	25	28
城镇建设	建设规模用地	(公顷)	3252	3654
	人均建设用地	(m^2/人)	181	156
	人均城市道路面积	(m^2/人)	14	16
	用水普及率	(%)	95	99
	城市燃气普及率	(%)	30	40
资源环境	建成区绿化覆盖率	(%)	30	32
	污水处理率	(%)	48	50
	人均公园绿地面积	(m^2)	6	6.5
	生活垃圾处理率	(%)	91	94
社会服务	人均公共服务设施用地面积	(m^2/人)	31	29
	登记失业率	(%)	<5	<4
	城镇居民人均住房面积	(m^2)	32	36
	社会保障覆盖率	(%)	28	30

5. 三江源地区新型城镇化指标发展目标

表 20 三江源地区新型城镇化指标体系发展目标

指标		单位	2015 年	2020 年
人口发展	城镇人口规模	（万人）	20	24
	城镇化水平	（%）	35	40
	人口性别结构	（%）	102	101
	公共图书馆图书总藏量	（千册）	252	266
	中小学生源容量	（人/所）	500	520
城镇建设	建设规模用地	（公顷）	3685	4141
	人均建设用地	（m^2/人）	184	173
	人均城市道路面积	（m^2/人）	13	15
	用水普及率	（%）	90	95
	城市燃气普及率	（%）	28	30
资源环境	建成区绿化覆盖率	（%）	30	32
	污水处理率	（%）	60	62
	人均公园绿地面积	（m^2）	6	6. 5
	生活垃圾处理率	（%）	90	93
社会服务	人均公共服务设施用地面积	（m^2/人）	32	30
	登记失业率	（%）	<5	<4
	城镇居民人均住房面积	（m^2）	33	38
	社会保障覆盖率	（%）	15	20

六、青海省新型城镇化发展控制性指标体系设计

（一）设计原则

1. 科学性原则

在指标选择时，首先要注意的是科学性，与传统的城镇化相比，新型城镇化应更具有人性化，更体现科学性。在设计指标时，应听取有关部门的意见，经过有相关专家的论证，反复实践，不断改进和完善，确保指标体系能够全面、科学地反映城镇化水平的高低。

2. 代表性原则

在城市发展的过程中，很多方面都可以反映一个地区的城镇化水平。在青海省新型城镇化指标体系的选择过程中，因充分考虑到青海的发展特色，重点考虑具有代表性的城镇人口规模、城镇固定资产投资、产业结构、人均 GDP、建设用地规模、绿化覆盖率、公共服务设施用地面积和社会保障覆盖率等方面指标，避

免重复选取，从而影响对城镇化的评价。

3. 综合性原则

新型城镇化指标体系，应该是多方面、深层次、高水平的评价体系。对城镇化的评价应该包括人口发展数量、经济发展程度、城镇建设规模、资源环境和社会服务水平等多个方面。新型城镇化指标体系应该是客观的、综合的评价体系。

4. 可操作性原则

在选取指标的时候，应充分考虑到指标的可量化性，有些不可量化的指标虽然在一定程度上反映了城镇化水平，但不可量化的指标具有一定的主观性，而且较难统计和计算。要选取可量化、可操作的指标进行定量分析，才可保证城镇化评价的科学性、综合性和公正性。

5. 可比性原则

建立城镇化指标体系就是为了进行直观的比较和分析，评价结果既可对青海省不同地区进行横向比较，又可以青海省自身城镇化发展纵向比较。这就要求所选取的指标具有普遍性，既能在时间的纵向上对比，又能在不同地区的空间分布上对比。

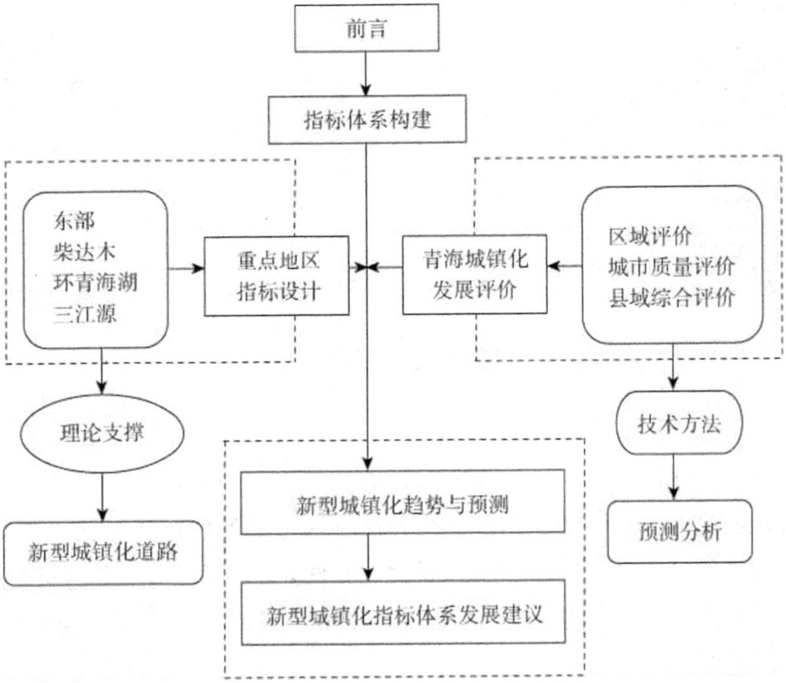

图 8　研究路线图

（二）研究框架

建立新型城镇化指标体系，提出未来城镇化发展的目标，有利于及时有效地制定发展城镇化的政策。首先，从理论上对城镇化测度方法进行深入的研究，探究新型城镇化指标的内涵和建立新型城镇化指标体系的意义；其次，对青海省城镇化发展水平进行评价和分析，了解青海各地域城镇发展现状和城镇化发展水平情况，根据各区的地理、文化、经济发展水平等因素，对重点地区的城镇化指标体系进行分区设计；最后，在对青海省新型城镇化趋势与预测的基础上，提出新型城镇化指标体系的发展建议。

表 21　青海省城镇化指标体系

指标	二级指标	单位	类型
人口发展	城镇人口规模	（万人）	引导性
	城镇化水平	（%）	引导性
	人口自然增长率	（%）	引导性
	人口性别结构	（%）	引导性
	公共图书馆图书总藏量	（千册）	引导性
	中小学生源容量	（人/所）	引导性
经济发展	城镇固定资产投资	（亿元）	引导性
	服务业占非农产业比重	（%）	引导性
	GDP 总值	（亿元）	引导性
	人均 GDP	（元）	引导性
	GDP 增长率	（%）	引导性
	研究与试验发展经费支出占 GDP 比重	（%）	引导性
城镇建设	建设规模用地	（公顷）	控制性
	人均建设用地	（m^2/人）	控制性
	人均城市道路面积	（m^2/人）	引导性
	城市用水普及率	（%）	控制性
	城市燃气普及率	（%）	控制性
	万人拥有公交车辆数	（辆）	控制性
	万人拥有床位数	（床）	控制性
资源环境	建成区绿化覆盖率	（%）	控制性
	污水处理率	（%）	控制性
	人均公园绿地面积	（m^2）	控制性
	生活垃圾处理率	（%）	控制性
	能源自给率	（%）	控制性
	国际互联网普及率	（%）	控制性

续表

指标	二级指标	单位	类型
社会服务	人均公共服务设施用地面积	（m^2/人）	控制性
	调查失业率	（%）	控制性
	城镇居民人均住房面积	（m^2）	控制性
	社会保障覆盖率	（%）	控制性
	参加新型农村合作医疗保险人数	（人）	控制性

七、重点地区城镇化指标体系设计

（一）东部地区指标体系构建

1. 基本概况

东部地区包括西宁市4区3县，海东市2区4县，海南州贵德县，黄南州同仁县、尖扎县，共16个县（区），面积3.04平方公里。

2013年，东部地区在全省4.2%的面积上聚集了69.4%的人口和66.1%的经济。东部地区优势在于，区位和交通条件、经济基础、基础条件等方面相对较好。东部地区劣势是贫困面广量大程度深，支柱产业规模小、层次低，城镇化体系和功能不完善，综合发展优势未得到充分发挥。

表22　东部地区发展现状与全省比较

分项	面积（万 km^2）	总人口（万人）	GDP（亿元）
东部地区	3.04	397	1388
占全省比重（%）	4.2	69.4	66.1

表23　东部地区乡镇现状一览表

州地	县城	数量	乡镇名称
西宁	西宁市	5镇	韵家口镇、乐家湾镇、彭家寨镇、廿里铺镇、大堡子镇
	大通县	9镇11乡	桥头镇、城关镇、黄家寨镇、塔尔镇、东峡镇、长宁镇、景阳镇、新庄镇、多林镇、桦林镇、斜沟乡、石山乡、良教乡、青林乡、逊让乡、青山乡、宝库乡、极乐乡、向化藏族乡、朔北藏族乡
	湟中县	11镇5乡	鲁沙尔镇、多巴镇、上新庄镇、田家寨镇、汉东回族乡、甘河滩镇、李家山镇、共和镇、拦隆口镇、上五庄镇、西堡镇、海子沟乡、土门关乡、大才回族乡、群加藏族乡、总寨镇
	湟源县	2镇7乡	城关镇、大华镇、东峡乡、申中乡、和平乡、寺寨乡、巴燕乡、波航乡、日月藏族乡

续表

州地	县城	数量	乡镇名称
海东	平安区	3镇5乡	平安镇、小峡镇、三合镇、洪水泉回族乡、石灰窑回族乡、古城回族乡、沙沟回族乡、巴藏沟回族乡
	民和县	8镇13乡	川口镇、古鄯镇、官亭镇、满坪镇、巴州镇、峡门镇、李二堡镇、马营镇、北山乡、新民乡、隆治乡、总堡乡、大庄乡、前河乡、甘沟乡、核桃庄乡、马场恒乡、西沟乡、中川乡、松树乡、杏儿藏族乡
	乐都区	7镇12乡	碾伯镇、雨润镇、寿乐镇、高庙镇、洪水镇、高点镇、瞿昙镇、共和乡、中岭乡、李家乡、芦花乡、马营乡、马厂乡、蒲台乡、峰堆乡、城台乡、达拉土族乡、中坝藏族乡、下营藏族乡
	互助县	8镇11乡	威远镇、丹麻镇、高寨镇、南门峡镇、加定镇、五峰镇、五十镇、塘川镇、西山乡、蔡家堡镇、东山乡、东沟乡、林川乡、东和乡、红崖子沟乡、哈拉直沟乡、台子乡、巴扎藏族乡、松多藏族乡
	化隆县	6镇11乡	巴燕镇、甘都镇、群科镇、牙什尕镇、扎巴镇、昂思多镇、二塘乡、谢家滩乡、阿什努乡、石大仓乡、德恒隆乡、沙连堡乡、初麻乡、塔加藏族乡、雄先藏族乡、金源藏族乡、查甫藏族乡
	循化县	3镇4乡	积石镇、街子镇、白庄镇、道帏藏族乡、查汗都斯乡、文都藏族乡、尕楞藏族乡
合计	62镇79乡		

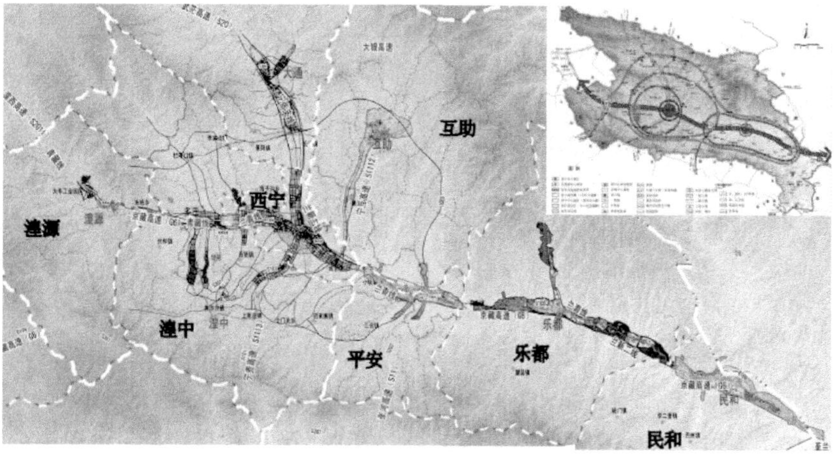

图9　东部城市群

2. 指标选择

东部地区作为全省经济、社会、文化发展重点地区，应全面参考指标体系涉及的内容，因此涉及的指标相对全面、着重增加了研究与发展经费支出占 GDP 比重（%）、国际互联网普及率（%）、城市空气质量优良率（%）等科技发展及环境指标方面的内容。共涉及到 25 项指标，其中控制性指标为 13 项。

表 24　东部地区城镇化指标体系

指标	二级指标	单位	类型
人口发展	城镇人口规模	（万人）	引导性
	城镇化水平	（%）	引导性
	人口自然增长率	（%）	引导性
	人口性别结构	（%）	引导性
	公共图书馆图书总藏量	（千册）	引导性
	中小学生源容量	（人/所）	引导性
经济发展	城镇固定资产投资	（亿元）	引导性
	服务业占非农产业比重	（%）	引导性
	GDP 总值	（亿元）	引导性
	人均 GDP	（元）	引导性
	GDP 增长率	（%）	引导性
	研究与试验发展经费支出占 GDP 比重	（%）	引导性
城镇建设	建设规模用地	（公顷）	控制性
	人均建设用地	（m^2/人）	控制性
	人均城市道路面积	（m^2/人）	引导性
	城市用水普及率	（%）	控制性
	城市燃气普及率	（%）	控制性
资源环境	建成区绿化覆盖率	（%）	控制性
	污水处理率	（%）	控制性
	人均公园绿地面积	（m^2）	控制性
	生活垃圾处理率	（%）	控制性
	国际互联网普及率	（%）	控制性
社会服务	人均公共服务设施用地面积	（m^2/人）	控制性
	调查失业率	（%）	控制性
	城镇居民人均住房面积	（m^2）	控制性
	社会保障覆盖率	（%）	控制性
	参加新型农村合作医疗保险人数	（人）	控制性

（二）柴达木地区指标体系构建

1. 基本概况

柴达木地区包括海西州格尔木市、德令哈市、乌兰县、都兰县和冷湖行委、茫崖行委、大柴旦行委。

图 7－2　柴达木循环经济试验区地理位置

柴达木地区有着丰富的石油、天然气、煤、钾、芒硝、黄金、锌、太阳能、风能等资源，钾肥产量占全国的 90% 以上。柴达木循环经济实验区是丝绸之路经济带上第一个国家级循环经济实验区。但柴达木地区目前面临着资源综合利用不够，产业链条较短，基础设施建设滞后，水资源供需矛盾凸显，土地沙漠化等突出问题。

表 25　柴达木地区发展现状与全省比较

分项	面积（万 k m^2）	总人口（万人）	GDP（亿元）
柴达木地区	24. 22	38. 6	553. 98
占全省比重（%）	33. 6	6. 7	26. 4

共建丝绸之路经济带战略的提出，为东中部地区对外开放注入新的动力。柴达木地区应抓住这一个机遇，立足试验区资源特点和产业基础，紧紧围绕延长产业链，以市场为导向，以清洁循环低碳为重点，依托中部资金、技术和人才优

势，承接和引进一批补链产业，完善试验区产业体系。

表 26　柴达木地区乡镇现状一览表

州	城市（县城、行委）	数量	乡镇名称
海西州	格尔木	1 镇 2 乡	大格勒乡、郭勒木德镇、乌图美仁乡
	德令哈	3 镇 1 乡	尕海镇、怀头他拉镇、柯鲁柯镇、畜集乡
	乌兰县	4 镇	希里沟镇、柯柯镇、铜普镇、茶卡镇
	都兰县	3 镇 4 乡	察汗乌苏镇、夏日德镇、宗加镇、热水乡、香加镇、沟里乡、巴隆乡
	茫崖	2 镇	花土沟镇、茫崖镇
	大柴旦	2 镇	柴旦镇、锡铁山镇
	冷湖	1 镇	冷湖镇
合计	16 镇 7 乡		

2. 指标选择

柴达木地区作为全省工业循环经济示范区，要着重资源环境保护以及科技发展贡献率等方面，因此增加了耕地保有量（万亩）以及科技进步贡献率等方面的指标。

表 27　柴达木地区城镇化指标体系

指标	二级指标	单位	类型
人口发展	城镇人口规模	（万人）	引导性
	城镇化水平	（%）	引导性
	人口性别结构	（%）	引导性
	公共图书馆图书总藏量	（千册）	引导性
	中小学生源容量	（人/所）	引导性
经济发展	城镇固定资产投资	（亿元）	引导性
	服务业占非农产业比重	（%）	引导性
	GDP 总值	（亿元）	引导性
	人均 GDP	（元）	引导性
	GDP 增长率	（%）	引导性
城镇建设	建设规模用地	（公顷）	控制性
	人均建设用地	（m^2/人）	控制性
	人均城市道路面积	（m^2/人）	引导性
	城市用水普及率	（%）	控制性
	城市燃气普及率	（%）	控制性

续表

指标	二级指标	单位	类型
资源环境	建成区绿化覆盖率	（%）	控制性
	污水处理率	（%）	控制性
	人均公园绿地面积	（m^2）	控制性
	生活垃圾处理率	（%）	控制性
	耕地保有量	（万亩）	控制性
社会服务	人均公共服务设施用地面积	（m^2/人）	控制性
	调查失业率	（%）	控制性
	城镇居民人均住房面积	（m^2）	控制性
	社会保障覆盖率	（%）	控制性
	参加新型农村合作医疗保险人数	（人）	控制性

（三）环青海湖地区指标体系构建

1. 基本情况

环青海湖地区包括海北州祁连县、刚察县、海晏县、门源县，海南州共和县、贵南县、海西州天峻县，面积8.58平方公里。环青海湖地区是我国西北干旱区、东部季风区和青藏高原区三大区域的交汇地带。环青海湖地区煤炭、有色金属、石棉等矿产资源丰富，草原广阔、风景壮美，旅游资源独特，是青海省畜牧业较为发达的地区。

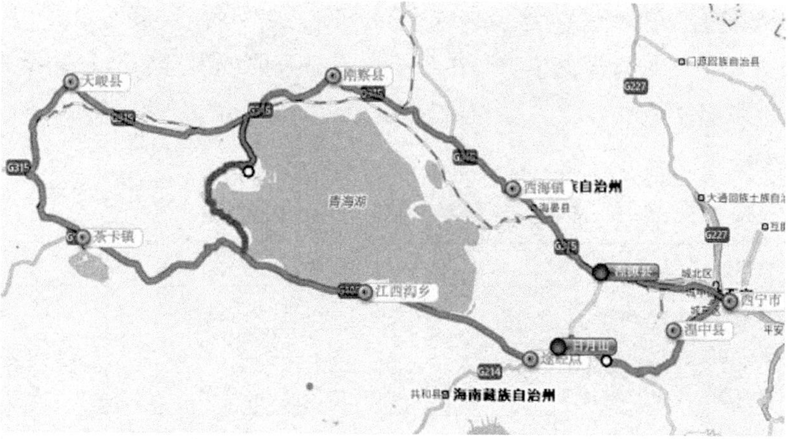

图10　环青海湖地区

2013年末人口52.97万人，生产总值232亿元，分别占全省9.2%和11.04%。目前环青海湖地区存在过度放牧导致土地沙化、湖泊萎缩的生态问题，以及社会发展基础薄弱，基础设施不完善等经济问题。

表 28　环青海湖地区发展现状与全省比较

分项	面积（万 k m^2）	总人口（万人）	GDP（亿元）
环青海湖地区地区	8.58	52.97	232
占全省比重（%）	11.9	9.2	11.04

表 29　环青海湖地区乡镇现状一览表

县名称	乡镇个数	乡镇名称
祁连县	3 镇 4 乡	八宝镇、默勒镇、峨堡镇、阿柔乡、扎麻什乡、野牛沟乡、央隆乡
刚察县	2 镇 3 乡	沙柳河镇、哈尔盖镇、伊克乌兰乡、吉尔孟乡、泉吉乡
海晏县	2 镇 4 乡	三角城镇、西海镇、金滩乡、青海湖乡、哈勒景蒙古族乡、甘子河乡
门源县	4 镇 8 乡	浩门镇、青石嘴镇、泉口镇、东川镇、北山乡、麻莲乡、西滩乡、阴田乡、仙米乡、珠固乡、苏吉滩乡、皇城蒙古族乡
共和县	4 镇 7 乡	恰卜恰镇、倒淌河镇、龙羊峡镇、塘格木镇、廿地乡、铁盖乡、沙珠玉乡、黑马河乡、石乃亥乡、江西沟乡、切吉乡
贵南县	2 镇 4 乡	茫曲镇、过马营镇、茫拉乡、塔秀乡、森多乡、沙沟乡
天峻县	3 镇 8 乡	三新源镇、江河镇、木里镇、阳康乡、织合玛乡、龙门乡、快尔玛乡、苏里乡、生格乡、舟群乡
合计	20 镇 35 乡	

2. 指标选择

环青海湖地区为青海湖生态环境保护区，是重要的水源涵养地和全省重要的生态屏障。因此，在指标体系中经济发展保留城镇固定资产投资、三产增加值比重两项指标。

表 30　环青海湖地区城镇化指标体系

指标	二级指标	单位	类型
人口发展	城镇人口规模	（万人）	引导性
	城镇化水平	（%）	引导性
	人口性别结构	（%）	引导性
	公共图书馆图书总藏量	（千册	引导性
	中小学生源容量	（人/所）	引导性
经济发展	城镇固定资产投资	（亿元）	引导性
	服务业占非农产业比重	（%）	引导性

续表

指标	二级指标	单位	类型
城镇建设	建设规模用地	（公顷）	控制性
	人均建设用地	（m^2/人）	控制性
	人均城市道路面积	（m^2/人）	引导性
	城市用水普及率	（%）	控制性
	城市燃气普及率	（%）	控制性
资源环境	建成区绿化覆盖率	（%）	控制性
	污水处理率	（%）	控制性
	人均公园绿地面积	（m^2）	控制性
	生活垃圾处理率	（%）	控制性
社会服务	人均公共服务设施用地面积	（m^2/人）	控制性
	调查失业率	（%）	控制性
	城镇居民人均住房面积	（m^2）	控制性
	社会保障覆盖率	（%）	控制性
	参加新型农村合作医疗保险人数	（人）	控制性

（四）三江源地区指标体系构建

1. 基本概况

三江源地区包括玉树州6县、果洛州6县，海南州兴海县、同德县，黄南州泽库县、河南县，海西州格尔木市唐古拉镇。

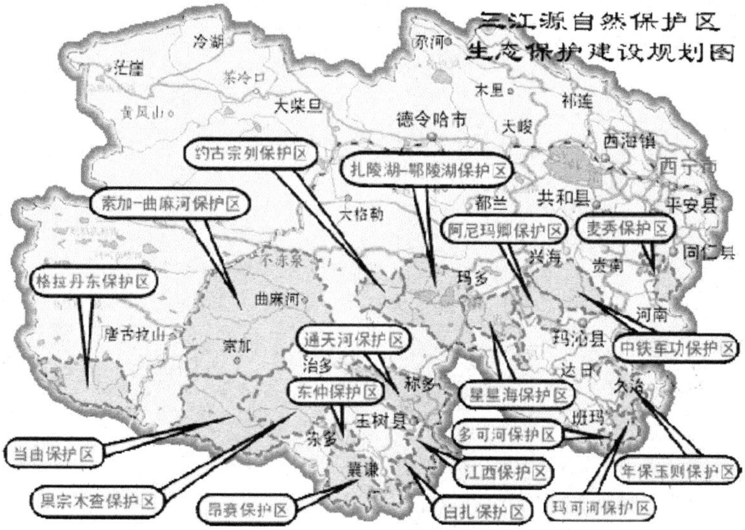

图11　三江源地区

长江、黄河、澜沧江的发源地就是三江源地区，三江源地区处于限制开发和禁止开发地区，是全国重要的生态功能区，保护生态环境是第一要务。该区经济社会发展条件差，基础薄弱，产业结构单一，城乡居民收入水平低，贫困面大，公共产品供给不足。

表 31　三江源地区地区发展现状与全省比较

分项	面积（万 k m^2）	总人口（万人）	GDP（亿元）
三江源地区地区地区	36.3	91.7	134
占全省比重（%）	50.3	15.9	6.4

表 32　三江源地区乡镇现状一览表

<table>
<tr><th>州地</th><th>县城名称</th><th>数量</th><th>乡镇名称</th></tr>
<tr><td rowspan="6">玉树州</td><td>玉树市</td><td>3 镇 5 乡</td><td>结古镇、隆宝镇、下拉秀镇、上拉秀乡、安冲乡、仲达乡、巴塘乡、小苏莽乡</td></tr>
<tr><td>杂多县</td><td>1 镇 7 乡</td><td>萨呼腾镇、昂赛乡、扎青乡、苏鲁乡、阿多乡、查旦乡、莫云乡、结多乡</td></tr>
<tr><td>称多县</td><td>5 镇 2 乡</td><td>称文镇、歇武镇、清水河镇、扎朵镇、珍秦镇、拉布乡、尕多乡</td></tr>
<tr><td>治多县</td><td>1 镇 5 乡</td><td>加吉博洛镇、多彩乡、立新乡、索加乡、扎河乡、治渠乡</td></tr>
<tr><td>囊谦县</td><td>1 镇 9 乡</td><td>香达镇、娘拉乡、毛庄乡、觉拉乡、着晓乡、东坝乡、吉尼赛乡、白扎乡、吉曲乡、尕涌乡</td></tr>
<tr><td>曲麻莱县</td><td>1 镇 5 乡</td><td>约改乡、巴干乡、秋智乡、叶格乡、曲麻河乡、麻多乡</td></tr>
<tr><td rowspan="6">果洛州</td><td>玛沁县</td><td>2 镇 6 乡</td><td>大武镇、拉加镇、大武乡、东倾沟乡、雪山乡、下大武乡、优云乡、当洛乡</td></tr>
<tr><td>班玛县</td><td>1 镇 8 乡</td><td>赛来塘镇、达卡乡、吉卡乡、知钦乡、玛柯河乡、多贡麻乡、亚尔堂乡、江日堂乡、灯塔乡</td></tr>
<tr><td>甘德县</td><td>1 镇 6 乡</td><td>柯曲镇、上贡麻乡、下贡麻乡、岗龙乡、青珍乡、江千乡、下藏科乡</td></tr>
<tr><td>达日县</td><td>1 镇 9 乡</td><td>吉迈镇、莫坝乡、上红科乡、下红科乡、桑日麻乡、特合土乡、建设乡、窝赛乡、德昂乡、满掌乡</td></tr>
<tr><td>久治县</td><td>1 镇 5 乡</td><td>智青松多镇、白玉乡、哇尔依乡、哇塞乡、索呼日麻乡、门堂乡</td></tr>
<tr><td>玛多县</td><td>2 镇 2 乡</td><td>玛查里镇、花石峡镇、黄河乡、扎陵湖乡</td></tr>
<tr><td rowspan="2">海南州</td><td>兴海县</td><td>3 镇 4 乡</td><td>子科滩镇、河卡镇、唐乃亥乡、曲什安镇、龙藏乡、温泉乡、中铁乡</td></tr>
<tr><td>同德县</td><td>2 镇 3 乡</td><td>尕巴松多镇、唐谷镇、巴沟乡、秀麻乡、河北乡</td></tr>
</table>

续表

州地	县城名称	数量	乡镇名称
黄南州	泽库县	2 镇 5 乡	泽曲镇、麦秀镇、多禾茂乡、西卜沙乡、和日乡、宁秀乡、王家乡
	河南县	1 镇 4 乡	优干宁镇、塞尔龙乡、宁木特乡、多松乡、柯生乡
海西州	格尔木市	1 镇	唐古拉山镇
合计	29 镇 86 乡		

2. 指标选择

三江源地区主要为青海省乃至全国的生态环境屏障，因此在指标体系选择上取消经济发展指标，主要侧重人口素质、基础设施、资源环境以及社会保障发展等方面。

表 33　三江源地区城镇化指标体系

指标	二级指标	单位	类型
人口发展	城镇人口规模	（万人）	引导性
	城镇化水平	（%）	引导性
	人口自然增长率	（%）	引导性
	人口性别结构	（%）	引导性
	公共图书馆图书总藏量	（千册）	引导性
	中小学生源容量	（人/所）	引导性
城镇建设	建设规模用地	（公顷）	控制性
	人均建设用地	（m^2/人）	控制性
	人均城市道路面积	（m^2/人）	引导性
	城市用水普及率	（%）	控制性
	城市燃气普及率	（%）	控制性
资源环境	建成区绿化覆盖率	（%）	控制性
	污水处理率	（%）	控制性
	人均公园绿地面积	（m^2）	控制性
	生活垃圾处理率	（%）	控制性
社会服务	人均公共服务设施用地面积	（m^2/人）	控制性
	调查失业率	（%）	控制性
	城镇居民人均住房面积	（m^2）	控制性
	社会保障覆盖率	（%）	控制性
	参加新型农村合作医疗保险人数	（人）	控制性

八、青海省新型城镇化的对策研究

推进青海新型城镇化的健康发展，必须有效地解决新型城镇化发展中存在的主要问题。我们正是在分析青海城镇化现状的基础上，提出了健康推进青海新型城镇化发展的五大政策措施。这些政策建议，既有在青海顶层设计指导下对于新型城镇化建设的推进和发展的宏观思考，也有中层宏观面的政策设计，同时还有推进新型城镇化建设的实践操作层面的建议。

（一）构建新型城镇化发展的科学度量体系和发展规划

推进新型城镇化健康发展，必须要有明确的目标、步骤，只有通过制定能够体现战略性、前瞻性、客观性和实践性的规划，构建科学的城镇化度量体系，才能保证我们工作的顺利发展。

1. 科学构建新型城镇化发展的度量体系

评价城镇化发展状况，必须建立度量体系。为此，一是要确立度量城镇化健康发展的评价原则，二是要精选主要的关键性指标，以便科学合理、真实客观地反映城镇化发展水平。

（1）度量新型城镇化健康发展的评价原则

度量指标是测量和衡量一个事物发展程度的量化体系，一般都由数量表示。度量城镇化健康发展的评价原则主要有：系统性原则、科学性原则、可比性原则和可操作性原则。

系统性原则。城镇化是一个系统工程，因此城镇化的度量体系就不应该仅仅考虑城镇化率指标，而应该综合考虑经济指标、产业融合指标、公共服务均等化指标、环境承载力指标等。同时，还应该合理确定各指标的权重值，以便科学合理的测算城镇化发展水平。

科学性原则。科学性原则要求指标体系要能够真实反映城镇化指标与现实的真实关系，力求指标选取的科学性，指标数值的科学性和指标权重的科学性。做到指标设置不重叠，指标数据准确可靠。

可比性原则。可比性原则主要是通过城镇化横向比较来分析城镇化存在的问题和经验教训。所以我们在比较城镇化时，选择的指标要做到易测度、便量化、易分析、易比较等。

可操作性原则。由于我国数据整体比较缺乏，所以选取的指标要从指标数据获取的难以程度来选择和设计，并且一些指标统计数据长短不一致，这样的指标即使再有解释力，也必须考虑数据的可操作性。

（2）新型城镇化健康发展的评价指标

评价指标是绩效评价内容的载体，也是绩效评价内容的外在表现。评价指标按照数量化的程度可以分为计量指标和非计量指标。计量指标是指数值分析指标，有明确的实际数值和可供参考的标准值，评价结果表现为具体的分数，评价结论直接、明确，给外界的印象清晰。非计量指标即是定性指标，一般采用基本概念、属性特征、通行惯例等对被评价对象的某一方面进行语言描述和分析判断，达到剖析问题和解决问题的目的，能将无法计量却反映事物某方面状况的潜在因素纳入评价范围，验证计量指标评价结果得出综合评价结论。在本研究中，我们仅尝试着提出城镇化健康发展的评价指标中的计量指标，即人口发展、经济发展、城镇建设、资源环境和社会服务五大指标。

2. 科学构建新型城镇化发展的规划

十八届三中全会明确提出："要进一步优化城市空间结构和管理布局，推动大中小城市和小城镇协调发展，促进城镇化和新农村建设协调推进"。这就要求推进城镇化健康发展需要科学构建城镇化发展规划。青海的新型城镇化发展规划编制应该体现以下六大基本原则：

以人为本原则。以科学发展观为统揽，创新城镇化制度，着力破除城镇化二元经济结构，推进人口城镇化和农民市民化。

统筹发展原则。统筹城乡劳动力、统筹城乡资金、统筹城乡产业、统筹城乡基础设施等，逐步实现城乡一体化发展。

优化布局原则。依托主体功能区发展规划和全国城镇健康发展规划，合理调整城镇发展布局，依托资源和交通区位等要素，优化人口集聚与资源环境、产业布局相互协调发展。

城镇多层次原则。合理划分城镇的规模、等级体系，坚持城市群、区域中心城市、中心城市、小城镇等多层次的城镇发展体系。

集约高效原则。依据城镇人口容量合理设置城镇标准，根据人地挂钩合理审批建设用地规模，加强紧凑型、集约高效城镇建设。

完善城镇功能原则。要进一步通过加强城镇基础设施，改善公共服务，改善城镇管理创新，美化人居环境，提高城镇的集聚能力。

各地应该根据国家的城镇化发展视划，制定各州县自己的城镇发展规划，同时，对各州县的城市总体规划和土地利用规划进行修编。

（二）加强新型城镇化发展的产业支撑和分类推进

新型城镇化和产业体系现代化是经济社会发展的两个重要标志和关键动力，两者相互促进、融合发展。现代文明的历程就是城镇化与产业化双重演进的轨迹。推进新型城镇化发展，必须加强产业支撑，注意分类推进。

1. 加强新型城镇化发展的产业支撑

（1）构建现代产业体系

现代产业体系，是指现代元素比较显著的产业构成，主要指第一、第二与第三产业的构成。不同经济发展水平的国家现代产业构成差异比较大，现代产业体系的涵义也有所不同。在经济发达国家，现代产业体系主要指现代服务业发展比较充分的产业构成，一般情况下现代服务业要占其 GDP 的 70% 左右。在发展中国家，现代产业体系主要指工业化进程比较健康的产业构成，一般指工业增加值占 GDP 50% 左右、第三产业所占比重稳定上升的产业构成。

城镇化和工业化是世界范围内发展中经济体实现经济赶超的两项根本任务，而新型城镇化与产业体系现代化则分别是这两项任务的高层次目标及路径。目前我国正处于工业化发展的中期阶段，产业结构不合理，第三产业严重不足。一些城市因为主导产业萎缩导致城市衰落，影响城市化进程。因此，我国的城市化必须与工业化和经济发展水平同步发展，继续调整产业结构，加强第三产业发展。

一是要坚持工业主导，加速推进新型工业化。产业是发展的依托，工业是产业的龙头。做大做强市域经济，必须更加突出工业的主导地位，坚持市场化、产业化、社会化方向，加快推进产业结构的战略性调整，推动产品结构由初级为主向中、高端和高附加值为主转变，不断壮大产业规模、提高产品质量，以信息化带动工业化，优化产业布局，促进产业聚集。

二是要夯实农业基础，加快实现农业现代化。农业丰则基础强，推进城镇化需要占用耕地，因此在粮食不减产、农业产值不下降的情况下，只有提高农业的组织化程度，提高农业的规模经营程度，加快农业装备建设，加强农村市场体系建设，进而提高农业的现代化水平。

三是要激发三产活力，全面提升第三产业。促进第三产业发展，既是经济发展的一个重要增长点，也是构建现代产业体系的重要途径。要按照“扩总量、拓领域、优结构、提质量、上档次”的总体要求，加快发展生产服务业，优化提升生活性服务业，积极培育新型服务业，大力推进物流、旅游、金融、商务等现代服务业发展。

由于青海省经济发展水平差异较大，城镇产业结构的调整也应该动态化，不能一味的追求产业结构的高级化。城镇产业在很大程度上还将继续承担吸纳农村剩余劳动力的任务。城市的产业结构调整必须因地制宜，充分考虑当地的资源禀赋、城市等级规模等客观要素。

（2）推动产城融合发展

“产城融合”是指产业与城市融合发展，以城市为基础，承载产业空间和发展产业经济，以产业为保障，驱动城市更新和完善服务配套，以达到产业、城市、人之间有活力、持续向上发展的模式。产业和城市在经济社会中具有不同的社会作用，这就是，工业化主要创造供给，城镇化在很大程度上是创造需求，当一个城市的工业化或产业基础达到一定水平之后，由于人口入驻，收入增加，消费升级等带动，城镇化必将成为扩大内需，促进经济增长的新的“发动机”。新型工业化和新型城镇化，实质是动力与载体、供给与需求的关系。“两化”融合发展的实质就是要做到“时间上同步演进、空间上产城一体、布局上功能分区、产业上三产融合”就是在发展过程中让产业结构与空间结构动态适应起来，让供给与需求有机对接。重点加强产业集聚区和专业园区建设，推动产业集聚发展，带动人口向城镇转移，促进产城融合发展。

2. 因地制宜推进新型城镇化发展

结合省情特点和发展实际，积极构建东部城镇群、柴达木城镇群和南部生态城镇群三大区域，实施城镇群战略，带动全省城镇化稳步发展。

实施中心城市带动战略，以西宁高原宜居现代化中心城市为依托，以培育东部次中心城市为重点，积极构建东部城镇群，推动县城及区域内综合型城镇的建设，使其成为辐射带动青藏高原发展的龙头，成为兰西经济区的中心城市之一，成为全省推进城镇化的重点区域。

积极探索高原循环经济发展模式，以格尔木和德令哈两个城市为重点，着力打造柴达木城镇群，加强园区经济建设，推进产城融合发展，使其成为全国区域循环经济发展示范区。

青海是全国重要的生态屏障，在青海南部尤其是三江源地区积极培育生态城镇群，以生态资源环境为前提，以玉树、玛沁两个城市为中心，大力发展高原生态旅游，促进青海南部城镇绿色可持续发展。

（三）推动新型城镇化发展的城市建设和融资机制建设

推动新型城镇化建设，必须顺应现代城镇发展理念，进一步完善城镇基础设施，提高城市土地利用效率，提高城市可持续发展能力。

1. 加强城镇基础设施建设

按照“满足需求，适度超前、支撑发展”的要求，继续实施城镇基础设施提质增效工程，着力加强城市生态、环保、道路和供排水等薄弱环节基础设施建设，统筹推进老旧城区改造提升，进一步完善城市功能，提升城镇综合承载能力，优化人居环境，增强对产业和人口转移的吸引力，为推动城镇化发展提供支撑。

一是进一步完善城市道路综合交通系统。优化城市道路网结构，加快城市道路、立交桥、地下通道等城市交通设施建设，拓展城市出口通道，重点打通断头路，完善支路路网，提高背街小巷的通行能力，大力实施“畅通工程”，进一步加大城市交通设施建设力度。

二是加强城市供水、供热、燃气、城市排水防错设施建设与改造。适应城市新区、县城新城区和产业集聚区发展，配套建设城市供水管网，加快老城区供水管网升级改造，继续推动严重缺水县和重点镇供水设施建设。加强城区自备井管理，封闭管网覆盖区域内的自备井，提高公共供水普及率。鼓励有条件的城市新区、产业集聚区发展热电联产集中供热，实现降本降耗，节能减排。积极推进既有建筑供热改造，加快建设供热管网，优化城市集中供热布局。积极稳妥地推进既有住宅供热计量及节能改造工作。全面提升城镇燃气规划、建设、运营以及管理、技术和服务水平。加快西气东输二线沿线用气城市燃气配套设施建设，统筹协调利用多种气源，进一步优化城镇燃气用气结构。以治理城市内漠为重点，加快地下管网、排水沟渠、排漠栗站、排水管网雨污分流改造等设施建设，完善城市排漠、排水体系，逐步提高雨水设计重现期标准，形成水系利用和排港相互协调的雨水收集、调蓄、入渗、河湖联调系统。

三是推动城市污水垃圾处理设施扩容提升。重点推进中心城市和县城污水垃圾处理设施扩容和提升改造，推动省辖市中水回用和污泥无害化处置工程建设，实现城市新区、产业集聚区污水处理设施全覆盖，加快重点人口大镇污水处理设施建设；按照“减量化、资源化、无害化”的原则，加快垃圾无害化处理设施建设，完善“村（组）收集、乡（镇）运输、县（市、区）处理”垃圾收集收运体系，逐步推进垃圾分类处理，完善垃圾收运和分类处理体系。在有条件的市县开展利用大型水泥生产线协同处理生活垃圾试点。开展存量垃圾核查、风险评估和治理规划编制工作，推动餐厨垃圾处理项目建设。

四是加强生态园林绿化建设。以创建“园林城市”和争创“中国人居环境奖”为载体，不断完善城市绿地系统布局和功能，积极推进城市生态园林设施建设，创建园林绿化精品。

2. 创新新型城镇化发展的融资体制机制

十八届三中全会提出：“建立透明规范的城市建设投融资机制，允许地方政府通过发债等多种方式拓宽城市建设融资渠道，允许社会资本通过特许经营等方式参与城市基础设施投资和运营，研究建立城市基础设施、住宅政策性金融机构”。面对城镇化过程中大量的融资缺口，应该积极探索城镇化产业融资、基础设施融资、新农村建设融资等机制和模式。

根据城镇基础设施的类型，融资模式可以进一步划分为公益性、准公益性与经营性项目融资三种类型。

公益性项目融资。对于与所有人生活有关的公益性市政基础设施项目，除了加大财政性资金投入力度。同时，还可以采取以城市开发建设投融资平台为主体，将多个市政基础设施项目（如排水管网、污水处理、垃圾处理设施等）、集合发债、政府补偿费质押贷款和基金融资方式进行融资。

准公益性项目融资。依据准公益性市政基础设施项目的财务效益具有不确定的特点，借鉴一些发达国家政府的实践经验，是一种可以以项目的特许权协议为基础的伙伴式合作方式，由地方政府融资和私人部门共同出资、分担成本和共享收益的方式进行。

经营性项目融资。主要是针对经营性项目，在传统银行信贷融资为主体的基础上，根据直接融资大发展的历史趋势，采取收益权质押、特许权转让、资产证券化（ABS）和资本市场融资等方式。

（四）加快新型城镇化发展的政府职能转变

全面深化改革的关键领域是转变政府职能，这也是其它领域改革能否取得实质性效果的关键前提。为此，转变政府职能必须做到：

一是转变城镇化思想观念，树立科学的发展观和正确的政绩观。在城镇化发展过程，以人为本、从最大多数人民的根本利益出发、让人民享受更多的发展成果、坚持可持续发展等都是新型城镇化发展过程中科学发展观和政绩观的具体体现。

树立城镇化科学发展观和政绩观就要求在城镇化发展过程中，在城镇化发展思路上立足省情、市情，把握好工业化、信息化、城镇化、农业产业化之间的关系。坚持“四化”协调发展，立足于产业结构调整，不搞“政绩工程”“形象工程”、不搞“假政绩”“假数字”，维护进城农民和留守农民的合法权益，提高资源集约高效使用意识和环境保护意识，走统筹城乡发展的可持续发展的道路。

二是因地制宜，合理规划城镇空间布局。新型城镇化要构建国家城镇体系规划、省规划、市规划、县规划、乡镇规划和村庄（新农村）规划为框架的规划体系，同时要构建各区域城市总体规划、各专项规划、控制性详规和修建性详规等框架的规划体系，各规划要提高编制的前瞻性。

同时，根据《全国主体功能区规划》和《青海省主体功能区规划》，对于城镇化优化开发区，应依托现有的城镇群，加强产城融合，加强土地集聚，资源高效利用步伐，加快城镇吸纳集聚能力。不断提高城镇发展质量。对于城镇化重点开发区，应依托现有城镇群，出台鼓励承接产业转移、就业安置、医疗卫生、社会保障、教育文化等方面的准入和优惠政策，在一些资源和区位条件较好的地区增强城镇的吸纳人口集聚能力，大力发展并形成新的城镇群。对于城镇化限制开发区，主要通过发展现有的中心城镇，控制城镇数量和城镇建设规模。

三是加强城镇管理，促进城镇化进程稳步可持续发展。首先，要集约节约利用土地资源。引导城镇走内涵式发展道路，优化城镇用地结构，严格控制新增建设用地，积极盘活存量建设用地，深入推进土地整理开发，建设紧凑型城镇。其次，要综合利用空间资源。优化城镇内部空间布局，探索推进地下空间利用，推进立面屋顶空间利用，充分利用城市闲散空间，建设立体型城镇。第三，要节约高效利用能源。优化能源供给结构，推广清洁能源和可再生能源，强化重点领域节能，降低能源利用带来的城镇空气污染，建设低碳型城镇。第四，要节约合理利用水资源。加强水资源管理和统筹规划，全面推进节水型社会建设，合理利用非常规水资源，加强公共用水管理，推广节水型器具，建设节水型城镇。第五，要循环利用再生资源。建立完善再生资源回收网络，全面推进城镇“城市矿产”、建筑垃圾、生活垃圾和餐厨垃圾的源头分类回收，建设区域集中处理中心，提升再生利用水平，建设循环型城镇。

（五）坚持民生型导向和环保型导向的新型城镇化发展

城镇化不是简单的人口比例增加和城市面积的扩张，必须以民生改善为根本目的，实现就业方式、人居环境、社会保障等由“乡”到“城”的重要转变。

1. 坚持民生型导向的新型城镇化发展

坚持民生型导向的新型城镇化，就是要体现最广大人民群众的根本利益，要在农民工进城就业、社会保障、住房、医疗、教育等方面进行改革，走民生型城镇化道路。

（1）大力推动农民工创业就业

一是加大财政资金投入力度，加强基层公共就业服务体系基础设施建设。优化公共支出结构，加大财政资金投入力度，基层就业服务和社会保障设施向偏远地区和农村转移劳动力密集地区倾斜。

二是健全统一规范灵活的人力资源市场。推进人力资源市场与人才市场运行机制和监管体系建设，逐步实现人才的跨区、跨省份、跨城乡流动。提高公共就业的专业化、信息化服务能力。加强公共就业和人才服务信息网络建设，将求职应聘、就业失业管理、职业培训管理、小额担保贷款管理等相关业务和创业项目服务纳入人力资源市场信息系统，实现信息化管理。建立农村剩余劳动力资源信息数据库，力争实现省、市、县、乡、村五级联网，实现农村劳动力基础信息电子化、数据更新常态化管理。

三是鼓励转移农民自主创业，以创业带动就业。强化创业服务，为创业农民工提供创业培训、创业指导、政策咨询、小额贷款等一站式服务。鼓励农民工回乡创业。加大对返乡农民工创办企业的政策帮扶和资金支持力度，积极探索“外出务工—返乡创业—贷款扶持—带动就业”的新模式。

（2）加快农民工社会保障体系建设

一是加大宣传和督查力度，力促更多农民工参加社会保险。加强宣传培训，深入开展《劳动法》《社会保险条例》等法律、法规和政策的宣传教育，使广大农民工认识到参加社会保险的长远利益所在，切实增强农民工参保的积极性和主动性。加强劳动合同管理，督促建筑、餐饮、服务等岗位流动性大的用工单位与农民工签订规范的劳动合同，提高劳动合同签订率，扩大缴纳社会保险范围。加大执法力度，依法查处用工单位瞒缴、漏缴或少缴社会保险费的违法行为，切实维护农民工的合法权益，促进社会公平公正。

二是修改完善社保政策，消除农民工进城参保及享受社保待遇的制度障碍。实现统筹区域内城乡居民医疗保险筹资水平、用药目录、医保待遇的统一，使农民工在务工地即可转移或参加城镇居民医疗保险。修订《失业保险条例》，统一失业保险缴费模式及待遇水平等政策，实现农民工与城镇职工在就业失业登记、免费就业培训、领取失业保险金等待遇标准均等化；逐步扩大强制参加工伤保险的行业，简化工伤保险工伤待遇申请程序，必要时司法部门介入，切实保证农民工享受到工伤保险待遇。将被征地农民全部纳入城市社会保障范围，建立被征地农民基本生活保障风险准备金，资金从适当提高征地补偿标准或从土地出让金收入中解决。取消户籍制度与低保和社会救助相挂钩，改为按居住地原则实施低保和社会救助，或对农村进城务工人员家庭确实困难的采取临时救助政策。

三是推进社会保障制度整合和城乡衔接。健全社会保障公共服务体系，加快社会保障标准化、信息化、专业化建设步伐，建立全国统一的社会保障信息系统，全面实现统筹区域内医疗费用异地即时结算。在完善城镇职工基本养老保险省级统筹的基础上，实行基础养老金、城乡居民社会养老保险、医疗、失业、工伤、生育保险等逐步实现统筹。

（3）加快房地产健康发展

一是积极推动新城区房地产发展。在省辖市城市新区，重点加快起步区和商住区的连片综合开发，推动老城区行政办公、商务、居住等功能向新区转移，吸引一批实力强、信誉好、开发理念先进、管理规范的大型房地产企业参与新区的商住、会展、金融、研发中心、总部经济、城市综合体等项目建设，带动新区出形象、成规模。在新城区建设中要进一步完善城镇功能，加快商业街区和居住区建设，促进市政基础设施和公共服务设施完善且与老城区相衔接，加速新区人气集聚。加大对新区房地产开发的土地供给力度，新增建设用地指标向新区倾斜，新农村建设节约出来的土地要重点用于新区的开发。

二是加快老城区和城中村改造。将旧城区改造、城中村改造作为房地产开发的重点予以推进。加快城市棚户区、旧住宅区、旧商业街区、废旧工业片区改造，调整用地功能、优化用地结构，适当提高交通设施和绿地的用地比例，使城市面貌和环境有较大改善。把城中村改造纳入城市棚户区统筹规划、统一安排，并享受相关优惠政策。以市区城中村改造为重点，按照先易后难的原则，分街区、分地块进行改造。全面完成建成区内城中村改造项目的控制性规划编制，为市场主体介入改造创造条件。探索城中村集体土地转换国有土地的有效方式，优先保证城中村改造拆迁安置用地。开展宅基地制度改革试点，推动农村闲置宅基地进入建设用地市场，探索建立农村集体经营性建设用地使用权流转制度。加快城中村居民转户步伐，将城中村人口全部转为城镇户口，有条件的城中村居民在一定期限内可继续享受原集体的福利待遇。完善社会保障制度，将城中村居民统一纳入社会保险范围。继续大规模推进保障房建设。进一步提升公租房在住房保障体系中的主导作用。以解决工业从业人员及随迁家眷住房保障为重点，探索政府委托建设、工业企业利用自有土地建设、引入房地产开发商建设等多种公租房建设模式。廉租房实现应保尽保。继续推进廉租房建设，满足城市低收入住房困难家庭需求，对人均收入低于最低生活保障标准 3 倍的住房困难家庭实现应保尽保。

三是大力发展县城房地产。围绕进一步提升县城对吸纳农业转移人口的承载能力，按照“人口向县城集中，住房向社区集中”的原则，将房地产开发与改变县市面貌结合起来。鼓励资质高、实力强、信誉好的房地产企业开拓县城房地产市场，建设一批高品质、成规模的县城住宅示范小区。适度抑制县城房价过快上涨，严格执行二套房信贷政策，严格限制购买第三套房，抑制投机性住房消费。

（4）推动城镇医疗体系改革

一是科学制定区域卫生规划。要按照布局合理、结构完善、功能互补、公平可及、适度超前的原则，根据常住人口、流动人口集聚状况、当地医疗卫生需求特点和医疗机构服务能力，完善本地区域卫生规划和医疗卫生机构设置规划，严格按规划设置机构和审批建设项目。对医疗资源分布相对密集和已过剩的老城区，严格控制新增公立医疗机构及现有机构的盲目扩张，对有资源缺口的地区，可随着常住人口增长和发展需求，适度增加医疗卫生资源；优先将新增医疗资源向城市新区、产业园区、县城和中心镇等重点人口流入地区布局。引导大型公立医院到这些地区建设分院或领办社区卫生服务中心。

二是加强基层医疗卫生人才队伍建设。制定城镇基层医疗卫生机构人才队伍建设规划，进一步加强住院医师、全科医师、公共卫生人才培养。继续实施医疗卫生人才培养计划，显著提高基层医疗卫生机构医护人员的学历水平和服务能力，切实满足居民服务需求并引导医疗服务下沉，提高全国医疗资源使用效率。

三是积极吸引社会资本举办各类医疗机构。完善政策措施，鼓励并优先支持社会力量在医疗资源薄弱地区举办具有较高水平、较大规模的综合医院或专科医院，在设立条件、资质认定、职业资格与职称评定、税收政策和政府购买服务等方面，与公立机构一视同仁。鼓励社会资本参与公立医院改制和重组。加快形成多元化办医格局，满足全体居民多层次、多样化的医疗服务需求。

四是建立高效规范的医疗卫生机构运行机制。进一步明晰各级公立医疗机构的功能定位，推进建立严格的分级诊疗、分工协作和双向转诊制度。巩固基层医疗卫生机构综合改革成果，积极推进公立医院改革，健全药品和医疗服务价格体系，控制医药费用不合理增长。推行医院岗位人事制度，完善相关人员职称评定制度，建立医务人员绩效考核和激励分配制度，切实提高医疗卫生服务效率和质量。

（5）大力发展公共教育

一是推进城镇义务教育均衡发展。积极稳妥推进中小学布局调整，结合旧城改造和城市新区建设，配建相应规模的中小学，扩大城镇义务教育资源，努力解决义务教育阶段择校问题，逐步消除“大班额”现象。实施义务教育学校标准化建设，实现中小学校舍、师资、设备、图书、体育场地基本达标，努力缩小校际差距。二是大力发展城镇学前教育。根据城镇居住区规划和居住人口规模，充分考虑进城务工人员随迁子女接受学前教育的需求，配套建设幼儿园。大力发展公办幼儿园，积极扶持普惠性民办幼儿园。鼓励社会力量以多种形式举办幼儿园，采取政府购买、以奖代补、公建民营、委托办园、派驻公办教师等方式，引导、支持民办幼儿园提供普惠性服务，加快建立一支高素质的幼儿教师队伍。三是支持普通高中多样化发展。深入推进普通高中课程改革，完善普通高中办学体制，扩大优质资源。鼓励和支持民办普通高中学校发展。实施普通高中改造工程，加大投入力度，改善普通高中办学条件，提升办学水平和教学质量。

（6）坚持环保型导向的新型城镇化发展

党的十八大报告指出：“建设生态文明，是关系人民福祉、关乎民族未来的长远大计。面对资源约束趋紧、环境污染严重、生态系统退化的严峻形势，必须树立尊重自然、顺应自然、保护自然的生态文明理念，把生态文明建设放在突出地位，融入经济建设、政治建设、文化建设、社会建设各方面和全过程，努力建设美丽中国，实现中华民族永续发展。”坚持环保型导向的新型城镇化，就是要提出建立低碳经济、低碳建筑、低碳交通、低碳生活、低碳环境和低碳社会在内的“六位一体”的低碳城市建设模式。我国的国情决定了中国必须走一条节约资源和能源、减少环境污染、保护自然环境、实现城市的可持续发展的新型城镇化发展模式，实施“蓝天工程”，建设“美丽中国”。

①提升城镇污染防治水平

优先保护饮用水源地，加大城区河段环境综合整治。加强对空气污染成因的分析和对策研究，制定切实可行的预防和治理措施。开展大气污染联防联控联治，推动电力、钢铁、水泥等行业脱硫脱硝设施建设。加强城市公共交通建设，全面推行机动车环保标志管理，加大城市建设工地除尘和机动车车辆限行和尾气达标排放力度，进一步使达标空气天数和空气环境质量达到国家标准。加强社会生活、建筑施工和道路交通噪声监管，妥善解决噪声扰民问题。开展重污染工业企业搬迁地块土壤环境调查和风险评估工作。同时以遏制灰霾天气和光化学污染为重点，加快实施“蓝天行动”，实施城市清洁空气行动。

②切实加强环境安全管理

完善环境应急防范体系，建立健全统一指挥、分级负责、部门协作的全过程管理防控体系。加强工业危险废物、电子垃圾及医疗废物无害化处置，持续开展环境风险源调查和污染隐患排查整治。强化福射安全规范化管理，实现辐射事故零发生。开展重金属、危险废弃物污染治理。加大环境安全监管力度，提高应急处置能力，建立健全应急预案，确保不发生重大环境污染事件。

③加大城镇绿色环境保护宣传普及

倡导生态价值观和绿色消费观，普及生态环保知识，形成社会共识和舆论氛围。提高城镇化居民环境保护意识，树立文明、节约、绿色、低碳、循环的绿色城镇生产生活消费理念，引导节约消费、适度消费，反对铺张浪费。鼓励城镇消费者购买和使用节能环保产品、减少使用一次性用品。倡导绿色、环保、简约、实用的装修理念。鼓励外出就餐适度点餐、餐后打包。杜绝随意丢弃垃圾，自觉进行垃圾分类。鼓励网上购物、视频会议、无纸化办公。

西宁市新型城镇化建设研究①

一、绪论

（一）研究目的和意义

加快推进城镇化是贯彻落实科学发展观，加快转方式、调结构的必然要求；是扩内需、促就业，积极应对国际金融危机，保持经济平稳较快发展的重大举措；是改善城乡面貌，缩小城乡差别，促进社会和谐，回应人民群众新期待的内在需要。近年来，我国在经济社会发展上取得了巨大的成就，但是经济发展不平衡，城乡二元结构凸显、贫富差距扩大、生态环境恶化等因素严重制约了我国的综合发展质量，可持续发展动力不足。在这样的状况下，响应国家新政策，追踪国际前沿城市发展理念，积极探索我国新型城镇化发展的理论和实践，意义重大。

走新型城镇化道路是深入实践科学发展观的必然要求。贯彻落实科学发展观的一个重要方面，就是要在城镇化进程中处理好经济建设、人口增长、资源利用、环境保护的关系。资源环境问题与经济发展是密切相关的，当经济增长适应资源环境的承受能力时，经济就会顺利发展，反之，就会阻碍经济的发展。在节约资源，保护环境的前提下快速发展经济，促进人与自然的和谐相处，提高人民生活水平和生活质量。科学发展观的是以人为本，要高度重视城镇化进程中的城乡居民就业、失地农民利益补偿、健全公共服务、提高教育医疗水平等与人的全面发展密切相关的问题。

西宁作为青海的省会城市，近年来以大美青海为依托，经济发展有了很大提升。但是，西宁市的总体实力仍较为薄弱，城镇化发展水平较低。当前，青海省正在贯彻“坚持正确方向、全面深化改革、奋力打造“三区、建设全面小康”战略，为推进新型城镇化搭建了全新的发展平台和载体。同时，青海正在集中力量建设高原特色经济，产业聚集区和生态文明先行区；积极推进东部城市群建设和融入丝绸之路经济带建设，这为西宁加快推进城镇化提供了强大推力和难得契

---

① 系西宁市发展改革委员会资助项目 2014. 01

机。因此，如何在新时期抓住机遇，走上发展的快车道，是西宁不懈努力的重点目标。加快城镇化进程，是西宁又好又快发展的一条必由之路。快速推进西宁新型城镇化进程，是解决社会经济发展突出矛盾的重要举措，是改善城镇居民生活环境与条件、加快城乡一体化的必然选择，是实现跨越式快速发展的基本途径。立足西宁城镇化现状，分析不足，发掘优势，放眼新时期国家总体战略，探索和构建符合西宁实际的新型城镇化战略，从根本上解决城镇化低、慢、缓的问题，对西宁社会经济的发展具有重要意义。

（二）国内外的研究现状

1. 国外城市化研究进展

城市化一词，最早由西班牙工程师 Ildefonso Cerda 在 17 世纪中期提出。关于城市化内涵，美国学者沃纳赫希认为城市化是从人口稀疏、空间分布均匀分散为特征的农村经济向具有对立特征的城市经济转化的过程①。日本学者山田浩之在其《城市经济学》指出：城市化是分别在经济、社会文化两种基础上发展的现象。前苏联学者把城市化理解为城市及居民在数量上增加的趋势，以及城市居民点在国家生活中作用提高的过程。动力机制方面，主要有工业派、农业省域产品派、劳动分工派、综合派等。马克思主义者认为城市化是由社会分工所推进，农业现代化和工业化是城市化的根本动力②。诺斯在其“城市化过程”理论提到，城市化由一系列相互作用的社会、经济、人口、政治、文化、生产技术和环境变化过程联合推动③。

1970 年 Mabogunje 提出了城乡人口迁移的系统模式。认为人口迁移的原因主要在于农村和城市的控制性次系统及整个社会经济文化的调节机能④。城市化阶段理论方面，代表人物为英国学者 L. 范登宝。他将英国的城市化自工业革命以来分为三个阶段，即以农业向工业过渡的城市化、工业经济向第三产业发展的市郊化、第三产业成熟阶段的逆城市化⑤。日本学者今野修平在《中国城市化问题的整理与对策建议》中也相应提出三个不同的城市化阶段，即城市化、特大城市化、特大城市群化。

2. 国内城镇化研究进展

我国的城镇化实质还是城市化，是有中国特色，基于中国现状的特殊城市化

---

① 〔美〕沃纳·赫希：《城市经济学》，中国社会科学出版社，北京：1990 年版。
② 〔苏〕N. A. 伊利英：《城市经济学》，中国建筑工业出版社，北京：1987 年版。
③ 龚唯平：《马克思城市化理论探微》，经济前沿，2001 年 7 月。
④ 〔美〕保罗·诺克斯著，顾朝林等译：《城市化》，科学出版社，北京：2009 年版。
⑤ 樊纲，武良成：《城市化，一系列公共政策的集合》，中国经济出版社，北：2009 年版。

发展阶段，在研究中可以理解为同义语，这在接下来的部分有较为详细的阐述。城镇化在我国的研究开始较晚，大致始于改革开放，顾朝林教授等较早开始研究，初期注重城市化特点及其与经济发展的关系的研究，之后逐渐发展到运用计量分析和数学模型对中国城市化的研究。

20 世纪 80 年代，从国家层面上提出了“控制大城市规模，合理发展中等城市，积极发展小城市”的城市发展方略。国内城镇化的讨论实际从 80 年代末开始，针对中国应该走什么样的城镇化道路而掀起热潮，焦点集中在优先发展哪个，到底是大城市、中小城市还是占据大多数数量的小城镇。2002 年中国特色城镇化道路提出以来，讨论更加激烈，由此也产生了大城市发展观、中等城市发展观、小城镇发展观及综合协调发展观等城市化发展理论。综合整理相关内容形成表格

表 34　中国城镇化发展的一些主要观点

观点	重要阐述	来源
大城市发展观	人口向大城市集中是经济社会发展的规律，中小城市的发展还是要依赖于大城市的带动。	张正河等 1998
	在资金回报、政府负担、节约土地方面，大城市的集约效应、聚集效应和规模效应远胜小城镇。	王小鲁等
	与大中城市相比，小城镇的综合经济效益很差，片面强调发展小城镇将造成土地资源等的浪费与更大的环境问题。	季建林 2001
中等城市发展观	针对“大城市病”，提出中等城市数量较大，在联系农村和大小城市之间承上启下，社会问题相对少，可塑性大。	《经济动态》1986
	还有学者提出的“新型科技中等城市中心论”，以新型科技为主导，缓解大城市压力。	宋书伟 1992
小城镇发展观	“小城镇大问题”，农村城镇化是解决中国城市化滞后的根本出路，小城镇可以避免大城市过度城市化问题，发展乡村城镇化，有利于社会整体的稳定和发展。	费孝通，1984
	小城镇可将城乡两个市场较好地连接，促进农村二、三产业发展，在吸纳农利剩余劳动力和缓解大中小城市人口压力方面效果明显。	温铁军，2000
大中小协调发展观	城镇体系永远由大中小城镇组成，城镇化模式不必局限大小之争，大中小城市和小城镇协调发展将是我国城镇化发展的方向。	周一星，1992
	单纯强调发展大小都不实际，中国巨大的农业人口需要大中小城市和小城镇共同分流。	朱铁臻，2000
	不人为地限制也不人为地鼓励某类城市，城市化应该是大中小城市共同发展的过程。	蔡宇平，2000
	大中小城市和小城镇协调的体系城市发展战略应是中国的选择。	魏杰，2005

新世纪以来，城镇化研究的范围更加宽广，与相关学科进一步融合渗透，城市化内涵不断丰富并与国情结合，产生了《城市化》和《城镇化》的大讨论。随着我国新型工业化道路和中国特色城镇化道路的逐步提出，发展基调逐渐定位于大中小城市和小城镇协调发展的总体思路上，并在新农村建设过程中，强调小城镇的发展是个大的战略。这一点，从我国城镇化发展各种观点的争论中可以明显地看到。因此，当前应该注重实事求是和因地制宜的原则，从各地实际情况出发，将重点构建大城市带动、积极探索乡村城镇化及大力发展县城经济，结合起来，寻求适合本地的特色城镇化模式。

（三）新型城镇化的特征

新型城镇化的要求是不断提升城镇化建设的质量内涵。与传统提法比较，新型城镇化更强调内在质量的全面提升，也就是要推动城镇化由偏重数量规模增加向注重质量内涵提升转变。长期以来，我们习惯于粗放式用地、用能，现在必须从思想上明确走资源节约、环境友好之路的重要性；过去我们主要依靠中心城市带动，现在更应该强调城市群、大中小城市和小城镇协调配合发展的必然性。

“新型城镇化道路”具有这样几个特点和要求①：一、规划起点高。城镇要科学规划，合理布局，要使城镇规划在城市建设、发展和管理中始终处于“龙头”地位，从而解决城市建设混乱、小城镇建设散乱差、城市化落后于工业化等问题。二、途径多元化。中国地域辽阔、情况复杂，发展很不平衡，在基本原则的要求下，中国城镇化实现的途径应当是多元的。中国东中西部不一样，山区、平原不一样，不同的发展阶段要求不一样，不同地域特色不一样……不能强调甚至只允许一种方式。与工业化的关系处理也应该有多种方式，有的是同步，有的可能要超前。三、聚集效益佳。城镇一个最大的特点是具有聚集功能和规模效益。要在增加城镇数量、适度扩大城镇规模的同时，把城镇做强，不能外强中干，现在有些城市就虚得很。四、辐射能力强。利用自身的优势向周边地区和广大的农村地区进行辐射，带动郊区、农村一起发展，这是城镇责无旁贷的义务，它应该做到而且也可以做到，问题是我们要有这种意识、视野、规划和措施。千万不能搞成孤岛式的城镇。五、个性特征明。中国的城镇要有自己的个性，每个地方的城镇，每一个城镇都应该有自己的个性，要突出多样性。城和镇都是有生命的，都有自己不同的基础、背景、环境和发展条件，由此孕育出来的城镇也应显示出自己与众不同的特点。六、人本气氛浓。我们不能为城镇而城镇，发展城镇的目的是为人服务。所以，城镇的一切应当围绕人来展开，要树立牢固人本思

① http：//aike. baidu. com/view/3349463. htm

想，创造良好的人本环境，形成良好的人本气氛，产生良好的为人服务的功能。总的来说，就是要使城镇具有人情味，能够促进人的自由而全面的发展，而不是相反。七、城镇联动紧。在表述上使用的是“城镇化”，而非城市化。其内涵是要把城市的发展和小城镇的发展作为一个有机的整体来考虑，解决好非此即彼或非彼即此或畸轻畸重的问题。600 多个大中小城市和两万多个小城镇本来就是一个完整的梯队，不能人为地分割开来。八、城乡互补好。中国的城镇化一定要体现一盘棋的思想，要打破二元结构，形成优势互补、利益整合、共存共荣、良性互动的局面。市带县体制也好、城乡一体化也好，其出发点都是要走活城乡这盘棋。因为农村可以为城镇的发展提供有力支持，形成坚强后盾，城镇可以为农村的发展提供强大动力，从而全面拉动农村发展。决不能以牺牲农村的发展来谋求城镇的进步，这是一些发达国家曾经走过的老路，是一条教训，当引以为戒。

二、西宁市城镇化发展现状分析

推进新型城镇化建设，要把握新型城镇化的内涵和特征，一是具有适应性，能够适应人口、资源、环境制约；二是关系协调，主要表现为城镇化与工业化相协调、城乡协调、人与自然协调；三是结构合理，包括产业结构、城市空间布局、行政区划等；四是管理组织先进，表现为城市规划先进、城市管理高效、社区组织有序；五是功能完善，如交通顺畅、居民生活方便、企业生产经营有保障等；六是文化特色突出；七是建筑环保、耐用、节约。走新型城镇化道路是深入实践科学发展观的必然要求。贯彻落实科学发展观的一个重要方面，就是要在城镇化进程中处理好经济建设、人口增长、资源利用、环境保护的关系。资源环境问题与经济发展是密切相关的，当经济增长适应资源环境的承受能力时，经济就会顺利发展，反之，就会阻碍经济的发展。在节约资源，保护环境的前提下快速发展经济，促进人与自然的和谐相处，提高人民生活水平和生活质量科学发展观是以人为本，要高度重视城镇化进程中的城乡居民就业、失地农民利益补偿、健全公共服务、提高教育医疗水平等与人的全面发展密切相关的问题。

（一）市情概述

1. 区位条件

西宁是青藏高原对外联系的门户，南北朝时西宁是通往西域的另一条东西交通要道，被称为“丝绸南路”，也是历史上“唐蕃古道”必经之地。西宁辖区总面积 7649 平方公里，其中市区面积 380 平方公里，建成区面积 75 平方公里。西宁作为省会城市，是青海省政治、经济、文化、教育、科技、交通和商贸中心，也是青藏高原第一大城市。西宁市现辖城东区、城中区（城南新区由城中区政府代管）、城西区、城北区及大通、湟中、湟源三个县，共有72个乡（镇、街道办事处）、143个社区委员会及931个自然村。西宁有汉、回、藏、土等34个民族。随着西部大开发和现代交通建设步伐的加快，以西宁为中心辐射全省的交通网络已形成，国道、高速公路和一级公路四通八达，青藏铁路建成通车使西宁成为青藏高原铁路中心枢纽。西宁机场每年客运吞吐量以33%的速度递增，已通航全国各主要城市。

2. 自然条件

西宁地处青海东部，黄河支流湟水上游，四面环山，三川会聚，扼青藏高原东方之门户。西宁市位于东经101°49′17″，北纬36°43′03″，市区平均海拔为2275米，城市中心海拔2261.2米。地势由北向南倾斜，西北高，东南低，东西狭长，形似一叶扁舟。湟水及其支流南川河、北川河由西、南、北汇合于市区，向东流经全市。年平均降水量380毫米，蒸发量1363.6毫米，年平均日照为1939.7小时，年平均气温7.6℃，最高气温34.6℃，最低气温零下18.9℃，属高原高山寒温性气候。夏季平均气温17－19℃，气候宜人，是消夏避暑胜地，有“中国夏都”之称。

3. 经济状况

截止2013年底，西宁市完成地区生产总值978.53亿元，增长14.1%。其中：第一产业增加值36.10亿元，增长5.1%；第二产业增加值514.50亿元，增长18.0%；第三产业增加值427.93亿元，增长9.7%。第一产业对全市经济的贡献率为1.2%，拉动经济增长0.17个百分点；第二产业贡献率为69.3%，拉动经济增长9.77个百分点，其中工业拉动8.68个百分点；第三产业贡献率为29.5%，拉动经济增长4.16个百分点。三次产业结构比由2012年的3.7∶51.6∶44.7调整为2013年的3.7∶52.6∶43.7。全年人均GDP为43346元，折合美元为6999美元，增长13.0%。

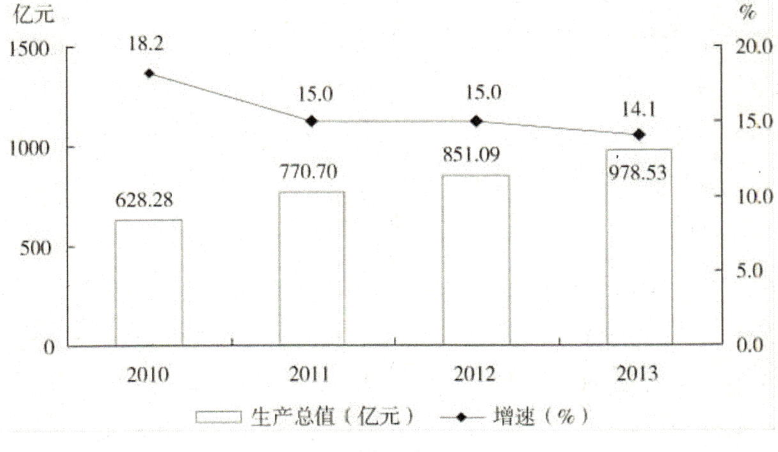

图11　地区生产总值

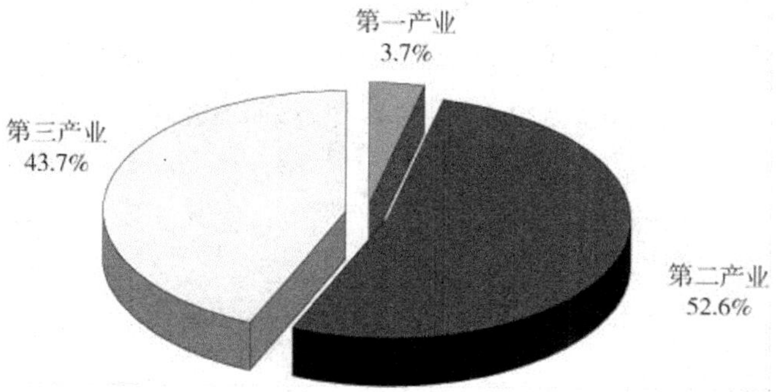

图12　2013年三次产业结构

4. 社会发展状况

2013年末，全市常住人口为226.76万人，较上年增长0.9%。全市城镇人口为153.74万人，占常住人口的67.8%；乡村人口为73.02万人，占常住人口的32.2%。全市少数民族人口为58.81万人，占常住人口的25.9%，全市城市居民人均可支配收入为19444元，增长10.3%。城市居民人均消费性支出13607元，增长12.3%。农民人均纯收入9004元，增长15.4%，人均生活消费支出7563元，增长9.4%。全市城镇职工养老保险参保单位4760个，参保职工46.53万人（含离退休），养老保险基金累计支出38.18亿元。全年累计城镇登记失业人数4.86万人，城镇登记失业率3.04%。全年累计兑现城市居民最低生活保障金17366万元，农村居民最低生活保障金14101万元。

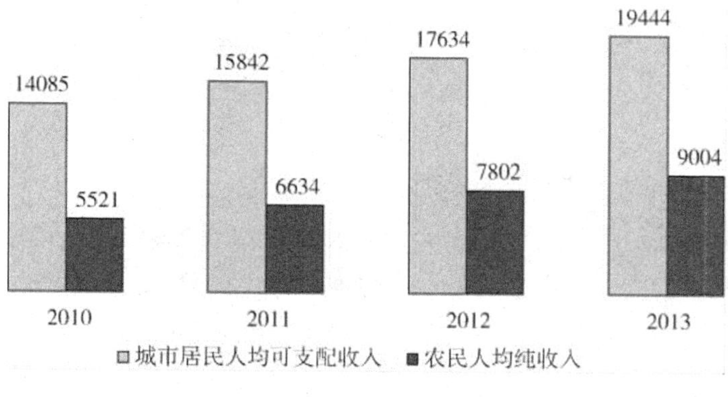

图13　城乡居民收入

5. 生态发展状况

至2013年，西宁节能环保资金投入达21.4亿元，增长176.7%。西宁把大气污染综合治理作为改善生态环境、建设美丽西宁的突破口，实施攻坚行动，厉行治污先治吏，严格落实施工工地“五个百分百”要求，建立区县网格化环境监管模式，优化 PM10 和 PM2.5 运行监测，深入推进建筑扬尘、煤烟尘、机动车尾气、煤锅炉等 29 项专项治理，2013 年空气质量优良率达到 60% 以上，在全国 74 个大中城市排名位居中上游。创建国家环保模范城市通过省级预评估；扎实推进"清水入城"工程，关闭了湟水河及其一级支流 614 个排污口和 211 处非法采洗砂场，加大污水处理厂及配套管网建设力度，完成了第一污水处理厂和城南污水处理厂提标改造工程，青海省首座再生水厂即将投入运营，小峡口断面水质达标率 83.3%。实施 36 个污染减排项目，污染物排放总量控制在省政府下达的指标之内。启动国家森林城市创建工作，投入 2.96 亿元完成林业生态工程 32.9 万亩，森林覆盖率达到 30.6%；加快城市出口道路绿化美化，城区新增园林绿地 70 公顷，人均公共绿地达到 10.6 平方米，建成区绿化覆盖率达到 38.5%。经过几代人几十年的不懈努力，大南山绿色屏障工程荣获住房和城乡建设部"中国人居环境范例奖"，成为西宁改善生态环境、建设美丽家园的典型示范城市。

（二）城镇化发展现状特征

1. 区域特征

（1）西北后发城市，青藏首位中心。城市规模和人均指标均处于落后位置，但近年来经济发展显著加快，增速居于西北主要城市前列；在青藏高原内部具有较高的首位度，各项指标远远领先第二大城市拉萨。

（2）自古海藏咽喉，未来区域枢纽。西宁古有"海藏咽喉"之称，是青海及西藏地区向东对外联系的主要出口，又处丝绸南路、唐蕃古道的中枢，为汉族、藏族地区间的交通、贸易枢纽。未来随着区域交通网络的完善，西宁作为区域枢纽的战略地位将更加突出。依托现状的青藏铁路、兰新二线、规划新建的川青线、青新铁路（格尔木至库尔勒）及远景规划研究的西宁－昌都铁路等铁路干线，西宁将成为连接西北、西南与东部地区的重要区域性铁路枢纽。

（3）经济联系侧重省外，辐射腹地省内为主。西宁的主要经济联系侧重省外地区。宏观区域经济和交通格局决定了东部是西宁的主要经济联系方向，特别是西宁与兰州两大核心城市之间的空间往来和经济联系度较高。省内地区是西宁主要的经济腹地和辐射服务区域。西宁在青藏高原内部的重要地位决定了其对省域西部乃至西藏地区的服务职能不可替代，西侧总计超过 500 万（约青藏高原总人口的 60%）的人口是西宁主要的服务指向。

（4）聚集要素能力强，辐射毗邻能力弱。西宁中心城市的经济社会发展实力遥遥领先，目前仍处于对周边地区强烈的吸引集聚阶段，快速吸引着周边地区的劳动力、人才、和资本等生产要素，并在极化效应的推动下迅速成长。西宁目前"外溢效应"不足，在自身集聚发展的同时，对周边城镇的辐射带动作用十分有限，整个青海东部城镇群的城镇体系发育不足，现状呈“核心极化、一强群弱”的态势。

2. 经济发展特征

（1）经济持续增长，工业化发展迅猛。2000 年以来，西宁市经济持续快速发展，经济总量规模不断扩大，经济增速一直都在全国各城市发展的平均水平之上。西宁经济快速增长主要得益于第二产业快速扩张，工业成为拉动经济的主要力量，而第三产业对城市经济增长的贡献率则偏低。

（2）工业结构层次偏低，以资源型原料工业为主导。能耗代价巨大的钢、铝、锌、硅、铁合金等资源型原料工业对西宁市工业发展起着主导支柱性的作用。工业类型高度集中在开采冶炼业、原料生产等初级资源加工行业，资源的精深加工利用度不足，工业附加值较低，同时造成对资源、能源的巨大消耗。

（3）服务业发展不足，影响西宁区域中心城市功能和辐射力。西宁在快速推进工业化的同时，对三产服务业的发展引导不足。从内部结构来看，西宁的第三产业仍以传统服务业为主，现代物流、科技研发、信息技术、商务服务等现代生产性服务业规模小、发展水平相对滞后。第三产业发展不足，将严重影响中心城市功能的发挥和其在西北地区的城市竞争力。青藏高原中心城市的区域职能要求西宁必须大力发展服务业，服务业的发展是确立区域中心地位、增强辐射能力的重要保证。此外，西宁服务业的全面繁荣，对藏区的稳定与和谐发展具有重要意义，特别是教育、文化、医疗、卫生等生活性服务业的发展，能够使西宁最大限度地发挥对广大藏区的服务功能，履行西宁作为藏区发展服务基地的区域职责。

3. 资源条件特征

（1）水资源稀缺，供需矛盾突出。总体上西宁水资源总量较小，属于水资源贫乏城市。水资源供需矛盾较为突出，未来随着城市产业发展、人口集聚，西宁的水资源需求量的进一步加大，供需矛盾将进一步加剧，即使采取“引大济湟”等跨流域调水工程，在一定时期内仍可能存在用水缺口风险，水资源问题将成为制约西宁城市发展的重要影响因素。从水源的可达性及经济性方面分析，北川的用水条件最好，东川次之，西川、南川又次之。

（2）土地资源紧缺，空间发展受限。西宁地处青藏高原河湟谷地南北两山对峙之间，呈“四山夹三河”的地貌分布。区内多山，适宜进行城市建设和人类开发活动的土地主要分布于狭窄的湟水河谷及支流谷地地带，发展空间十分有限。河谷周边山地工程地质情况较差，存在泥石流和滑坡的风险，无法作为建设用地，城市用地可选择的余地很小。同时，耕地资源也主要集中在湟水谷地，随着城市的发展，供地矛盾将日益突出。

（3）清洁型能源的优势明显，具有建设低碳城市的有利基础。西宁现状能源结构较为合理，电力资源丰富，可再生能源比重大。天然气、水电和太阳能资源等清洁型能源有一定优势。西宁具有发展太阳能、水电的优势，现状能源消费具有低碳特性，居民炊事和制备热水用电比例较高，太阳能热水器推广市场较好。

（4）省内矿产资源丰富，为西宁的资源开发利用提供了良好条件。西宁市域范围内矿产资源相对贫乏，但整个青海省矿产资源极其丰富，蕴藏着丰富的石油、天然气及铜、铝、锌、钴等有色金属矿藏资源和石棉、石膏、云母、大理石等非金属矿藏资源，其盐矿资源和畜产品资源也极具开发前景。

（5）高原自然及文化特色资源丰富，旅游业发展前景广阔。西宁特色旅游资源丰富，包括丰富的文物古迹、浓厚的宗教文化、秀美的自然景观及浓郁的民族风情等。

（6）劳动力资源丰富，人口素质在全省居最高。西宁所在的青海东部地区是全省人口最密集、劳动力资源最丰富的地区，特别是海东地区农村剩余劳动力数量众多。据第五次人口普查显示，西宁每万人高中、中专、大专及以上的人口数量远高于全国及全省的平均水平。

4. 生态环境特征

（1）环境宜居度高，是青藏高原最适宜居住生活的地区。西宁优越的自然气候和地理区位优势，加之相对完善的服务设施条件，使之成为青藏高原最适宜生活的地区。西宁以仅占青藏高原 0.38% 的土地面积，承载了 22.7% 的人口，产出了 30.4% 的 GDP；西宁及近邻的海东地区是整个青藏高原综合发展条件最为优越的地区，最适宜承载各项人口和经济活动，以相对较小的代价带动区域发展。

（2）生态环境敏感脆弱，环境容量相对有限。西宁位于青藏高原同黄土高原的过渡带上，地形为浅山、川水（河谷阶地）。市域为典型的黄土地貌景观，黄土广布、沟谷纵横、植被覆盖率低，干旱贫瘠，水土流失严重，自然灾害频繁，生态环境基础条件较差，生态系统十分脆弱。因此，西宁是全省水土流失较严重且敏感的区域之一。

（三）城镇化发展面临的机遇与挑战

1. 机遇

（1）国家区域战略西进，西宁在国家政治地域格局中的作用凸显。西部大开发进一步深化，区域性增长空间群雄并起，西宁应该抓住这一轮发展机遇，促进中心城市发展，积极融入区域竞争发展格局。随着新疆的全面开放发展，西宁作为边疆与内陆连接的门户，不仅使其具有重要的政治地域的意义，同时其沟通南疆的区域枢纽功能将逐步展现。西宁几乎连接了通往青海、西藏所有藏区的重要通道，玉树地震在灾后重建时，西宁成为最重要的物资供给和后方基地。因此，西宁在未来西部边疆藏区和谐稳定和繁荣发展中还将承担更为重要的角色。

（2）谱写丝绸之路新篇章恰逢其时。共建"丝绸之路经济带"战略的实施，首当其冲的受惠方便是西部地区，也是城镇化战略重点落地的区域。西宁只有不失时机地推进城镇化，促进城乡结构调整，持续提高城镇化水平，才能重塑"丝绸之路"的辉煌；也只有让"丝绸之路经济带"快速落地实施，切实在政策、人力、配套服务方面全面提升，城镇化战略才能真正让区域实体经济腾飞，让百姓切实受益。同时，随着丝绸之路经济带的建设、全国城市间产业分工调整、信息技术交流以及交通条件的大幅度改善，西宁市城镇化重点区域特别是青藏铁路等交通干线重要节点城市，对外联系将更加频繁，省内外城镇的交流合作也会日趋活跃，承接产业转移、促进资源要素快速流动、产业布局优势互补的需求亦更为迫切。

（3）"兰西经济区"进入国家视野，以西宁为中心的东部城市群建设。在国家的《十二五规划纲要》中提出全国"两横三纵"的城市化格局，"推进新一轮西部大开发"中要加快推动兰州—西宁经济区发展，培育新的经济增长极。"兰州－西宁"上升为国家一级轴线上的重要城市化发展区域之一，西宁有机会获得更多的国家区域政策，同时也要求西宁以更加宏观的区域视野确定城市发展战略思路，加快区域通道建设，增强与兰州之间的交通联系和经济密度，更加积极主动地开展区域协作和经济互动。青海东部城市群建设全面推进，西宁与海东地区统筹发展势在必行。近期青海省委、省政府提出了"加快推进以西宁为中心的东部城市群崛起，建成引领全省经济社会发展的综合经济区和促进全省协调发展的先导区"的区域战略，西宁作为最重要的核心城市，其城市发展必须与海东地区统筹考虑、一体化发展。

（4）新的发展观和发展要求，促使西宁面临发展模式的重大转变。气候变化和能源危机使得"节能、低碳、生态"成为发展新主题；国家经济结构调整，内需消费的扩大将大大催生西宁旅游经济和服务经济的全面繁荣；资源税改革迈出实际步伐，资源富集型的西部地区将迎来社会经济结构的一系列变革。

（5）全省区域主体功能布局，强化西宁的区域"极核"作用和中心城市综合服务功能。青海省"四区、两带、一线"区域协调发展格局、推进以西宁为中心的东部城镇群建设重大战略布署以及青海省的《十二五规划刚要》都对西宁在省域格局中的“极核”作用、辐射带动作用、以及与整个东部地区的发展协调提出了更高的要求。

2. 挑战

（1）受区位环境影响，西宁市城镇化的动力机制不足。按照城镇化的一般规律，世界各国，包括中国内地的城镇化过程，大都以市场机制为动力，先有“市”后有“城”，市场力量在城市的形成和发展中发挥了主导作用。西宁市远离沿海发达市场，在吸引外来投资和产业转移方面处于劣势，城镇和产业发展缺乏外生机制。受到长期计划经济体制的影响，西宁市生产、销售、流通市场发育不良，而沿海发达地区已经形成了发达的市场环境，使得西宁市在市场竞争方面处于不利地位。受上述因素影响，西宁市再走珠江三角洲、长江三角洲地区的以轻工业、劳动密集型产业为主导的自下而上的城镇化发展模式难以实施。因此，西宁市自下而上城镇化缺乏外生机制，在利用外资方面其外部环境因素对西宁市城镇化压力也较大。

（2）资本市场对经济发展的制约显现。西宁市资本市场发育滞后，规模小、融资能力弱，加之国家应对通胀压力的货币政策取向逐步加强，资本短缺将使西宁市以内需为主、兼靠投资拉动的经济发展模式受到直接影响。

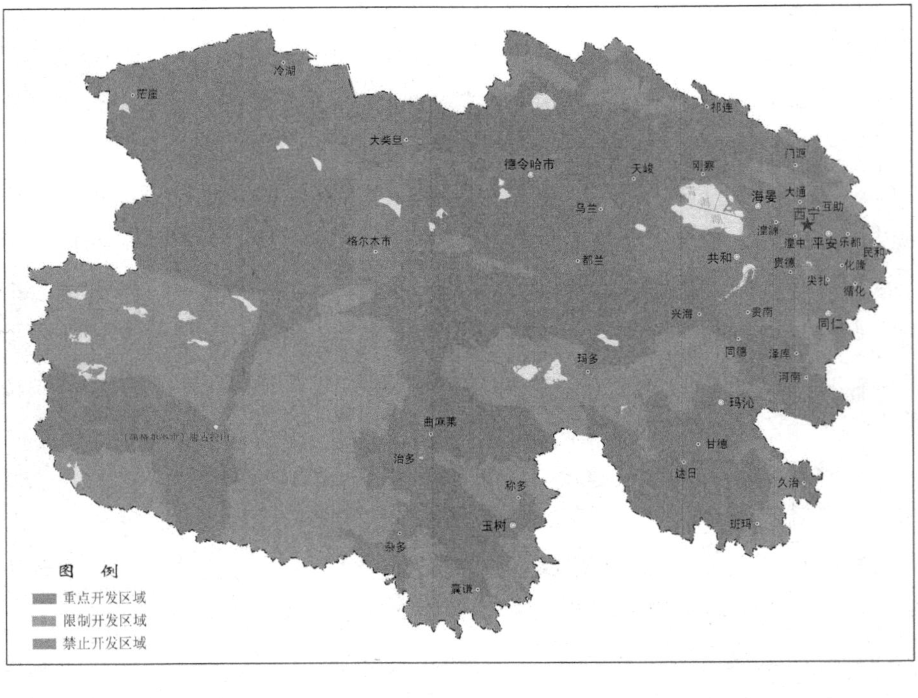

（3）资源与环境约束压力加剧。从主体功能区规划的布局来看，西宁市重

点开发区包括城西区、城东区、城北区、城中区的全部区域，大通县、湟中县、湟源县除基本农田以外的区域，总人口170.35万，总面积为4590.78平方公里，占全省国土面积的0.06%。可见，重点开发区域所占比甚小，这将对这些地区的城镇经济社会发展产生深远影响。为了区域的城乡生态环境、自然和人文资源不受大规模的开发性建设破坏，保证城乡经济社会的可持续发展，规划将区域空间划分为禁止开发建设、限制开发建设、适宜开发建设和优化开发建设四大类分区，并制定相应的空间管制措施，规范和约束城乡开发建设的行为。

范围		按实际行政区划				扣除基本农田				扣除禁止开发区			
		人口（万人）		土地面积（km^2）		人口（万人）		土地面积（km^2）		人口（万人）		土地面积（km^2）	
州（地、市）	县（区、行委）	绝对数	比重	绝对数	比重	绝对数	比重	绝对数	比重	绝对数	比重	绝对数	比重
西宁市	城西区、城东区、城北区、城中区的全部区域，大通县、湟中县、湟源县除基本农田以外的区域	185.07	33.21%	6408.57	0.89%	171.08	30.70%	5207.91	0.73%	170.35	30.57%	4590.78	0.64%

（四）西宁市城镇化综合发展SWOT分析

表35　西宁城镇化综合发展SWOT分析

优势（S）	劣势（W）
青海省省会 青藏高原首位中心城市 西北枢纽地位提升	城市集聚规模较小，综合实力不强 区域辐射和影响力较弱
经济快速增长 工业化迅速发展	结构性矛盾突出，资源、能源消耗代价过高 服务经济不足，与区域职能不相匹配
周边矿产富集 资源特色鲜明	水资源与土地资源制约明显 资源特色挖掘不够 未能将资源优势转化为竞争优势
环境宜居度较高	生态敏感脆弱，环境容量有限
机遇（O）	挑战（T）

续表

优势（S）	劣势（W）
中央提出“丝绸之路经济带”，西宁担当战略性节点城市 西部大开发战略，西宁在国家政治地域格局中的作用凸显 国家构建“兰西经济区”，兰州—西宁将成为经济区双中心 青海省东部城市群建设，西宁为中心 全面深化改革，促使西宁面临发展模式的重大转变 全省区域主体功能布局，强化西宁的区域“极核”作用和中心城市综合服务功能	受区位环境影响，西宁市城镇化的动力机制不足 资本市场对经济发展的制约显现 资源与环境约束压力加剧

（五）西宁市城镇化发展演变和启示

1. 城镇化发展历史演变

西宁有着悠久的历史，是我国黄河流域文化的重要组成部分。据对城北区朱家寨遗址、沈那遗址和西杏园遗址等遗址的考古发现，早在四、五千年以前就有人类在这块土地上生产、生活、繁衍生息。公元前121—111年间，西汉在今西宁设立了西平亭，标志着西宁正式纳入了西汉的版图。两汉以来，地处湟水谷地的西宁等地的生产得到了发展，人口不断增加，西宁及其周边地区在政治、经济、交通和军事上的地位也越来越重要。公元220年东汉灭亡，魏、蜀、吴三国鼎立，今西宁属曹魏的统治范围。222年，魏在今西宁市修筑了西平郡城。公元265年，西晋在今湟水流域仍置西平郡，辖西都（今西宁市）等地。

十六国时期，鲜卑族秃发部据今甘肃西部、青海东部地区建立地方割据政权南凉，曾一度建都西平（今西宁）。公元445年，北魏灭鄯国，改西平郡为鄯善镇（今西宁）。公元526年（北魏孝吕二年），又改鄯善镇为鄯州，辖西平（今西宁市）等地。公元607年（隋炀帝大业三年）又改鄯州为西平郡，辖湟水、化隆二县，今西宁为西平郡湟水县的辖地。公元618年唐朝建立后，在青海东部设鄯、廓二州。鄯州辖龙支、湟水二县，今西宁为湟水县辖地。公元1104年北宋改鄯州为西宁州，隶属于陇西都护府，从此，“西宁”这一名称一直沿用至今。

公元1227年，元太祖成吉思汗率蒙古军队南渡黄河攻占西宁州，西宁并入元朝统治。公元1373年（明洪武六年）西宁州改为西宁卫（今西宁）。公元1385年（洪武十八年）动工修建西宁卫城。现西宁七一路南侧保留的古城墙就是明西宁卫城的遗迹。公元1645年（清朝顺治二年）清军进入西宁。公元1913年（中华民国二年）北洋政府改革清代建制，废西宁府，保留西宁道，西宁是道府所在地。1927年（民国十六年）撤西宁道，设西宁行政区长官。1929年，南京政府设立青海省，以西宁为青海省省会。

1949年9月5日，中国人民解放军解放西宁。9月8日，中国人民解放军西宁市军事管制委员会、市人民政府同时成立。1950年1月1日青海省人民政府成立，西宁市为青海省省会。现辖城东、城中、城西、城北四个区和大通、湟中、湟源三个县总面积7649平方公里，由汉、回、土、藏、蒙、满、撒拉等34个民族组成，是黄河上游第一个人口超过百万的中心城市。

2. 城镇空间布局演变

自1944年西宁市建立以来，在短短的70年中，西宁市已由一个偏远的小城镇发展为青藏高原上人口过百万的大城市。从整个历史进程来看，西宁市城市空间的发展可以概括为4个时期：封建社会的萌芽、缓慢生长期；建国初期的城市首次扩展期；改革开放后的城市调整发展期；西部大开发政策提出后的城市快速扩展期。1949年前空间发展缓慢，城市空间发展主要集中在湟水河东侧，为集中块状发展期。1949—1980年是建国初期的城市首次扩展期，城市空间主要沿着湟水河东西向发展，为突变控制生长期。1980—2000年是改革开放后的城市调整发展期，这个时期城市的空间发展主要为城市用地内部的补充和调整，为横向填充期。2000年至今是西部大开发政策提出后的城市快速扩展期，西宁市按照“西扩、南活、北优、东延、中疏”的发展战略，加快拓展城市发展空间，为分散组团期。

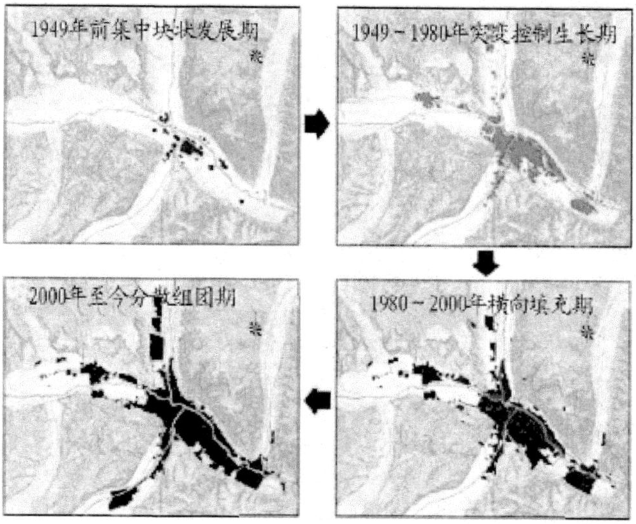

图14　西宁市城市发展的四个时期

3. 城镇体系发展历史的演变启示

西宁市城镇体系的形成和演变，受民族、宗教、游牧文化和地理环境特征的综合作用。西宁市城镇体系的形成和演变，是地理、军政、经济、民族、文化、宗教各类因素表现特征的综合作用。城镇发展动力的主体是中央行政建制和军事据点的设置，城镇成长的主要推进剂是民族宗教文化和农牧贸易的亲合关系。首先，在政治、军事上，中央政府和西部各民族为了团结发展、共同繁荣和抵御外部军事侵略，设郡置县直接推动了城镇的设立。第二，农、牧、工商经济的互补性，直接推动了人口聚集和商贸通衢城市的形成。茶马互市改变了城镇的性质，强化了城镇间的商业联系，逐渐形成省域城镇体系的雏形。第三，民族文化、宗教活动的汇聚，兴起了民族庆典、宗祠祭祀、宗教朝觐、商业集贸等活动的综合功能的集中，寺院周围成为商贸活动聚集的市场，推动了城镇建设扩张和功能拓展。第四，地理环境对城镇体系的“型铸”作用明显。自然条件较好的地区人口、城镇密度高，而海拔高、气候干旱、自然环境恶劣的地区城镇数量明显减少。

从西宁的空间演变可看出其机体的生长规律——主要沿东西河谷发育，同时紧紧依附于湟水河岸。“河湟谷地”是西宁市城市起源衍生的起点，既是空间形象又是概念化的特色形象；从东部经济开发区到西部以金融商务服务为主的海湖新区，集中了全市的金融商贸、商务服务等诸多经济功能，“带状集聚、中央成金”的“湟金谷地”必将成为西宁市空间发展的脊梁。

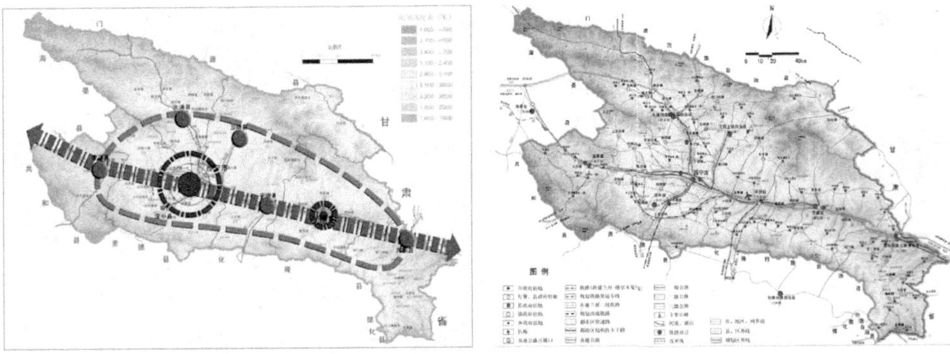

图 15　2000—2013 年城市发展趋势图

三、西宁市城镇化发展的问题及成因分析

（一）存在的现实问题

西宁市属于西北欠发达地区，经济总量小，发展不足，经济结构不优，一产

较弱、二产比重大、三产层次低，可持续发展能力不强。民营经济发展不充分，县域经济活力不足，缺少发展的内生动力。生态环境保护与建设任务艰巨，基础设施瓶颈还没有根本解决，改善发展条件任重而道远。基本公共服务相对滞后，社会建设仍较薄弱，部分群众生活依旧困难，改善民生压力较大。受自然环境、地理区位等因素影响，西宁市除具有沿海和内地等城镇化发展的共性特征外，还具有人口密度低、人口城镇化率较高、实际质量水平不高、空间上发展不均衡、城镇化发展动力不足等独特的地域特征。

1. 城镇空间分布不均衡

西宁城镇空间分布不均衡主要是由于自然地理和资源禀赋空间差异决定了城镇的选址、建设和人口布局。西宁市地处青海省东部，湟水上游，四面环山，三川会聚，扼青藏高原东方之门户。西宁市现辖城东区、城中区、城南新区、城西区、城北区、海湖新区及大通、湟中、湟源三个县，总面积为 7649 平方公里。其中市辖区面积 380 平方公里，建城面积为 75 平方公里。截止 2013 年底全市常住人口 226.76 万人，西宁市区总人口为 123.91 万人，占全市人口的 54.6%。西宁市全域人口密度 296 人/平方公里，其中市区人口密度为 2430 人/平方公里，县域人口密度 144 人/平方公里。市区人口密度远远高于全市的人口密度 296/平方公里。由于受到了地理、气候、交通等外围环境影响，分布在沿线上的城镇的经济活动受区域大小的制约比较明显，导致了城镇进一步发展职能以来，城镇主要沿着交通线方向开展。

表 36　西宁市行政区划面积和人口密度（2012 年）

县（区）名称	行政区划面积		总人口（人）	人口密度（人/平方公里）
	绝对数（平方公里）	比重（%）		
西宁市	7649	100.00	2247405	294
市区	510	6.67	1224587	2401
三县	7139	93.33	1022818	143
大通县	3090	40.40	439888	142
湟中县	2540	33.20	444872	175
湟源县	1509	19.73	138058	91

2. 城镇化质量较低，城市基础设施和公共设施建设缺口较大

2013 年西宁市建成区面积 113 平方公里，与 2005 年比较八年增加了 38 平方公里。仅从四区三县的建成区质量来看，西宁市整体的市政公用基础设施和公共服务设施建设缺口较大，除中心城区的部分人均指标相对略高，三县和市郊的市政公用基础设施和公共服务设施建设滞后严重，大多数城镇建成区面积较小、承

载能力较弱、公共服务水平较低、城镇化质量较差。

3. 城镇化与工业化的协调发展水平较低，产业支撑力弱

2013 年全省城镇化率 48.5%、工业化率 45.89%、第三产业占比 25.71%。西宁市作为省会城市，是全省人口最集中、产业最集聚的区域，西宁市以占全省 1% 的国土面积，承载着全省 39.25% 的常住人口、服务着全省 50% 以上的人口，创造了全省 46.57% 的 GDP，工业增加值占全省的 45.71%、第三产业增加值占全省的 61.53%。2013 年我市工业化率 45%，城镇化率 67.8%，第三产业占比 43.7%，西宁市的城镇化率远高于工业化率和第三产业比重，暴露出部分人口城镇化滞后于就业城镇化的问题，也说明西宁市的城镇化、工业化协调发展度较低。

4. 城镇化发展不均衡，区县城镇化差异很大

2013 年常住人口 226.76 万人，与 2005 年比较常住人口增加了 16.86 万人。其中城镇人口 153.74 万人，与 2005 年比较城镇人口增加了 30.28 万人。按常住人口计算的城镇化率为 67.8%，与 2005 年相比提高了 9 个百分点。四区的城镇化率较高（城东区、城中区、城西区、城北区城镇化率分别为：98.66%、95.5、99.79%、91.24%），而三县城镇化率较低（大通县、湟中县、湟源县城镇化率分别为 33.14%、16.85%、25.76%），城镇人口的增加主要在四区。

5. 中心城市职能较弱，辖射带动能力不足，其他城镇职能单一，未形成有序的职能体系

在西宁市城镇体系中，中心城市发育不足，尚未充分发挥带动全省经济发展增长极的作用，形成典型的“小马拉大车”格局。其他城镇以行政和商贸服务职能为主，第二产业职能不突出，各地产业结构雷同严重，内部竞争激烈，尚未形成分工协作的发展格局，表现为各地重点发展产业相似，平均土地产出效率低，空间资源未得到有效的利用。

6. 城镇化发展动力不足

第一在全市产业结构体系中，经济结构主要建立在以高消耗、低效率、低附加值为特征的传统产业，企业规模小、产业链不配套、低水平同质竞争突出，经济增长过度依赖投资拉动，创新驱动力严重不足，第二产业发展的潜力尚未充分利用。第二基础设施建设滞后，历史欠帐多，交通网络、电网、水利设施等基础设施投资不足。第三劳动力对经济社会全面协调发展支撑不足，劳动力存在整体素质水平不高和结构不适应市场经济需求的矛盾。人口步入老龄化社会，劳动适龄人口呈下降趋势，全市 60 岁及以上老年人口中，60～69 岁人口比重由“五普”的 72.59% 下降到“六普”的 58.93%，十年内下降了 13.66 个百分点；

70－79岁的人口比重由23.51%上升到34.6%增加了11.09个百分点；80岁及以上的人口比重由3.9%上升到6.47%，增加了2.57个百分点。

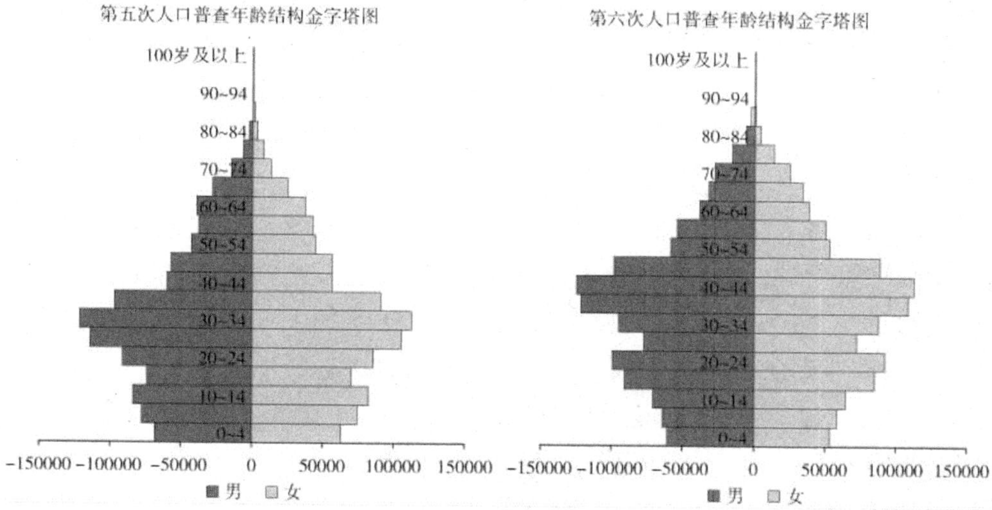

图16　西宁市“五普”“六普”人口年龄结构金字塔图

从金字塔图形可以看出，两次普查金字塔上下两半部分有明显的差异，上半部仍然是典型的增长型年龄结构，底部开始显现出收缩趋势，这是由于70年代初期实行计划生育政策以来，生育水平的持续下降使年轻人口减少的结果。长期的低生育水平使人口发展不断老龄化，人口老龄化处于从底部老龄化向顶部老龄化的过渡阶段。随着时间的推移，人口年龄金字塔下部的突出部分明显上移，少儿人数与老年人数的差距不断缩小，若干年后终将导致年龄金字塔上半部明显大于下半部，高年龄组宽度大于低年龄组，意味着老年人数将远远多于少儿人数。由于长期的低生育水平使人口年龄金字塔的底部变窄，而死亡率的进一步下降和年龄结构的影响又使人口年龄金字塔的顶部变宽，所以，未来西宁市将经历急剧的人口老龄化过程。全市具有大学（指大专以上）文化程度的人口286285人；具有高中（含中专）文化程度的人口316536人；具有初中文化程度的人口733269人；具有小学文化程度的人口644619人。人口素质普遍不高，影响产业结构的调整。第四城镇公共服务供给严重不足，覆盖面有限，分布不均，当前教育、医疗、住房、养老已成为城镇居民面临四项最大、最现实、最紧迫的压力。信息、金融要素市场等尚需加大发展步伐。第五部分乡镇结构不尽合理，效率不高，城镇之间横向联系薄弱，交通、通讯、物流、人才、资金、信息不够畅通。

7. 县域和小城镇建设步伐滞后，缺乏支撑产业

在西宁市三县县城和小城镇建设中，城镇综合开发率较低。一是县域和小城

镇定位不够明确，一些小城镇没有根据当地区位优势、资源条件、经济发展、人口规模及城镇体系等因素来选择发展方向，造成小城镇建设缺乏固有特色和文化内涵，也缺乏进一步加快发展的产业支撑。二是规划起点不高且规划协调不够。突出表现为城镇规划与交通、土地、水利、生态环境等规划协调不好，影响规划执行。三是三县城镇规模小，功能不完善。全市27个建制镇中，只有大通县桥头镇、湟中县鲁沙尔镇、多巴镇人口超过5万人，达到我国现行城镇等级规模体系划分标准规定的县城人口规模。其它建制镇规模小，布局比较分散、产业发展缓慢，经济集聚功能差，非农业人口占总人口比重低，不能很好地发挥经济支撑、产业带动作用。同时基础设施建设滞后，设施不配套，功能不齐全从而吸纳农业剩余劳动力的能力滞后，二、三产业发展欠佳，制约了县域城镇化发展。

8. 全市生态现状趋于好转，但生态安全体系尚未形成

从整体上看，近年来西宁市围绕建设“国家生态文明先行区”战略，下大力气做好治水、治山、治气和减排工作，着力推进绿色发展、循环发展、低碳发展，筑牢生态基础，让城市融入自然，生态现状趋于好转，但受城镇建设和经济社会发展等人为因素影响，局部地区仍存在较为严重的生态问题。

（二）西宁市城镇化发展问题的成因分析

1. 高投入、高消耗、高排放的粗放式经济增长方式。西宁传统的工业体系以资源消耗型、高排放、高污染、粗加工产业为主，由于技术水平导致积累下来的环境问题日益严重，近些年采取建设生态工业园区，推动现有企业技术改造，坚决淘汰落后产能、工艺，强化对新建企业节能减排等实际措施，初步实现了增加产业循环、提高资源利用效率，实现降低能源消耗、强化环境保护的目的，但距离发展循环经济，转变经济增长方式的新型工业化目标尚有很大差距，阻碍西宁市城镇化的可持续发展。

2. 户籍制度限制了人口合理流动。体制上城乡分立的二元结构和严格的城市户籍管理制度是制约人口合理流动的根本症结。

3. 社会保障制度不健全，阻碍城镇化快速发展。进城务工的农牧民在就业、社会保险等方面缺乏保障，教育、医疗等相关政策也不配套，造成城乡居民权利的不平等，导致了城镇化的拉力不足。

4. 城镇化的动力机制是自上而下的政府主导模式。长期以来，我国城镇化进程均是在政府主导下推动的。西宁市也是依靠行政手段“撤县设市”“撤乡改镇”逐步设置的，城镇数量、质量“虚高”现象难以避免，单纯追求高城镇化率违背了城镇化的发展规律。西宁城镇化的健康发展、可持续发展仍需政府引导。

5. 城市发展理念滞后。在相当长的时期内，对加快城镇化发展的重大意义认识不足，对如何处理好工业化、城镇化、信息化、产业化的关系研究不多，存在重经济建设、轻城镇建设，重经济管理、轻城镇管理，重工业化、轻城市化的问题。民族地区的城市建设仍然存在千城一面的问题，导致城市建筑风格缺乏特色，地域文化缺失。

6. 城镇化的经济支撑薄弱，推动力量不足。城镇建设重点长期局限于主要城区，经济发展和城镇建设的良性互动作用难以实现，基础相当薄弱。城市资本运营的市场机制难以形成，以社会力量为主体的多元化投资渠道尚未建立，城镇建设资金缺乏，公共服务设施不足。尤其各区县的基础设施建设更为不足，农村教育、卫生、文化、体育等各项社会事业发展不足，城乡差距不断扩大，缺乏有力项目支撑，制约了当地经济的发展。资金短缺已成为困扰西宁市城镇公用基础设施建设的核心问题，也是推动城镇化建设进程的重要制约因素。城镇劳动者收入水平难以得到较快提高，因而也就难以有效带动城镇消费需求的增长。

7. 城镇化发展缺乏有力的产业支撑。西宁市多年来形成了以第一、二产业为主的产业发展格局，第三产业仍以传统服务业为主，其发展的潜力尚未充分利用。城镇劳动者收入水平难以得到较快提高，因而也就难以有效刺激城镇消费需求的增长。

8. 大型企业与地方产业的二元结构问题。西宁市能源重化工业的发展主要是由大的国企和外来企业推动形成的，属于植入式的产业，尽管具有较强的组织能力，但是由于其产业的下游增值环节主要集中在其他地区，对地方产业的贡献较小，出现外来企业与本地企业为典型的二元结构，其联系薄弱，除了能对地方GDP产生一定带动作用外，对地方产业的拉动作用较小。作为西宁主导产业的能源重化工业产业链条较短，生产主要集中在资源依托较大的上游环节，下游的增值环节多集中在外部。

9. 城镇化发展缺乏有力的第三产业支撑。第三产业发展不健全，一是以传统服务业为主的结构，生产服务功能弱。2013年第三产业贡献率为29.5%，拉动经济增长4.16个百分点，产值比重达到了43.7%，其中传统意义的批发零售贸易业、餐饮业等劳动密集型产业占有较大比重，而金融保险、房地产、交通物流、信息等现代服务业发展不足。从第三产业的各行业从业人员在区县和全国的区位熵分析，也可发现西宁市的第三产业主要为服务于居民生活的传统服务业，对区域生产带动作用较小。只有批发和零售业、住宿、餐饮业、居民服务和其他服务业区位熵大于1，其余各类第三产业都远远小于1。二是交通物流、信息服务业严重滞后，影响区域一体化。交通物流、信息等基础服务业区位熵比较低，其中交通物流业区位熵约为0.1，是区位熵最低的第三产业行业，这也说明交通物流业基础薄弱，严重影响了区域间的联系，不利于区域功能的一体化。三是公共服务功能滞后，制约城市的发展。教育、卫生、文化、体育和公共管理服务落后于西北五省省会城市水平。除文化、体育和娱乐业外，其余行业的区位熵都小于0.5，这说明西宁市城市服务功能弱。虽然城市服务功能与西宁市目前城市规模小相适应，但不利于人口、经济要素向城市的集聚，进而不利于城市空间结构的优化。四是科学研究和新兴服务业发展不佳，影响区域的创新和发展，制约区域地位的提升。科学研究、技术服务和地质勘察业的区位商仅为0.2，严重影响了西宁市的创新能力；金融业小于0.5，租赁和商务服务业、房地产业的区位商小于1，影响了城市的发展，从而制约了区域的发展和区域地位的提升。五是特色旅游业快速增长，逐步摆脱粗放型经营，但产业化程度低。近十多年来，西宁市依托“大美青海、中国夏都”品牌，打造高原特色旅游业。旅游业从小到大，迅速掘起，逐渐摆脱了粗放型经营阶段，旅游收入增长快于接待人数增长。2013全年接待国内外游客1306.83万人次，增长15.9%。旅游总收入100.76亿元，增长34.0%。但各个区县旅游景点建设也呈现无序竞争、低档次数量扩张的局面，亟待深度开发。对重点旅游线路和旅游区建设缺乏足够的重视，旅游产品比较单一，缺乏多元化。同时区位偏远、空间尺度过大、交通不便，旅行成本高，旅游季节性强等不利因素也制约着西宁市旅游业的进一步发展。

（三）西宁市城镇化发展阶段判断

1. 城镇化发展阶段性特征

根据诺瑟姆总结的城镇化阶段性规律，以30%、70%为界将城镇化进程分为初期、中期、后期三个阶段。

初期：（30%以下）城镇化缓慢发展阶段，城镇化水平较低，经历的时间较长；区域比较优势逐步强化专业分工，农业经济仍占主导地位，工业企业的扩大再生产吸引农村劳动力向城市转移；城市规模小、功能单一，城市间均质化特征明显、横向联系较弱，城市空间形态呈零星的点状分布。

中期：（30%—70%）城镇化加速发展阶段，人口向城镇迅速集聚，城镇化水平快速提升；城市规模经济不断强化，技术、人才、资金等要素投入加大，城市经济全面崛起，二、三产就业比重大幅上升，区域间、城乡间的发展差距逐步扩大；城市规模迅速扩张，大城市和特大城市发展尤为迅速，城市空间形态从松散的点状向紧凑的面状或带状发展。

后期：（70%以上）城镇化增速趋缓，城镇化主要表现为内涵提升；城市产业结构发生革命性变化，服务业占据主导地位，以大量运用高新技术和先进理念为特征的现代城市产业体系加快形成，农村剩余劳动力在大中小城市间达到动态均衡；城市功能更加复杂和多样化，空间形态向完整严密、相互渗透的网状转变，现代化的都市连绵区形成，城乡一体、区域协调逐步实现。

2. 西宁市城镇化水平的比较判断

基于对世界各国城镇化发展阶段性特征的分析，通过与全国及发达地区比较，现从人口城镇化率、城镇空间形态、城镇就业、城市建设水平四个方面对西宁市城镇化水平进行综合判断。

（1）从人口城镇化率看

西宁市现有户籍人口 198.46 万人，农业人口 105.82 万人，占总人口的 53.32%。2013 年，西宁市城镇化率已达到 67.8 %正处在中期阶段，但城镇居民人口只占总人口的 46.6%，城镇居民人口比例和全市的城镇化率存在较大差距，特别是大通、湟中、湟源三县城镇化率水平较低。

（2）从城镇空间结构看

中心城市承担带动经济发展增长极的作用发挥不够，其它城市（镇）职能单一，产业结构雷同严重，竞争激烈，产出效率低，空间资源未得到有效的利用，尚未形成分工协作的发展格局。西宁市城镇空间体系表现为市辖区，受省会城市的辖射与带动能力更大；湟源地区，受气候、交通的限制，城镇体系发展动力较弱，空间结构松散；大通和湟中地区，受资源开发和工业园区的强力推动，城镇体系格局有加速重组的新趋势。

（3）从就业结构看

依据配第——克拉克定理：随着人均收入水平的提高，劳动力首先由第一产业向第二产业转移；当人均收入水平进一步提高时，劳动力便由第二产业向第三产业转移。劳动力由生产率低的部门向生产率高的部门转移的规律反映了经济增长方式的转变过程，表明就业结构是一个国家或地区经济发展阶段的重要标志。

西宁市的就业变化趋势基本符合城市发展一般规律。近十多年来，尽管第三产业就业比重保持了上升趋势，但第一产就业比重上升势头未有明显改变，第二产业就业比重不但没有下降，反而呈上升趋势。表明自 2005 年以来，西宁市工业化相对强劲，第三产业略有下降，但总体保持平稳，可见二、三产就业比重大幅上升，区域间、城乡间的发展差距逐步扩大；由此可认为，西宁市就业结构处于城镇化加速发展阶段。

（4）从城市建设水平看

近年来，西宁市积极把握国家推进城镇化的政策机遇，坚持“扩市提位”战略，加快旧城改造，推进新区开发，完善基础设施，进一步增强了西宁作为青藏高原门户枢纽和中心城市的支撑力和影响力。但总体城市建设水平较低。由于国家对陆地城镇的投资少，而其自身存在投资能力弱、生产力水平低等因素，各城镇均存在基础设施和公共服务设施欠缺和滞后等问题。中心城市的交通规划、建设、管理水平尚不能适应快速发展需要，城市用水普及率，人均绿地面积等低于全国平均水平，学校、医院等公共服务设施建设滞后；中心镇水、电、路、气等基础设施和教育、卫生、文化等公共服务设施建设欠账较多，乡、村面貌亟待改善；城乡建设投资不足，城中村、旧城改造任务繁重，保障性住房不能满足群众需求。

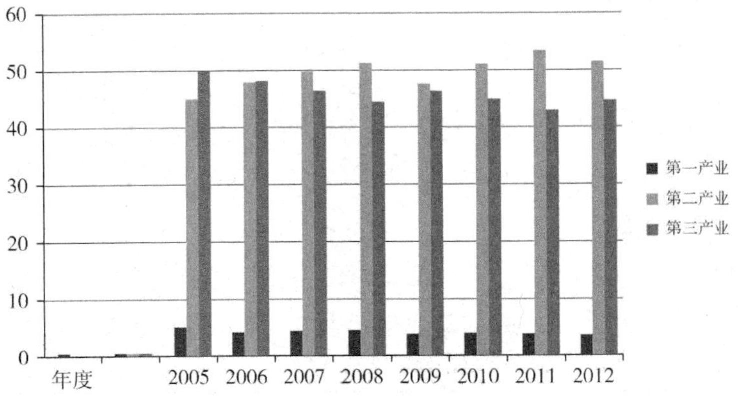

图 17　西宁市生产总值产业结构

从城镇空间结构、人口城镇化率、就业结构、城市建设水平等方面进行测算，西宁城镇化水平在市区与县区之间不均衡、中心城市带动作用不够。但是，西宁目前正处于城镇化率30% ~70%的快速发展区间，加之新型工业化的加速推进，统筹区域城乡发展力度不断加大，将为城镇化提供强大的内在动力和推力，城镇化快速发展还将持续较长时间。随着经济实力增强，人民生活水平提高，服务业快速发展和社会保障体系不断完善，城镇化的潜力将进一步释放。

四、西宁市新型城镇体系发展

（一）城镇化水平预测

1. 常住人口预测

采用综合增长率法。根据历年人口资料及目前人口年龄结构看，西宁市存在人口老龄化后自然增长率下降的趋势，2008—2010 年自然增长率稳定在 4%，2010—2015 年自然增长率将下降到3%左右，2015—2020 年自然增长率将下降到2%以下。根据历史数据，人口近30 年机械增长率一直较低，故以 5% 为预测标准。综合考虑，将西宁的综合增长率设定为：2012—2020 年自然增长率为4%。

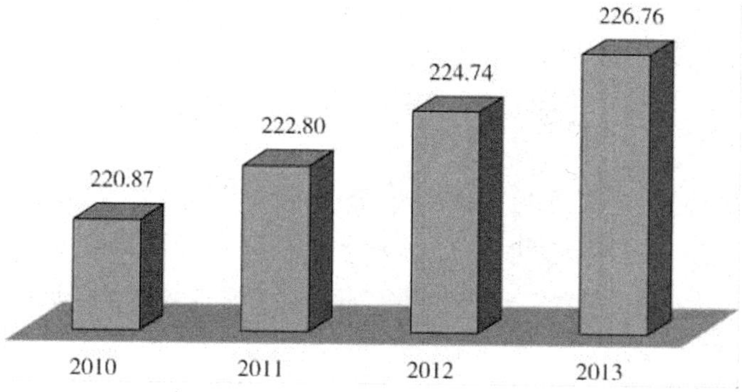

图 18　西宁市常住人口

根据综合增长率法预测公式：

$$Pn = P_0\ (1 + r)^{(n-2)}$$

式中：Pn 为预测期末总人口数（单位：万人），P_0 为预测基期总人口数；r 为综合递增率；n 为预测年年份。

预测结果显示：2015 年，西宁总人口将达到 256. 5 万人；2020 年，西宁总人口将达到 272 万人。

2. 城镇人口测算

根据历年人口资料，西宁市近十年来非农业人口平均递增 11%，2013 年，现状城镇人口为 153. 74 万人，占常住人口的 67. 8%；乡村人口为 73. 02 万人，占常住人口的 32. 2%。全市城镇化率达 68. 2%，考虑到今后加大第二、三产业的发展，城镇人口将继续有较大的增加，预测从 2012 年到 2020 年，城镇非农业人口年平均增长率按 12% 计算。

计算结果显示：2015 年，西宁总人口将达到 228. 5 万人；2020 年，西宁总人口将达到 240 万人。

3. 城镇化水平预测

预测 2015 年，西宁常住人口将达到 230 万人；预测 2020 年，西宁总人口将达到 240 万人。

根据常住人口和城镇人口的预测，相应的城镇化水平为：

2015 年，西宁城镇化率将达到 69. 6%；

2020 年，西宁城镇化率将达到 75%。

（二）构建科学合理的城镇体系

1. 指导原则

以科学发展观为指导，加快“四个发展”，坚持“生态优先、统筹发展、分类指导、突出特色”的规划原则，以城镇群作为推进全市城镇化的主体形态，加快完善中心城市功能，积极培育中小城市和中心城镇，扶持民族地区城镇的发展，创造良好人居环境，努力走“集约、智慧、生态、和谐”的西宁新型城镇化道路。

（1）生态优先原则。立足青海省在全国的生态重要战略地位，大力实施生态立省战略，充分发挥生态屏障的地位和作用，合理确定城镇规模布局，完善城镇功能，优化城乡土地配置，加快建设资源节约型、环境友好型城镇。

（2）统筹发展原则。根据国家区域发展总体战略和主体功能区新布局，形成与周边四省区全面对接的空间开发新格局。坚持城镇化发展与新农（牧）村建设相结合，以城乡统筹发展为导向，形成以城带乡、城乡互动的新局面。

（3）分类指导原则。尊重不同地域在生态环境、历史文化、人口资源和经济发展等方面的差异性，坚持四区三县地区的分区发展，实施分类指导，形成不同区域城镇化各具特色、多元化统筹发展的局面。

2. 加快培育西宁都市区，增强城镇化发展动力。目前，城镇群建设已上升为国家战略，成为区域参与国内外竞争的主要载体。西宁市正处于城镇化快速发展期，东部城市群发展的雏形基本形成，加快培育西宁市都市区可以增强城市互动和内聚外射活力，提高产业辐射强度及范围，带动周边地区产业的发展，从而增强城镇化发展动力，符合当今城镇化发展客观规律。为此，西宁市必须突破按行政区划推进城镇化的格局，综合考虑产业、资源、生态、基础设施等的整体布局，综合协调经济和社会发展、城镇空间布局、资源利用、基础设施和生态环境保护等各项规划的关系，推动区域经济一体化发展。

（1）按照“五个有利于”的原则，确定西宁都市区的范围

①有利于完善城市核心功能，提升综合竞争力。西宁都市区范围的界定应有利于科学完善地提升城市核心功能，增强中心城市的集聚与辖射能力，增强城市综合实力，进而促进区域的一体化发展。

②有利于扩大对外开放水平，提升城市品牌。西宁都市区范围的界定应有利于扩大对外经济交往，积极参与区域经济合作。同时，积极塑造良好的城市品牌，提升城市竞争力和知名度。

③有利于整合区域产业发展，实现区域共赢。西宁市及其周边区域产业发展极其迅速，但多以产业链的中低环节为主，造成各区域无序发展、低水平竞争。从打造综合性产业基地、塑造高端产业功能、整合区域功能一体化发展角度出发，应促进各区域产业的一体发展。因此，西宁都市区范围的界定应有利于加快资源整合步伐，优化资源配置，发挥比较优势及产业所长，实现优势互补、资源

与效益共享，形成集群效应，提高经济效率。

④有利于合理集聚社会资源，实现城乡统筹发展。西宁都市区范围的界定应有利于人口与社会资源的合理集聚，逐步提高人口素质，促进第一产业人口进入第二第三产业，协调城乡发展步伐。

⑤有利于保护区域生态环境，提升环境品质。西宁都市区范围的界定应有利于保护市域和外围的森林与生态系统，维护生态平衡，保障区域可持续发展。

根据以上原则，确定西宁都市区主要为围绕湟水河、北川河、南川河、沙塘川河等 4 条适宜建设的较大河谷地带，形成以中心城区为核心，城镇体系为支撑、以交通、水电等管线相连接，宜居、宜业、宜游、宜人的综合协调发展区。总体上形成“一核、两圈、三带、四组团、三城”的带状组团式空间结构。四组团：鲁沙尔 - 塔尔寺、多巴 - 甘河、长宁、宁东 - 塘川 4 个城市组团。三城：大通、平安、互助 3 个卫星城市。

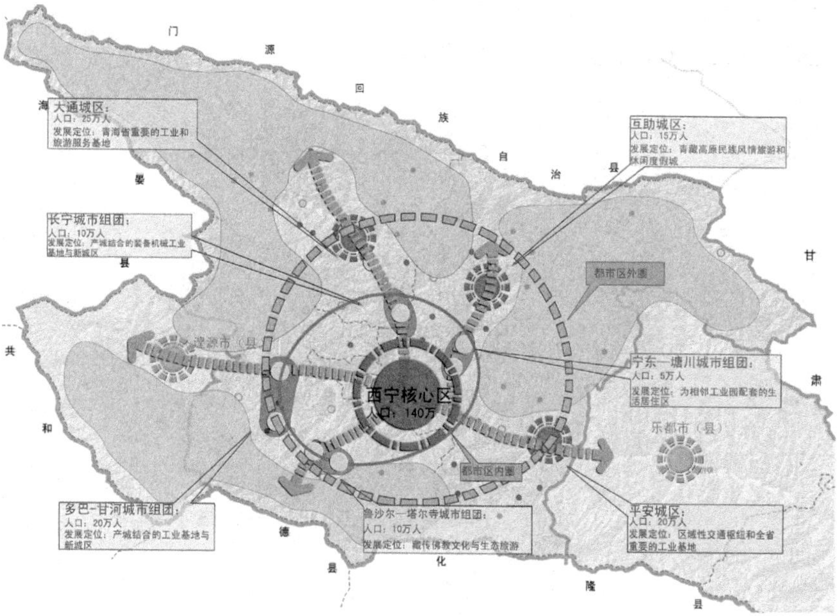

图 19　西宁都市区

3. 加强与兰州和海东的区域协作，构建“大西宁”都市圈

东部城镇密集区是全省城镇化发展的重点地区，该地区城镇的主要特征是综合型城镇发展动力主要是城市化的快速推进，具体包括加工制造业、服务业等产业的发展、基础设施的完善以及对外开放政策的推进等。在该区域构建“西宁 - 民和为主轴，在西宁外围组织三个城镇圈”。西宁 - 民和轴：随着将来兰新铁路客运第二双线（兰新高铁）和全省内西宁为中心放射状高速公路网形成后，将

成为国家城镇化布局的重要轴线。包括3个县城在内的10个小城镇，这条轴线往东延伸可达兰州、西安，往西延伸可往湟源、西海（往德令哈、格尔木方向）或往北延伸又串联近10个小城镇到大通新庄镇。这条轴线也是青海人口最密集地区，由于人多地少，人均资源少，是青海的主要贫困区，加快其城镇发展，对富民强省有重要意义。为促进此轴线的发展，建议将乐都撤县设市。三圈：以西宁为中心的青海东部城镇群已呈现出三级圈层发展态势，第一圈以湟中、大通、平安、互助为主构成，第二圈以湟源、乐都、循化、化隆、尖扎、贵德等城镇为主构成，第三圈以民和、海晏、共和、同仁、门源等城镇为主构成。

随着西宁市第一圈层城镇的发展壮大，将逐渐集聚，与西宁融为一体，成为西宁市的一个有机组成部分。而第二圈层和第三圈层将成为城镇群的次中心城市。今后东部地区次中心城镇的选择主要集中在第二圈层和第三圈层的重点发展城镇中。加强三圈的交通建设，形成环形放射状交通体系。首先提升西宁第一圈层城镇间的环状交通等级，其次在第二圈层兴建倒淌河至贵德的高等级道路，最后在第三圈层兴建循化—宫亭—民和的联络线。

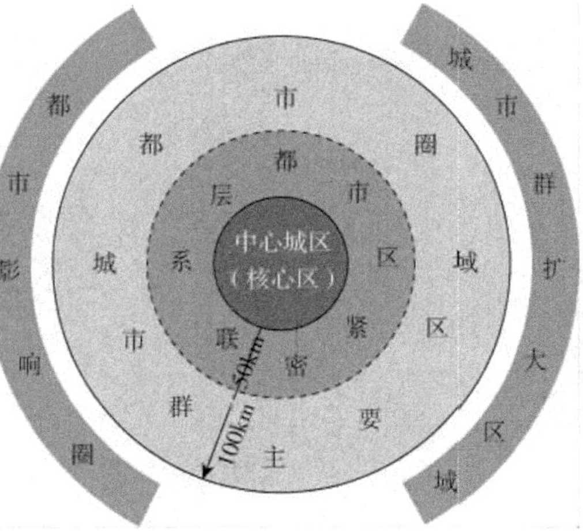

图20　西宁市大都市圈

4. 加快培育西宁都市区一体化发展

一体化的实质是在广域内按照各个城镇的比较优势，完善城镇功能，建立组合功能体系，将相邻的几个城镇联合打造成一个具有紧密内在联系、各城镇协同发展的整体，从而实现各城镇群各城市的共赢发展，而不是为了个别城市的发展而牺牲其他城市的利益，是城镇群各城市良性互动、健康持续的发展状态，有助于提升区域综合竞争力，顺应城市区域化与区域城镇化发展趋势，改变单个城市参与区域竞争的格局。按照各个城镇的比较优势，广域内组织城镇功能体系，打造成具有紧密联系、各城镇协同发展的整体，实现各城镇发展的共赢，克服中心城市规模小、单个城镇竞争力弱、城镇间恶性竞争严重等问题。西宁处于东部城市群的核心区域，而西宁都市区在东部城市群发展中的作用为西宁中心城市合理空间拓展奠定了基础。在都市区一体化规划的引导下，中心城区可以避免连片的扩张，把工业、物流职能和部分教育、居住等职能安排在周边的城市组团和卫星城市，使中心城区能够改善城市环境，更好的发展高端产业，更有竞争力。通过联合协作，避免无序竞争，促进城市组团和卫星城市加快发展，推动东部城市群整体实力快速增长。

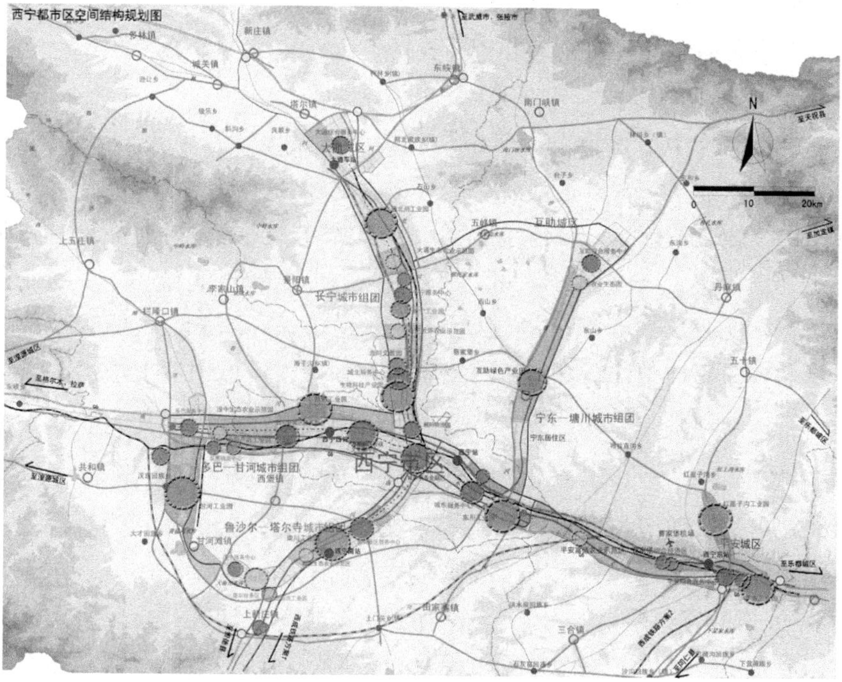

图 21　西宁都市区空间结构规划

5. 做大做强中心城市

中心城市作为国民经济的重要载体，是一个区域参与经济竞争的支撑力量。在世界各国城镇化的进程中，发展最快的是大城市，其次是中小城，最慢的是小城镇。加快西宁作为青藏高原区域性现代化中心城市的建设步伐，扩大规模，完善职能，最大程度地发挥其对全省城镇化进程的“极核”作用。青海省地广人稀，适宜居住生活的地区却不多，而自然条件适宜人居，经济发展又足以吸纳更多劳动力，对地区发展起到带动作用的目前只有西宁市。西宁的发展对改善全省更多人口的生活条件、提高全省经济发展水平、带动周边小城镇的发展以及促进西宁一民和城镇带的发育都有重要意义。同时，西宁是青海的门户和窗口、对外交流的基地，首位度高，辐射全省，并保持着与全国乃至世界的联系。

做大做强西宁市应从三方面着手进行：首先，要加大西宁市的要素聚集，积极发展新兴产业，完善城市功能，壮大其经济辐射力和带动力。其次，要进一步拓展城市发展空间，在建设好城南新区、经济技术开发区、生物园区的同时，通过行政区划调整，适时扩大城市的建成区面积。同时，在市管县的基础上，研究县改区的问题，把大通桥头镇、湟中县多巴镇等改为西宁市的新城区，为大西宁提供足够的发展空间。再次，要进一步完善西宁市的基础设施及周边地区的区域基础设施，改善西宁的投资环境和生活环境。

6. 市域城镇中心体系。

形成以市区为中心城市，大通桥头和湟源城关为次中心城市，大通的黄家寨、城关，湟中的田家寨、上新庄、上五庄、共和和湟源的大华、日月、东峡镇为重点镇和一般镇的四级城镇体系的区域中心城市，完善城市功能，提高城市辖射带动能力。形成“一核驱动，双星拱卫，沿轴集聚”的城镇空间布局结构。其中“一核”为西宁中心城市；“双星”为大通桥头和湟源城关两个次中心县城市，引导人口向用地条件较好的川道集聚，加强主要发展轴线上城镇的产业经济联系和服务设施共享，形成“沿轴集聚”。

（三）城镇体系规模等级结构分析

城镇规模是城镇与腹地间集聚和扩散效应的反映，城镇体系的等级规模结构是区域内城镇规模的层次秩序。各级城镇的辐射范围有机、有序组合构成为区域社会经济的载体。区域城镇规模分布呈动态的演进，在地区社会经济发展的不同阶段其构成是不一样的。城镇体系规模等级结构规划就是通过对城镇体系规模分布规律的研究，明确不同规模等级城镇的组合特点和发生发展规律，并在此基础上为制定城镇体系发展战略提供可靠的依据，更好地发挥各级城镇的地区“极核”作用。

1. 我省城镇体系规模等级结构现状

从青海省城镇现状人口规模来看，从青海省城镇现状人口规模来看，随着青藏铁路的通车，直接带动省会西宁、柴达木新城格尔木两个交通枢纽城市快速发展，渐次带动海东建市（地级市）、玉树建市（县级市）和德令哈市的快速发展，未来逐步引导共和、贵德、海晏、玛沁、门源、同仁等省内撤县建市。

表 37　西宁市城镇人口规模分布

等级	人口	城镇	个数
1	≥50 万	西宁（80）	1
2	20—50 万		0
3	5—20 万	格尔木（14.6）大通（8.8）共和（6.3）德令哈（5.6）	4
4	2—5 万	乐都（3.7）　平安（3.1）　茫崖（2.9）湟源（2.7）　冷湖（2.4）湟中（2.4）　互助（2.3）　化隆（2，3）玉树（2. 2）	11

2. 中心城镇的发展潜力分析

西宁市城镇发展受高海拔自然环境条件、经济发展水平、城市发展历史、政治因素等因素的限制，规划综合分析自然、社会、经济、环境等因素对城镇的作用，来计算各县市的发展潜力，预测城镇未来演变趋向和发展定位，确定城镇体系等级规模结构体系。

根据西宁市城镇体系的基本特征，用社会经济实力和区位资源影响下形成的地区综合发展潜力来评价城市的发展，采用城镇人口、人均 GDP、人均固定资产投资、工业增加值、第三产业比重、科教文卫投入占财政支出的比例、农牧民人均收入、财政总收入共 8 个指标综合反映城镇经济发展实力，三县县城和多巴镇发展潜力较大。

表 38　西宁市城镇经济发展综合实力分析

城镇	西宁	大通	湟中	湟源
非农人口（万人）	91.91	8. 8	2. 4	2. 7
人均 GDP 产值（元/人）	5980	3768	1718	1603
人均固定资产投资（元/人）	2609	2120	446	534
工业总产值（亿元）	62. 03	34. 2	5. 7	2. 0
工业增加值占第二产业比重		0. 85	0. 85	1. 0
科教投入占财政支出比例		0. 35	0. 39	0. 32
农牧民人均收入（元）	1512	1451	1278	1321
财政总收入（元）	6. 72	0. 9	0. 4	0. 2
经济发展优势潜力指数 pi		31. 35	14. 32	11. 86
位序	1	2	10	17

表 39　西宁市城镇经济发展综合实力分析

类别	指标特征	城镇
一类	25≤Pi	西宁市
二类	25≤Pi≤l5	格尔木（39. 7）　大通（31. 35）　尖扎（25. 06）　茫崖行委（21. 05）
三类	15≤Pi≤25	共和（19. 30）　乐都（16. 77）　互助（15. 65）　平安（15. 18）
四类	10≤Pi≤15	德令哈（14. 74）　湟中（14. 32）　民和（14. 12）海晏（13. 59） 同仁（13. 45）　大柴旦（12. 43）　祁连（12. 27）　门源（11. 88） 湟源（11. 86）　玉树（11. 79）　玛沁（11. 17）　刚察（11. 00）
五类	5≤Pi≤10	其他

3. 城镇职能类型分析

城镇职能是城镇在区域中担负的主要任务和作用。城镇在区域宏观发展中表现出三种基本职能：社会政治职能、经济发展职能和文化传播职能。城镇职能的分析以县级以上城镇，一产业比值大于 1 为界，把城镇职能类型归结为四大类型：综合型、工矿型、农牧基地型、文化旅游型四类城镇。县城以下建制镇由于多是次区域行政管理中心，兼具地域商贸集散地功能，对周围广大农牧区辐射扩散作用微弱，课题组依据县域城镇体系规划的职能定位，同时结合城镇区位关系，区域资源和交通条件的分析，综合确定其职能构成。

可将城镇产业活动划分为满足本地居民需求的非基本活动和为区域提供专业化服务的基本活动两部分，从而，城镇职能就可以用城镇各产业的专业化程度、职能强度和职能规模三大指标来衡量。专业化程度一般用区位熵来表示，它表现城镇某产业部门经济量（从业人数、生产量、产值等，下同）对全区该产业部门经济量的影响程度。若区位熵大于1，说明该城镇、该职能部门的影响力超过了城镇本身范围，是产业输出部门，也即是城镇的主导经济职能之一；若区位熵小于1，说明该职能部门影响力较小，属于非基本活动部门。职能强度反映的是城镇输出产值占城镇总产值的比例，它以城镇基本和非基本两大类别表达出城镇的职能。职能规模是反映城镇在全区范围内专业化生产程度位序的指标，它反映城镇某产业部门产值在全区域该产业部门产值中的排列地位。现选择耕地占总土地面积比重、农牧业产值增加值比值、三产从业人员结构、工业增加值占第二产业增加值的比重、三产结构、文教科卫投入占财政支出比例、现有能源矿产资源数量及可开采量、旅游资源及规模和知名度等指标，作为评判各县镇职能类型的依据。

表 40　西宁市县级城镇职能类型影响因素分析指标

城镇	西宁	大通	湟中	湟源
城镇人口占总人口比重	—	0.2	0.05	0.20
三产从业人员结构 Ⅰ∶Ⅱ∶Ⅲ∶其他	—	65∶20∶6∶9	70∶12∶9∶9	75∶8∶9∶8
农牧业增值价加值之比	—	1.72	1.91	1.64
牧业增加值占 GDP 的比重	—	0.07	0.15	0.18
三产产值结构 Ⅰ∶Ⅱ∶Ⅲ	—	21∶60∶19	44∶26∶30	48∶19∶29
工业增加值占第二产业比重	—	—	0.85	1.0
能源矿源产资源	—	无具体数	—	—
旅游资源	—	无具体数	—	—
耕地比重%	—	16.7	26.8	13.2

针对现状职能结构的特点和问题，依据城镇发展条件和目标，从区域层面协调镇间的分工，形成合理的城镇职能类型结构。据上述分析，把职能类型划分为综合型、工矿型、农牧基地型、文化旅游型四类城镇。A：综合型；B：工矿型；C：农牧基地型；D：文化旅游型。

表 41　西宁市城镇职能类型结构

市、县名	职能类型	城镇名称	主要职能
西宁市	综合性	市区	全省政治、经济、文化中心
大通县（桥头镇）	工矿型	桥头镇	工矿城镇
		长宁镇	商贸、农牧业产品加工为主
		多林镇	商贸型
		东峡镇	商贸型
		郭庄镇	商贸服务镇
		塔尔镇	城乡物资交流等
		黄家寨镇	商贸型
		景阳镇	商贸型
湟源县（城关镇、大华镇、申中镇、东峡镇）	文化旅游型	县城	全县政治、经济、商贸、文教中心，省内重要的旅游及服务基地
		巴燕镇	交通枢纽、农牧业中心镇
		和平镇	副食品供应基地
		寺寨镇	农牧业中心镇
		塔湾镇	农牧业中心镇
		波航镇	农牧业中心镇
		日月镇	旅游服务基地

续表

市、县名	职能类型	城镇名称	主要职能
湟中县（鲁沙尔镇、上新庄镇）	文化旅游型	县城	全县政治、经济、商贸、文教中心；省内重要的旅游基地
		多巴镇	交通枢纽、副食品供应基地
		甘河滩镇	工业园区
		西堡镇	农牧业中心镇
		上五庄镇	农牧业中心镇
		田家寨镇	工业、商贸型
		拦隆口镇	农牧业加工、城乡物资交流等
		共和镇	商贸、农产品加工等
		海子沟镇	商贸、农产品加工等
		总寨区	商贸、农产品加工等

有效发挥这些城镇还是西宁的职能作用：一是带动青藏高原经济发展，促进民族和谐的区域服务中心。二是西北地区综合交通枢纽，青藏高原物流中心。三是全国重要的夏季会议中心和高原旅游服务基地。四是国家级循环经济发展示范基地和高原特色产业基地。五是集约低碳、特色鲜明的生态宜居城市。

五、西宁新型城镇化建设模式选择

城镇化发展模式的选择，需要综合考虑本地区区位环境条件、经济发展水平、产业发展状况、社会进步程度、资源禀赋水平、生态环境质量、民族地区文化等因素，并借鉴国内外城镇化发展的经验教训，积极探索符合当地实际的城镇化模式和发展路径，推进具有地域特色的城镇化。为此，针对西宁市内不同区域的基础环境条件和地域特色，选择城镇化发展的主导模式，提出西宁市城镇化发展模式的若干设想。

（一）功能辐射型发展模式

在区域序列城镇发展中，应选择重点城镇，强化中心城市功能建设，使之成为带动地方社会经济发展的辐射中心。目前，在城镇化的过程中，小城镇的发展普遍存在各自为政，欲求以“小而全”来达到实现自我服务的目的，而这往往会造成小城镇功能弱化的问题，使得小城镇的发展与周围地区的经济发展缺乏内在的联系性，小城镇与小城镇之间相互独立，较少拥有资源共享的经济效益，使得在利用社会资源的过程中重复建设的浪费和资源利用不足现象并存。同时，城镇化本身就是一个循序渐进的过程，其发展中既需要物质上的积累，也需要文化上的积累，这就要求通过科学的规划，认清小城镇的现状和发展条件，把握各建制镇在不同层次区域发展中的地位与作用，统筹安排，协调发展。实际工作中则需要根据城镇规划体系，对区县内的各个小城镇首先按其在各自区域经济发展的规模、地位与作用予以序列性规划，确定重点城镇，集中力量优先建设，突出发展其综合性城市职能，使之建立起较为完善的城市经济基础，促进诸如工业、商业、金融、交通及体育文化等一系列产业的全面发展，从而使这一类的重点城镇成为地区经济成长中心，带动整个区域城镇化的高质量持续发展。

表 42　市域城镇等级规模结构

等 级	规模（万人）	数量（个）	城镇名称
中心城市	200	1	西宁市
县城	8－20	2	桥头、城关（湟源）
重点镇	0.5－3	9	黄家寨、城关（大通）、大华、田家寨、日月、上新庄、上五庄、东峡、共和
一般镇	<0.5	——	其它城镇

（二）高原特色产业型发展模式

高原特色产业型发展模式是指从城镇发展增长极的极化效果原理出发，依据具体城镇的经济开发优势，确立带有地方特色的主导产业，形成特色经济，以城镇产业化的发展带动城镇成长。产业分工形成“核心提升、分工配套、基础产业”圈层式布局引导，发展近郊都市农业、远郊精品农业、山区高效特色（生态）农业等新型农业；加快产业向重点园区集中，实现产业空间高效集约化发展；提升和强化现代服务业，完善各项生产和生活服务功能。

西宁作为省会城市和全国内陆开放城市，国有大中型企业多，工业门类齐全，城市化水平较高，是青海政治、经济、文化、信息、科技中心和交通枢纽。西宁应加快优势产业发展，继续推进产业结构调整，发展特色经济，充分发挥生产要素集聚、依靠省内丰富资源的优势，改造提升传统产业，发展壮大优势产业，培育发展高新技术和新兴产业，构建适应市场经济要求的特色经济体系。要切实将两个方面做强做大：一是把优势产业做强做大；二是把新型工业向园区集中，做强做大。同时，加强与周边区域，特别是与甘肃省会城市兰州的经济联系和产业整合。为此，在产业发展中，应突出以下重点：第一，工业强市。依托省内资源优势，重点发展冶金、化学、建材工业，同时改组、改造轻纺和机械工业。不断提高加工水平和产品质量，把西宁建成全省乃至青藏地区最大的综合性工业基地和资源转换枢纽。第二，科教兴市。进一步加大科技投入力度，推动高等教育及继续教育的不断发展，提高人口整体素质。同时，针对西宁的实际不足，本着“不求所有，但求所用”的原则，采取灵活的政策措施，积极引进外地的人才和技术，推动经济技术开发区的蓬勃发展，提高科技贡献水平。第三，商贸活市。继续发展生产资料市场，完善技术、人才和劳动力市场，组建金融、保险、信息市场，增强城市综合服务功能，促进新兴服务行业发展。第四，农业稳市。重视城郊现代农业建设，搞好“菜篮子”工程，满足城市居民生活需要。

（三）低碳生态宜居城市发展模式

以科学发展观为指导，从区域发展的全局出发，将城市发展水平的提高与高原生态环境建设统一起来。依靠科技进步，调整和优化产业结构，构建高效增长的城市经济结构和绿色产业体系，合理规划生产力布局；集约利用城市土地，提高土地和资源利用效率；建设完善的现代化城市基础设施和公共服务设施，使城市的发展建立在环境容量、自然资源承载能力容许和生态宜居的基础上；加强城市生态环境保护和建设，构建自然生态系统良性循环、资源充分合理利用、绿色经济特色明显、人与自然和谐相处的城镇体系，努力建设优美的城市环境和高素质的社会生态文明。

西宁市遵循主体功能区确立的据点开发、保护生态环境原则。依托周边旅游资源，发展观光环线旅游，建设青海省服务中心。并加强市域生态保护工作，强化对水源涵养区、山体景观功能区、生物多样性保护区、城市绿地功能区等不同功能区的管理，形成良好的区域生态环境。

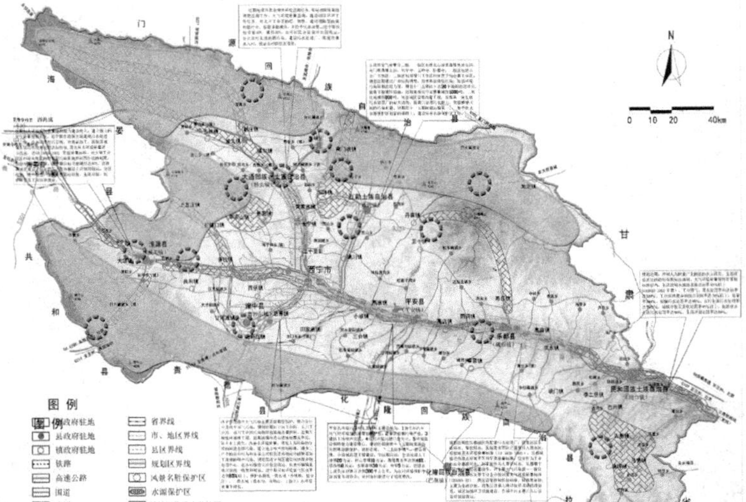

图 22　西宁市主体功能区

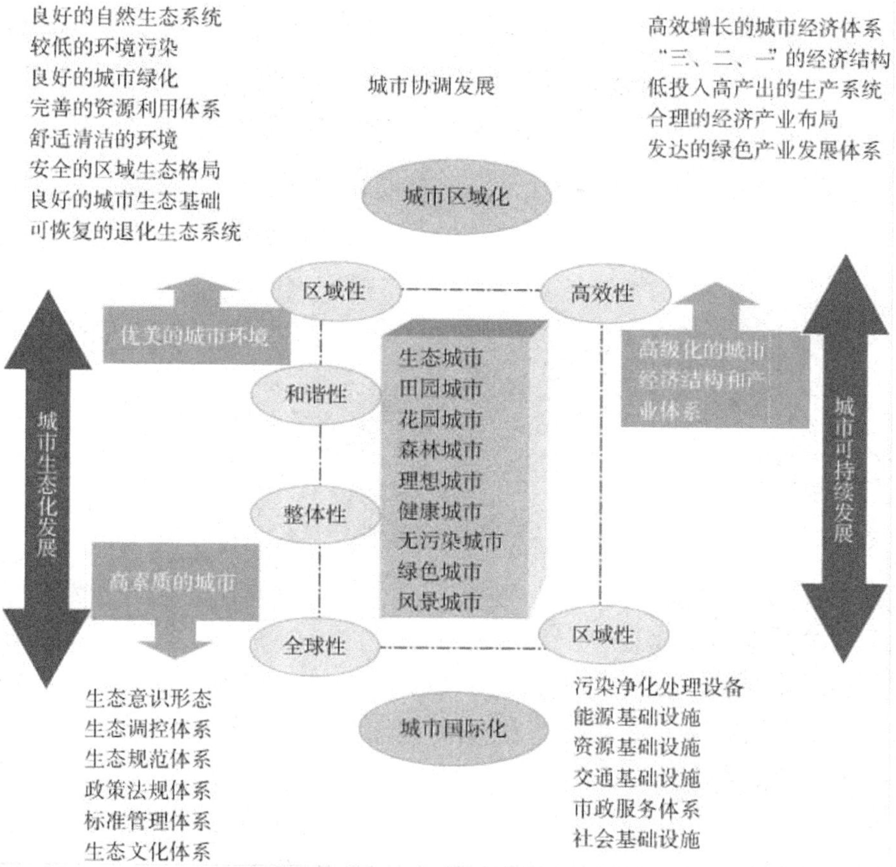

图 23　西宁市生态城市发展目标

保护生态脆弱区的生态环境，维护区域生态系统所需的必要生态屏障；引导城市发展体系与自然生态空间的和谐共生，保障和促进城市的可持续发展。以生态林建设、水土流失治理和水源涵养为重点，把西宁市建设成为社会、经济、自然协调发展，生态环境良好的现代化生态宜居城市。通过天然林保护、退耕还林还草等工程，继续营林造林，治理水土流失和土地退化，综合治理环境污染，使生态环境向良好方向转变，初步建立安全的生态防护体系。继续加强周边山区、湟水及其支流等重要生态功能区的保护，进一步提高森林覆盖率，加强生态功能区、自然保护区和生态示范区的建设，构筑资源节约、环境优美、生态安全的良好体系。

（四）循环经济发展模式

遵循“减量化、再利用和资源化”的原则，把清洁生产、资源综合利用、生态设计和可持续消费等融为一体，运用生态学规划来指导人类社会的经济活动。地区不仅应在单个企业内部，而且应在整个区域范围内配置资源，通过延长产业链，将上游产业的废物变成下游产业的原料，实现能源的梯级和循环再利用，使经济活动对自然环境的影响减少到尽可能小的程度。

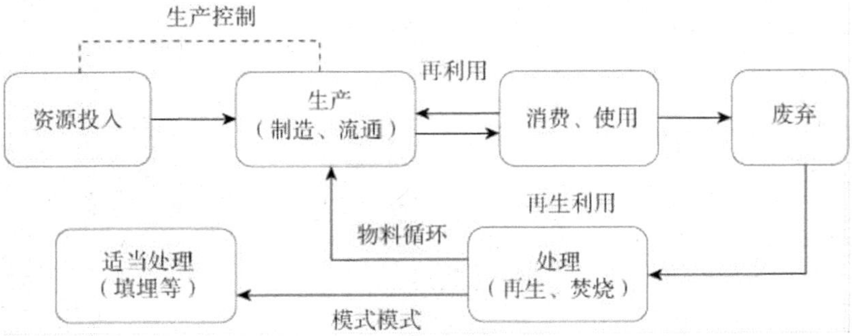

图 24　西宁市循环经济城市发展

西宁市应强化资源节约利用，推进节能减排发展循环经济。强化节能减排目标与资源综合利用等项目，通过废物交换、循环利用、清洁生产形成企业间的共生模式，园区实现资源的有效利用、物料的闭路循环和污染物的低排放。通过倡导绿色消费、创建绿色社区、绿色城市，建立社会化大循环，积极发展现代农业、服务业的循环经济及生态旅游业。以废弃物集中处理和建立社会化循环利用体系为基础，开展循环经济试点工作，不断提高资源利用效率，促进资源高效循环，初步构建布局合理、运行高效、绿色生态的循环经济产业体系。促使经济发展全面转入循环经济的新模式，逐步将西宁市建成为西部地区领先的循环经济模范城市。

（五）文化体育旅游融合型发展模式

文化体育旅游融合型发展模式是指对某些区县文化得天独厚、底蕴丰富的城镇，以保护文物资源为基础，通过开发文化产业来建设城镇的发展模式。西宁地处黄土高原和青藏高原结合部，是一个多民族城市，其文化艺术的发展具有浓郁的民族特色和地方特色。从文艺形式看，有戏剧、曲艺、歌舞、音乐、民歌等。戏剧主要有眉户剧、平弦剧、藏戏、灯影戏、豫剧、秦腔。曲艺主要有平弦、越弦、下弦、道情、贤孝。歌舞音乐主要有汉族的社火、土族的安昭、回族的宴席舞、撒拉族的婚礼舞、藏族的锅庄舞以及藏传佛教寺院在祭祀、典礼、法会时演奏的寺庙音乐。民歌主要有汉、回、土、撒拉族喜爱的“花儿”和藏族的“伊”等。此外，藏传佛教圣地塔尔寺的酥油花、堆绣、壁画被誉为“艺术三绝”，黄南州的热贡艺术和湟中农民画也在国内外享有盛誉。地理区位上西宁地区属于丝绸之路经济带南线的必经之地。对城镇的发展建设，既要充分挖掘文化资源的产业优势，又要将开发与保护文化特色相结合。正如《马丘比丘宪章》中所提出的“一个城市的个性和特征是其体形结构和社会发展特色的结果，因此，不但必须要保存和维护好城市的历史遗址和古迹，而且还需要将一般文化传统继承下来。一切赖以确定社会及民族特性的、具有重大意义的文物必须加以保护”，只有这样，人类不同地区的特色文化与文物才能得以有效传承和保护。

西宁应依托高原独特的旅游景观资源、青藏高原地区农牧文明交汇、汉藏融合的文化特殊性和魅力性，积极发展高原特色旅游、文化旅游，建设高原旅游集散地和目的地。加强营销“中国夏都”的品牌，大力发展会展旅游及相关服务业，发挥西宁市在西北和青海省的旅游中心地位作用，提高西宁旅游业对周边的辐射带动能力。努力将西宁建设成为全国性的高原旅游目的地和旅游服务中心。

旅游发展策略：一是加强环西宁“中国夏都”旅游圈的打造，依托全省及青藏高原的旅游资源和西宁市的区位优势，营造环西宁“中国夏都”旅游圈，把以西宁为中心的环西宁地区和青海全境打造成为国际旅游品牌和国内著名的旅游目的地。二是坚持以人为本，整体创新，发挥西宁市在青海省建设高原旅游名胜中的中心作用，通过系统组织，开发重点景区，推出精品旅游线路和特色重点旅游产品，逐步形成系统完善、内容丰富、配套齐全、形象鲜明的旅游目的地，使之成为区域旅游的龙头。三是突出西宁气候、民族、文化、生态的优势，发展高原休闲度假、体验旅游，逐步形成集避暑度假、民族风情、历史文化、休闲观光、体验之旅等多种类型的旅游产品体系。四是增强旅游业发展活力和产业带动力，将旅游业和高原特色产品加工、民族特色文化产业联动发展，把旅游业培育成全市更加开放、更具活力的优势支柱产业，才能促使西宁的城镇发展与建设获得持久的发展动力和生命力。

以上所提的五种特色城镇发展模式，虽称之为模式，但却不能机械地理解为是所有城镇发展中必须仿效的固定模板，而只能作为城镇化推进过程中形成城镇发展个性、突出城镇发展特色、增强城镇成长活力的一种指导性方案。实际发展中，应结合西宁各区域的经济发展水平、自然条件、资源环境、文化背景、区位条件的具体情况而定，可以是上述某一模式的仿效和发展，也可以是某一种模式的创新和完善，甚至是一种以上模式在具体点位上的综合运用。总之，西宁地区新型城镇化的未来发展会呈现“百花齐放”的发展局面，其长远的奋斗方向在于，以国家城镇发展战略为中心，以具有地方特色的城镇建设为目标，实现西宁新型城镇的可持续发展。

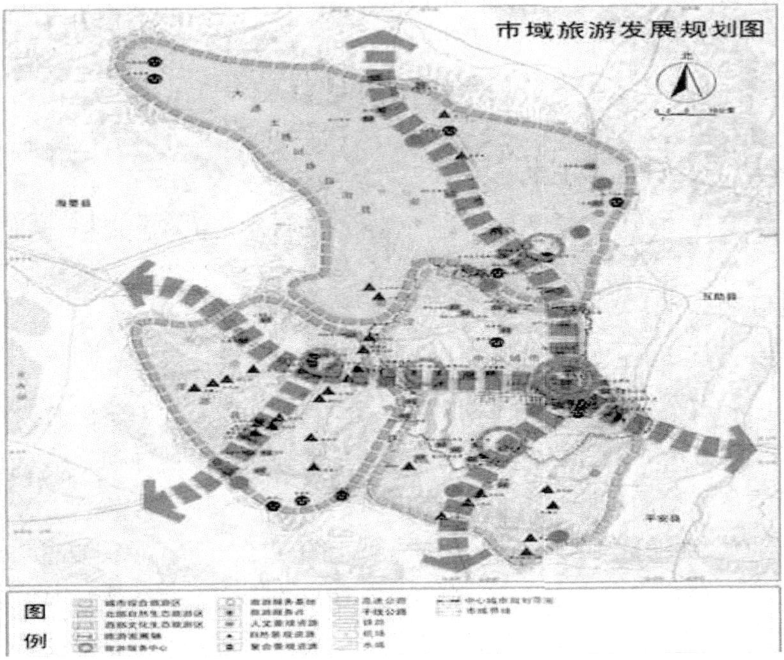

图 25　西宁市市域旅游发展

六、西宁新型城镇化建设的总体发展战略

（一）西宁新型城镇化建设的指导思想

按照十八大和十八届三中全会、中央城镇化工作会议精神，紧紧围绕全面提高城镇化质量，加快转变城镇化发展方式，以人的城镇化为核心，有序推进农业人口市民化、积极承接全省人口向西宁集聚；以城市群为主体形态，努力打造重点城镇；以综合承载能力为支撑，提升城市可持续发展水平；围绕跨越式发展和长治久安的战略要求，以建设和谐西宁、繁荣西宁、开放西宁、绿色西宁和魅力西宁为导向，贯彻“以人为本、规划先行、环保优先、生态立区、城乡统筹、布局合理、集约高效、特色突出”的原则，坚持走资源开发可持续、生态环境可持续的发展道路；以现代文化为引领，以改革创新为动力，以农牧业现代化为基础，以体制创新为先导，破除城乡及城市内部二元结构，推动基本公共服务均等化。走以人为本、四化同步、科学布局、城乡统筹、生态文明、文化传承、符合省情、具有西宁特色的新型城镇化道路，在优化城乡空间结构、产业结构和需求结构上实现新突破，建设更加繁荣、更加美丽、更加宜居的青藏高原现代化中心城市。

坚持以人为本为核心的西宁特色城镇化道路的指导思想主要包括以下几个方面：首先要加快西宁环境条件恶劣地区贫困人口的转移，使城镇转变为接纳这些“生态”移民的主要载体；其次要重视西宁农村剩余劳动力的转移，大量减少农民的数量，促进农业集约化，提高农民的收入；再次要在各项城镇建设规划中充分考虑满足人的各方面生活需要，提高城镇基础设施的建设质量，依托西宁的特色创造良好的人居环境，突出抓好城镇服务业，提升城镇整体功能，增加城镇人口容量承载力。西宁新型城镇化的建设发展还应坚持生态环境和社会经济效益相结合的指导思想。西宁地区的生态环境脆弱，城镇发展必须注重保护生态环境，建设良好的城市生存环境，促进城镇生态环境和社会环境的可持续发展。社会效益主要体现在城镇的终极发展目标是为人们提供高质量的生活环境的社会服务，最大程度上满足人类自身不断增长的物质需求及精神需求。为体现以人为本的战略思想，西宁新型城镇建设必须追求各种社会公共服务设施和公共环境建设的较高水准，实现社会效益的最大化。西宁区域广阔，各个地区的自然环境、经济发展水平及产业结构等方面差异较大，各地区的城镇发展也处在不同的水平上，因此很难用全部统一的城镇化建设模式来指导各个地区的城镇化建设，即西宁各地区之间城镇布局及城镇化水平的差别，要求各地区城镇化在发展速度、发展模式上应适合本区的实际状况，采取相应的策略。此外，西宁的人口分布分散，少数民族的比例很大，各民族在生活习俗、文化传统上存在很大的差异，在城镇化的发展建设中应充分根据各地区的民族文化特点进行。

（二）西宁新型城镇化建设的发展定位

西宁新型城镇化建设的发展定位目标：将西宁打造成为“更加繁荣、更加美丽、更加宜居”的青藏高原现代化中心城市，国家“丝绸之路经济带”的战略性节点城市，引领“兰—西经济区”发展的主要枢纽城市，建设我省东部城市群的龙头城市。一是带动区域发展的西北经济高地。实现西宁经济城市率先发展，增强西宁经济的核心龙头地位和区域辐射能力，带动青海东部城市群的整体崛起，成为引领全省社会经济发展的先导地区，西北重要的城镇综合经济区，努力跻身为以青海东部城市群的整体崛起的西北经济高地。二是自然人文有机融合的区域服务中心。推进西宁三产服务业全面发展，完善城市区域服务职能，打造青藏高原地区的旅游会展服务中心、商贸物流中心、科技文化教育中心、高原产业创新服务中心、人与自然有机融合的区域服务中心。三是具有国际知名度的高原旅游名城。积极联动西宁周边地区的独特高原旅游景观资源，全面挖掘城市的历史文化底蕴、民族特色风貌，加强城市品牌营销和知名度提升，使西宁成为具有国际知名度的高原旅游名城和全省文化中心城市。四是宜居宜业、保障完善的生活之城和幸福之城。协调经济发展与生态环境保护的关系，重视人居环境塑造，创造环境优美、生态宜居的城市环境与风貌；把社会事业和民生保障作为政府工作的重点，进一步提升城市公共服务水平，拓宽就业渠道，完善各项社会保障，营造和谐安定的社会环境。

（三）西宁市新型城镇化的原则

生态型发展：按照生态保护第一、资源循环利用、城镇集约发展的总体要求，以据点作为推动市域城乡统筹发展的主体形态，构建资源节约型、环境友好型社会，主动开辟人与城市和谐、城与自然和谐的新境界，建设美丽西宁，支撑全省生态文明先行区建设。

集约发展：以提高资源综合利用效率为核心，以要素的集聚为重点，加快建设资源综合利用体系，优化配置土地、水资源、能源、资金等生产要素，努力形成生产发展、生活富裕、生态良好且具有西宁特色的文明发展之路。

创新发展：全面深化改革推动城镇化发展体制机制创新，建立完善城乡一体化发展制度，促进经济增长从主要依靠资源开发向多元产业、内驱动转变，促进经济增长从主要依靠资金和物质要素投入向主要依靠科技进步和人力资本带动转变，建设国家创新型、国家创业型城市。

特色发展：提升人居环境要坚持特色取胜，既要重视区域中心城市的发展，又要重视中心城镇的发展，高起点、高标准、高品位规划城镇，塑造有地域特色的城市风格。

和谐发展：将城镇发展与和谐社会建设有机结合起来，完善公共服务设施及市政基础设施建设，强化社会保障，改善人居环境，培育文化氛围，促进社会和谐发展。

节约型城市：在全市范围内优化配置土地、劳动力、资金等生产要素，积极推动城乡互促共进，实现城乡统筹发展。

优化发展：按照生态优先保护、资源科学开发、城镇有序发展的总体要求，以据点作为推动市域城乡统筹发展的主体形态，把城镇化工作的重点转到据点的开发上，构建市域城乡基础点开发体系。

差异发展：提升人居环境要坚持特色取胜，既要重视区域中心城市的发展，又要重视中心城镇的发展，高起点、高标准、高品位规划城镇，塑造有地域特色的城市风格。

（四）西宁市城镇化建设的总体推进策略

（1）加强与兰州市合作，共同引领“兰—西经济区”协调发展。积极联手兰州，主动寻求产业联动合作与区域功能协作，加强兰州—西宁区域性通道共享，成为“兰—西经济区”发展的双引擎。

（2）加强与兰州和海东的区域协作，构建“大西宁”都市圈，共同引领东部城镇群联手发展。积极联手兰州，主动寻求产业与区域功能协作，加强兰州－西宁区域性通道的共享。加快人口向沿湟轴带区域集聚，联动城镇发展，重点培育乐都和民和两个县城为次一级的区域增长极，促进东部区域城镇化和工业化发展。联合拓展，做强“大西宁”都市圈。突破行政束缚，中心城市联合湟中、大通、互助、平安、湟源等重点城镇，构建“大西宁”都市圈，加快都市圈的人口和产业的集聚，提高都市圈集聚规模和综合效益。完善提升中心城市综合服务的核心功能。

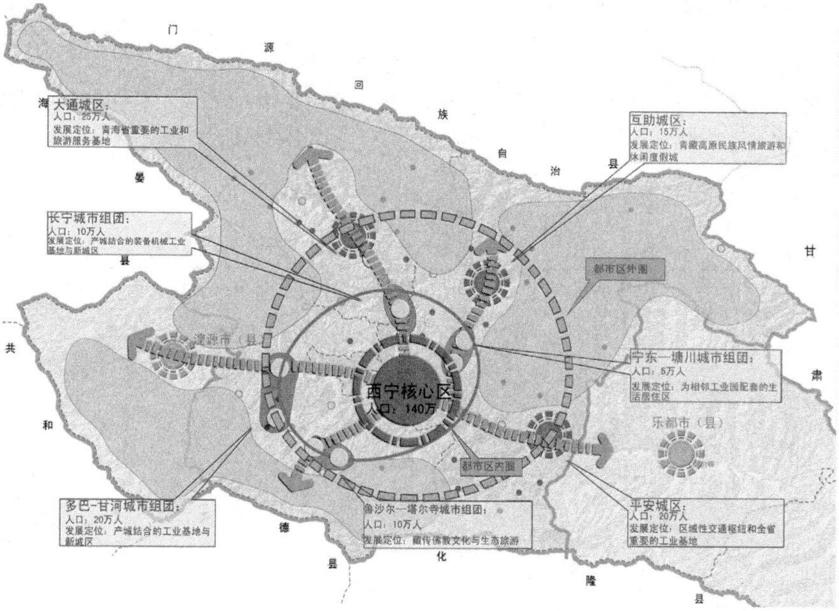

图 26　西宁市大都市圈规划

（3）西宁市城镇化建设的自我推进策略

城市功能转型。从强调生产功能向重视区域服务中心功能转变，顺应消费经济时代的趋势，西宁应积极主动转型，实施经济结构调整策略，实现向服务经济的全面跨越式发展。积极培育会展旅游、商贸流通、现代物流、科技服务等生产性服务业，推动城市区域职能的提升；强化文化教育、房地产业、商业贸易等生活性服务业；全面完善教育、卫生、公共文化、社区服务等公共服务功能推动城市功能由为本市服务向整个青藏高原服务转型。

产业结构转型。从初级资源加工型向循环经济型转变，全面构建高原特色产业体系。用循环经济理念改造传统工业，实现高效集约发展。采用先进技术改造传统基础原材料工业，转变当前高耗能工业粗放式增长的发展模式，提升产业层级，提高工业产品附加值。

公共服务一体化。加快城镇优质公共服务向农村延伸，建成覆盖城乡全体居民的社会保障体系，实现城乡社保对接和合理流转，提升农村公共服务和社会保障水平，加快实现城乡公共服务均等化。

全面构建高原特色产业体系。挖掘地方资源和特色优势，以高原特色作为西宁产业发展的核心竞争力。加快高原特色生态农牧产业化和现代化发展，提高农牧产品附加值；加快高原特色产品加工业的发展，提高西宁产业品牌竞争力；大力发展高原特色文化旅游业，提高西宁旅游品牌知名度。

空间布局重构。中心城区实施“西扩、南活、北优、东延、中疏”的空间发展策略，加快市郊“城中村”整体改造，形成以公共服务和现代服务业为主的城市形态。以多巴为中心形成城市副中心。打造“双城联动、双十字空间结构”。三县形成以县城为中心、重点镇为支点的城镇体系。工业向开发区和三县布局。

表 43　西宁市工业园区产业布局

城市	级别	园区名称		主要产业引导
西宁	国家级	西宁经济技术开发区	东川工业园	硅材料和光伏产业、新材料、精密仪器
			甘河工业园	有色与黑色金属冶炼加工、特色化工、建材
			南川工业园	藏毯、绒纺、锂电池、风电设备、民族工艺、高原特色食品
			上新庄工业园	建材、新材料、机械加工
			生物科技园	与西宁高教区联动发展、重点发展教育科研、信息资讯、生物制药、电子信息
			长宁工业园	装备制造、专业汽车、石油机械
西宁	省级	西钢工业区		促其搬迁或扩能改造、增效减排治污
大通	省级	大通工业园	北川工业园	火电、铝电联产、金属冶炼、新型材料、建材和化工
湟源	省级	湟源大华工业园		金属冶炼及加工、建材、农畜产品加工、轻工

生态环境文明化。突出高原山水城市风貌，破解水、地资源瓶颈制约，强化环境保护和生态修复，减少对自然的干扰和损害，推动形成集约、高效、绿色低碳循环的生产方式和城镇建设运营模式。构建绿色交通体系，以公共交通为主导，加快发展城市轻轨交通，创建公交都市；逐步普及低碳生活方式和消费模式。

突出文化特质。开发利用悠久的民族文化、浓郁的风土民情和多彩的宗教文化，体现对民族文化的传承和信教传统的尊重；重视建设文化环境，提升市民素养、推介西宁名片，留住城市记忆。

（3）突出高原城市风貌特色，打造低碳生态宜居城市

充分利用高原特有的自然和文化景观资源，创造环境优美、生态宜居的城市形态与风貌突出西宁山水景观特征，加强山林绿地与水系规划建设。城市建设要充分体现西宁独特的河谷山川高原地理特征，将两山夹水的地理环境融入城市建设中，建设特色鲜明的高原风貌城市；保护和挖掘历史文化内涵，注重城市传统文化和特色风貌保护，维护特色历史街区和传统建筑特征；突出地域文化与多民族融合的文化特性，凸显浓郁的民族、宗教风情特色，建设特色公共开敞空间，体现对民族文化的尊重和传承；重视人居环境塑造，优化城市空间结构，提高城乡基础设施和公共服务水平，构建绿色交通体系。树立“低碳”“生态”品牌，确立高原特色低碳城市目标。从能源结构、产业经济、城市建设、交通规划等多方面积极推进低碳城市建设：充分利用低碳和零碳能源，提高清洁能源占一次能源消费比重；限制高污染高耗能的企业，优化产业结构、发展低碳产业和循环经济，加大节能减排力度，寻求以最低的资源与环境代价实现城市的可持续发展；采用紧凑式布局，合理控制城市规模，建立低碳发展的城市空间布局和城市运行机制；以绿色交通和公共交通为主导，打造公交都市；加大低碳技术支撑力度，逐步确立低碳生产生活方式和消费模式。

图 27　西宁市城市中心新貌

（五）西宁市新型城镇化建设的重点工作

新型城镇化的“新”字，在于经济社会结构的转型和机制体制的创新。西宁市城镇化发展道路，在遵循新型城镇化道路的目标、原则、要求基础上，不论采取何种主导发展模式，都要加大机制体制的创新，解决好产业结构、空间结构、社会结构的转型问题。

（1）推动产业结构转型，增强经济发展后劲

坚持把调结构、稳增长作为主攻方向，把推动经济转型升级放在突出位置，发挥好财税杠杆调控作用，强化金融支撑能力，增强创新驱动能力，固本强基发展实体经济，有效增强经济发展后劲，在创建“循环经济先行区”上走在全省前列。

全方位多层次发展服务经济，强化青藏高原综合性服务功能。高原旅游、会展经济——服务全国的专业化职能；商贸流通、物流运输——服务西北、西南的区域性职能；商务金融、科技研发——服务青藏高原的生产性服务职能；教育文化、房地产、商业消费——服务青藏高原的生活性服务职能。改造提升传统产业，主打“循环、特色”品牌，构建高原特色产业体系改造资源型工业，主动提升产业层级，实现循环经济、低碳发展依托高原特色资源，突出地域文化优势，提升特色产业竞争力。工农互动，城乡统筹，促进高原特色的现代农牧业发展。加快农牧业生产基地建设，推动农牧业产业化发展。加快特色农畜产品精深加工业发展，将资源优势转换为产业优势。突出高原绿色生态优势，发展城郊精品农业，推动传统农业向现代农业转变。

（2）健全城镇体系，强化对新型城镇化的空间支撑作用

按照“组团式、集群化”发展理念，优化空间功能布局，促进组团产业集聚发展，完善基本功能，构建周边与中心城区的便捷交通网络，推动形成以中心城市为核心、周边小城市和中心镇为依托的城镇集群，构建“一核驱动、双星拱卫、沿轴集聚”的城镇空间布局结构。一核驱动：“一核”即西宁中心城市，并向南延伸至鲁沙尔镇旅游景区。通过在更大空间范围内配置各项功能，引导各类要素集聚，打造青海东部核心发展区，整体开发多巴城市副中心，提升市域整体发展水平。通过中心城市产业的高端化发展和综合服务能力的提升，强化中心城市的辐射能力，并推动产业和相关设施在市域范围内优化布局，促进市域其它城镇的发展。双星拱卫：“双星”指大通桥头镇、湟源城关镇两个县城，充分发挥西宁市综合性新城的作用，优化县域服务职能，基于自身比较优势承担部分专业化职能，促进农业转移人口城镇化。沿轴集聚：综合现状规模、特色产业、交通区位、服务腹地等因素择优发展部分重点小城镇，沿铁道、国道，择优发展大通

县长宁镇、城关镇、东峡镇、塔尔镇，湟中县上新庄镇、甘河滩镇、拦隆口镇，湟源县大华镇、日月乡、巴燕乡，引导人口向用地条件较好的川道集聚，实行非均衡的市域城镇空间发展策略。引导人口向用地条件较好的川道集聚，加强主要发展轴线上城镇的产业经济联系和服务设施共享，逐步撤并生态敏感的高海拔地区居民点，实行非均衡的市域城镇空间发展策略。

（3）加强基础设施建设，强化对新型城镇化的载体支撑作用

基础设施是城镇赖以发展的基础和平台，公共服务设施的完备和公共事业的发展，既显示城市竞争实力和综合价值，也体现市民的生活水平和生活品质。按照“适度超前、功能完善、配套协调”的总体要求，把本地和外来的发展要素都纳入规划和建设中，加强城市基础设施和公共服务设施建设。一是坚持提升品位与完善功能并举，注重公共设施配套，优先启动受益人群最多的工程项目，加大道路桥梁、公共交通、给排水、垃圾处理、燃气电力等市政基础设施和住房、医院、学校、文体场馆、市场、公共绿地等生活服务设施建设力度，并把城市建设与完善城市产业、文化、旅游、水利、生态等功能结合起来，配套推进。二是坚持因地制宜，创新规划设计，突出城市特色，发展城市个性，塑造城市形象，建设富有时代特点和地方特色的城市文化。三是实行筹资渠道多元化，可通过政府投资撬动社会资金，逐渐增加社会资金的比例，加大财政对城市公益性设施建设的投入力度。

不断提高城市综合承载力，建成规划完备、骨架清晰的基础设施体系。强化交通网络的连接功能。主动对接高铁、高速公路、机场等重大交通项目建设，配合做好火车站站改、南绕城公路、西塔高速改线等重大项目，启动建设城市轨道交通工程。进一步完善城市路网规划，加快推进昆仑大道、五四西路、柴达木路西延段、南川西路、湟水路高架桥等重大基础设施建设。加强供水能力建设和水环境综合治理。加快七水厂一期改造及输水管线扩能工程建设，对四、五、六水厂输水管线主输水管进行更新改造，加快东部城市群西宁东区供水工程和城市供水管网改造工程进度。增强城市污水集中收集处理能力，对西宁市第二污水处理厂进行整体搬迁，在第四、第五污水处理厂新建配套再生水回用工程，加快重点内涝清疏排水管网改造等工程。加快电网、天燃气网、通讯网扩面升级。实施城市核心区配电网示范工程，核心区供电可靠率达99.99%的目标。开工建设70公里天燃气管网，实现市区管网全覆盖。推进县城及重点城镇新建住宅及商业建筑光纤入户，建设光网示范工程。

（4）突出中心城区引领，强化对新型城镇化的辐射支撑作用

全面推进城市规划建设“提标扩面”，努力构建国土空间高效利用、人与自

然和谐相处的发展格局。优化城市空间。推动中心城区空间布局调整、功能优化。加快推进火车站综合改造，全面构建水井巷中央商务区和中心广场金融文化商贸区，整体塑造新宁广场文化服务区，加快开发海湖核心区，营造城南会展中心。拓展发展空间。加快推进“三川”建设，南川片区加快沈家寨片区整体开发改造，抓好土地整理和道路供排水、电网等基础设施建设；北川片区加快北川河片区开发和流域环境综合治理，做好生态水城文章；西川片区以多巴新城建设为依托，加快构建城市副中心。同时，根据国家和省上的投资导向，稳妥有序推进城中村、棚户区的改造，加快北山市场、东关清真大寺片区、韵家口等片区开发。

（5）加大生态环境治理力度，强化对新型城镇化可持续发展的支撑作用

坚持经济发展方式转变和生态文明建设双轮驱动，统筹森林、大气、水系等生态环境建设，联合海东市建立污染联防联控联动机制，加快水系、大气环境同治，形成城市群生态绿廊。努力在建设全国生态文明先行区上走在全省前列。按照“三年打基础、八年见成效”的工作部署，到 2015 年，全市森林覆盖率 32%，城市绿化覆盖率 40%；单位地区生产总值能耗下降、主要污染物排放控制在省下达的目标；城市空气质量优良率达到 70% 以上，PM10 浓度达到 110 微克/立方米以下，PM2. 5 全年平均指数控制在 65 微克/立方米以下；城市生活污水处理率达到 90%。到 2020 年，全市森林覆盖率达到 36%，城市绿化覆盖率达到 45%；城市空气质量优良率达到 75% 以上，PM10 浓度达到 90 微克/立方米以下，PM2. 5 全年平均指数控制在 50 微克/立方米以下；城市生活污水处理率达到 95% 以上，中水回用率达 22. 7%。建立完善生态环境建设、保护、管理等方面的体制机制。

（6）推动产业结构转型升级，强化对新型城镇化的产业支撑作用

坚持把调结构、稳增长作为主攻方向，把推动经济转型升级放在突出位置，在创建“国家循环经济发展先行区”上走在全省前列。新兴工业与现代农业互动，实体经济与服务经济互动，建设青藏高原区域性现代服务业引领中心、现代工业集聚中心、现代农业示范中心。

（7）加大制度创新，促进区域一体化和城乡协调发展

由于主体功能区和国土空间管制的因素，导致西宁市域发展不平衡是客观存在的。而据点经济在市场经济条件下存在较大风险，必须统筹协调城乡、县域经济一体化发展，强化与城镇发展行动的协调。根据西宁市城镇化进程和市域经济发展的需要，建立完善的跨区县城镇化统筹发展机制。加快各级政府的信息化建设，实现各城镇发展规划、资源、信息的共享；坚持集约用地原则，实行用地指

标根据城镇化发展实际进行总量动态控制、占补平衡，防止均摊使用而影响区域性中心城市和重点中心城镇的发展。遵循市场经济原则，强化各城市间、城市与农村牧区城镇间、城乡间的经济、技术、资源、劳动力、市场等关联性，不断增强市域一体化发展的辐射带动作用。注重统筹城乡协调发展，促进城市基础设施向农村延伸，实现城乡基础设施共建共享。把具有区位优势、良好工业基础和要素聚集条件的村镇直接纳入城镇化建设的规划，按照城镇化的高层次建设目标和要求，努力达到经济繁荣、设施配套、功能齐全、环境优美、生态良好、文明进步的发展标准，使新农村、新牧区在城镇化进程中发挥示范作用，更好地实现两者的良性互动。

（8）促进人口市民化转型，强化对新型城镇化集聚人口的支撑作用

按照《青海省主体功能区规划》的部署，根据西宁各区域的资源环境承载能力、现有开发密度和未来的发展潜力，实施集中、收缩、转移战略。按照政府引导、群众自愿、区别对待、分类指导、循序渐进、重点突出的原则，以加强农牧林区培训与就业指导、完善农牧民职工转移后的社会保障机制建设为重点，以制定优惠政策等为手段，加快推进农牧林区人口的政策性转移，促进农牧区的优化整合。实行城镇、农村双重惠民政策同享的办法推动农业人口转户，有序推动农户土地承包经营权、宅基地土地使用权规范流转。在城镇化进程中，要特别关注城镇居民贫富差距、低收入群体的生存保障、拆迁户的安置以及失地农民的权益保障等问题。紧密结合城镇就业岗位的需要，与用人单位配合，抓紧抓好对进城农牧民职工的对口职业技能培训工作，同时发挥好各种劳务中介组织的作用，促进进城农牧民的就业。通过资金扶持，鼓励进城中青年人通过自学考试、电大、函授教育及普通中、高等教育等形式，提高他们的学历水平、改善知识结构，增强就业竞争能力。

七、西宁市新型城镇化建设对策建议

城镇化是一项系统工程，也是一项长期艰巨的工作任务。西宁市紧紧围绕“坚持正确方向、全面深化改革、奋力打造‘三区’、建设全面小康”的战略，把握稳中求进、改革创新、提质增效，推动全面深化改革，以改革促创新、促发展；把握全面建成小康社会的目标要求，努力保持经济平稳较快增长；把握发展由速度向质量效益转变的必然趋势，着力打造西宁经济的“升级版”；把握生态在全局工作中的战略地位，着力打造美丽西宁的“升级版”；把握发展成果惠及人民的根本目标，着力打造民生改善的“升级版”；把握市场和政府的关系，积极营造健康稳定的发展环境这一总目标，立足西宁市情，遵循城镇化发展规律，

坚持新型工业化、城镇化、农牧业现代化和信息化协调互动，不断提升城镇化质量，着力在强化产业支撑、优化城镇空间布局、提高城镇综合承载能力、创新体制机制等方面制定并实施切实有效的对策和措施。

（一）牢牢抓住构建“丝绸之路经济带”的历史机遇

习近平总书记在访问中亚时提出建设“丝绸之路经济带”的战略构想，是对世界地缘政治、经济的深刻认识和对中国国家战略实施的新构想。西宁作为丝绸之路经济带南线必经之地，在这一国际化区域经济合作区内具有重要的战略地位。从经济带发展的全局看，西宁的新型城镇化发展不仅仅是西宁自身的发展，更是丝绸之路经济带的重要组成部分。我们应牢牢抓住构建丝绸之路经济带的重要契机，加快推进西宁新型城镇化进程。

依靠丝绸之路经济带发展平台，点、轴、线、面相接，构建科学合理的城镇体系。以西宁为核心，加快建设西宁都市圈，重点支持西宁新区建设；大力发展以西宁为中心的东部城市群，突出西宁核心城市辐射带动作用，加快融入还是建设兰—西经济区，整合城市资源，打破行政区划和城乡体制分割，合理确定区域空间布局和功能分区，加快建设青海省东部城市群，在融入“丝绸之路经济带”中成为战略性节点城市。

结合建设全国旅游名城和区域性文化中心城市，加强历史文化名城名镇名村保护建设。丝绸之路经济带战略构想是对千年“丝路文化”与“丝路精神”的再追溯和再弘扬。在丝绸之路经济带建设中，要充分挖掘西宁的历史文化资源，紧密围绕建设全国旅游名城和区域性文化中心城市的战略部署，以生态文明先行区的建设为平台，以历史文化名城名镇名村的创建、保护、利用为抓手，推进全市城镇风貌塑造、文化品位提升、宜居水平的增强。

扩大开放，多方式积极融入“丝绸之路经济带”。以贸易往来、产业合作、文化交流、人脉互通为载体，促进西宁与中亚国家及西北五省区在能源、产业、外贸、旅游、文化、人才等资源要素的交流融通。

大力发展县域经济，培育大县城、重点镇、中心村。在推进大中小城市以及城镇群协调发展的同时，更加关注以县域经济为主体的县域城镇化发展，完善县域基础设施和公共服务，延伸县域经济辐射带动半径，使县域成为吸纳周边农村人口实现就地城镇化的重要依托，形成一批人口聚集度高、产业发展较好、市场活跃繁荣、人居环境良好的大县城、重点镇、中心村，形成多层次、有活力、创新能力强的县域经济新体系。

建设美丽村庄，实现村庄经济的繁荣与可持续发展。要将双联行动、“百镇千村”建设工程、农村危房改造等各项政策有效整合，集中力量大力开展“美丽村庄”建设。要以科学合理的村庄规划为龙头，指导村庄建设和村庄经济发展，逐步构建小城镇、建制镇、中心村、农村社区梯次分明、发展有序的城镇化新格局，科学合理地优化配置农村各类资源要素，促进农村经济社会可持续发展。

开展区域经济协作，推动丝绸之路经济带的共同繁荣。实施向西开放战略，加强区域经济分工协作，促进西宁与中亚国家及周边各省区在能源、资金、人才、信息、文化、旅游等资源要素的交流融通，促进产业发展、经济技术的互补支撑，促进政府、企业、民间组织的沟通配合，共同致力于区域经济发展活力的增强。形成交通体系共建、要素市场共培、生态保障共享、产业分工互补、经济发展互利的良好局面，促进丝绸之路经济带上各国、各省区共同繁荣发展。

（二）加快产业结构调整，为新型城镇化提供经济支撑

坚持把调结构、稳增长作为主攻方向，把推动经济转型升级放在突出位置，发挥好财税杠杆调控作用，强化金融支撑能力，增强创新驱动能力，固本强基发展实体经济，有效增强经济发展后劲，在创建“循环经济先行区”方面走在全省前列。

推进工业转型升级。着力优化工业结构、培育优势产业，确保 2014 年工业投资完成 460 亿元以上，工业增加值增长 16%。大力支持开发区建设，协调解决招商引资、项目建设等环节的困难和问题，实施好两个千亿元、两个五百亿元产业基地建设，抓好 227 个重点支撑项目建设和 110 个重点招商引资项目培育工程，建设 50 个创新平台，积极推进光伏制造、铁合金、中藏药兼并重组，提升产业发展水平。加快实施煤基多联产、高端铝合金型材、碳材料等一批产业链延伸项目，推进高倍聚光光伏发电系统、锂电正极材料等项目，形成新的产业规模。优化融资和服务环境，抓好大通北川 500 亿元产业基地建设。加强中小微企业扶持，形成一批科技型、成长型企业，年内新培育中小微企业 3500 户以上。实施好“123 科技支撑项目”和 33 个省级重大工业技术进步项目，淘汰一批落后产能的项目，推进企业技术创新，加速产业转型升级。

提升第三产业水平。以国家服务业试点城市建设为抓手，推进服务业集聚区建设和文化体育旅游融合发展，促进服务业提质增效，力争第三产业增加值年增长 11%。突出以高端商贸设施和城市综合体建设为重点的服务业集聚区建设，抓好国家共同配送试点城市申报工作，推动西宁机场增开国内外客、货运航线。推进海湖新区核心区、水井巷中央商务区、环新宁广场高端商务区、建国综合商务区、双寨物流园区等功能区建设，启动香格里拉商业综合体、上海绿地集团等项目建设。围绕改造提升传统服务业和培育新型服务业，打造一批特色街区和支

撑性项目。全面整合文化旅游体育资源，推进藏医药博物馆群等5A级景区创建和西宁游客集散中心建设，启动塔尔寺大景区建设，建好北山烟雨景区。大力发展电子商务，引进大型电商龙头企业，鼓励中小企业参与投资，搭建网上商城，积极拓展市场。全面推进“智慧城市”建设，促进信息消费。加快会展经济发展步伐，办好“城洽会”、夏都国际论坛暨世界清凉城市大会等品牌节会，加强项目推介，力争招商引资到位资金700亿元以上。

做强高原现代农业。确保粮食安全，稳定粮油生产，以提高菜篮子生产保障能力为重点，推进高原现代都市农业发展。着力构建新型农业经营体系，集中连片发展设施种养业，积极扶持和培育家庭农牧场、种养大户、农民合作组织，引导农民加大土地流转力度。严格落实菜田“红线”保护、露天蔬菜补贴等办法，增强菜篮子主要产品的供给保障能力，2015年新建冬暖式温室2500栋，改造提升旧温室1000栋，力争蔬菜产量达到82万吨；种植优质饲草45万亩，新建畜棚4000栋、各类养殖基地45个，肉、蛋、奶产量达到7.82万吨、1万吨、14.5万吨。

（三）加强生态建设和空间管制，促进城镇化可持续发展

在西宁市生态安全体系尚未建立，经济发展与生态平衡的矛盾日益突出的背景下，必须坚持走“美丽与发展双赢”的道路，解决好“点的开发与面的保护”的问题，对全市生态保护和城镇发展空间进行战略布局。

（1）生态建设优先策略

根据西宁市生态现状及其重要的功能定位，其生态保护策略应贯彻“整体保护、集中开发”的原则，以创建“全国森林城市”为目标，构建以城区为核心、南北两山绿化为屏障、县域为纵深的三环生态布局，全面推进城市园林、水源涵养林、水土保持林、农区防护林四大分区建设。以国家公益林建设和重点林业工程为主体，做好国家和省级森林公园建设和保护工作，大力推进大南山生态绿色屏障建设和城市出口道路绿化美化工程。积极推进城市绿地和主题公园建设，加快营造河道城区段“三河六岸”的绿色滨河景观带。实施祁连山水源涵养区生态环境保护和综合治理、湟水流域百万亩人工林基地、生态湿地等项目，有效增加森林覆盖面，大力改善生态环境。

（2）产业布局优化策略

统筹编制城乡规划，合理安排城镇建设、产业集聚、农田保护、村庄分布和生态涵养等空间布局，形成以大带小、布局合理、功能互补、特色鲜明的现代城镇体系。

打造“核心”，实施西宁都市区一体化发展。有序推进西宁都市区一体化发

展，加强各区域在产业发展、空间发展、生态保护、环境建设、设施建设等方面的分工协作，实现区域功能的整合及区域发展的共赢，提升区域整体竞争力。

适度扩大各城镇的的城区规模，保障战略性空间资源的有序开发。加强扩市提位，适度扩大各城镇的城区规模，保障战略性空间资源的有序开发，使西宁都市区各城镇功能一体，减少行政主体，降低一体化发展的交易成本，保障区县之间战略性空间资源的有序开发。

根据各区域的比较优势，进行合理的职能分工，优化产业布局：一是农牧业发展空间布局按照近郊都市农业、远郊精品农业、山区高效特色（生态）农业布局，构建高原特色都市农业体系。二是工业发展空间布局。明确国家级开发区四个园区集群发展创新驱动型的高新技术产业和新兴产业，三县集群发展具有资源优势的特色产业。主城区都市型新兴产业集聚区。——东川工业区：以发展新能源、新材料产业为主，形成以光伏产业为龙头的产研一体化的新能源产业基地。原则上不再扩大工业用地规模，提高产业准入门槛，严格限制污染型产业进入，逐步实现“腾笼换鸟”，进行产业升级，以高技术主导型产业为主。——青海高新技术产业开发区：重点发展高原特色生物医药、先进装备制造、高原特色食品加工等都市型产业。严格控制产业准入门槛，限制污染型、重复型、低附加值型产业进入。依托大学园区的科技服务力量，形成教育资源与高科技产业相结合的产业创新孵化基地。外围组团制造加工产业集聚区。发挥本地资源优势，在原有产业基础上技术提升改造传统产业，建立循环工业示范基地和农副产品加工、传统手工艺制造等劳动密集型产业，加快城镇化就业。——甘河循环经济工业园：建设循环经济示范基地，以资源精深加工为主，发展冶金、化工、建材等工业，发展重点是产业技术的改造、产业链条的延伸和关联产业的综合化利用。——南川工业园：以民族特色产品加工制造、高原文化创意产业为主的加工制造、展示和体验消费等。可结合塔尔寺、鲁沙尔的旅游开发，发展大型的文化旅游项目（如高原竞技旅游），以及相关的商贸业，重点要加强宣传和品牌营销力度。县域基础产业集聚区。将一般性的资源加工型产业向远郊区的重点城镇转移，带动县域产业化发展。——大通工业园区：承接西宁产业转移，以金属冶炼及深加工、能源工业、化工、建材等基础型工业为主。注意规模适度、严格控制企业污染、执行严格的环境保护标准。——湟源大华工业园：以建材工业和农畜产品加工为主。淘汰落后产能，加大节能减排力度，适度控制工业规模，注重环境保护。三是服务业发展空间布局。明确中心城区和县城集聚发展现代服务业，三县小城镇集聚发展各具县域特色的服务业，完善各项生产和生活服务功能；外围重点城镇依托基础与特色，突出城镇专业化服务职能，以补充完善“大西宁”

地区的旅游服务、商贸物流等专业化功能。形成“一个现代服务业核心”+“若干专业服务节点”的空间格局。现代服务业发展核心。以西宁市主城区为主要空间，重点加强现代服务业发展，培育区域性综合服务中心功能。主导发展商贸金融、商务办公、文化信息、咨询中介等高端的现代服务业，加强西宁对区域的服务功能的完善，作为提升西宁区域地位的重要手段。中部商贸中心：提升大十字地区等传统商业贸易区的发展水平，形成辐射整个青藏高原地区的现代化商贸中心；西部行政文化中心：结合海湖新区的开发，建设行政文化中心；同时结合西部环湖地区的旅游发展需要，建设综合性的旅游服务中心，提升西宁在区域的旅游服务功能。东部商务中心：东部结合高铁站、机场空港的区位，形成西宁主要的外向型经济服务中心，培育商务办公、会展服务等功能。结合东川工业园区的发展需要和土地置换，积极发展楼宇经济、总部经济、商务办公、金融服务、中介服务、技术咨询等。北部科教创新中心：结合大学园区建设，发展高等教育、职业培训，同时将教育资源与高科技产业结合，形成创新服务基地。南部特色旅游会议中心：南川地区结合大型民族特色文化旅游项目的发展，积极加快旅游会议中心、民族特色文化创意产业中心的建设。特色服务业。市域内重点城镇依托自身的旅游资源、文化资源、生态优势和现有的基础，培育发展一定的服务职能，如旅游服务、生态服务、体育基地等，在大西宁都市圈内承担部分专业化的分工。多巴综合片区——建设发展高原体育旅游、高原探险等深度旅游和康体娱乐服务基地；西宁西部的重要物流枢纽节点；为甘河产业园配套的生活服务基地。塔尔寺旅游片区——依托塔尔寺的宗教文化资源发展旅游业，完善旅游服务功能，承担大西宁圈内一个重要的旅游服务节点的功能；突出文化特色，通过文化展示、文化体验、文化演出等形式积极发展民族文化产业。湟源城关镇——大西宁都市圈向西联动环青海湖旅游的重要旅游服务节点，以文化旅游和商贸为主的城镇。

增强中心城市引领作用。加快西宁新区建设和旧城改造，拉开城市骨架，完善城市功能，增强人口集聚和辐射能力，提高发展质量和品位，进一步提升西宁在西部乃至全国经济社会发展大局中的地位和作用。一要提升西宁在区域城镇化格局中的战略地位。加强区域经济合作互动，推进兰西经济区建设，与成渝经济区、关中经济区形成鼎足之势，打造我国西部的新“西三角”，在更大范围、更广领域实现资源、人才、技术等方面的优势互补、良性互动。尽早启动建设库尔勒—格尔木、格尔木—成都和西宁—成都铁路，充分发挥亚欧大陆桥南部通道和连接西南、西北的枢纽作用，打造西部新的区域中心。以西宁市 1 小时交通圈为基础，进一步提升壮大西宁服务业发展实力和引领功能，打造集商贸、物流、金融、旅游、文化会展等为一体的现代服务业。依托地域文化和区位优势，打造特色鲜明、环境优雅、充满活力、亲和友爱的宜居、宜业、宜游的生活之城、幸福之城。把西宁建成国家循环经济示范基地和高原特色产业基地，青海省政治、经济、文化、金融中心，青藏高原门户和中心城市。到 2020 年，使城市人口规模达到 160 万人，建成区面积达到 170 平方公里。二要全力推进国家级城市新区建设。西宁新区东临西宁市主城区，西至湟中县扎麻隆，南接湟中县上新庄镇，北与大通县相邻，由海湖新城、多巴总部基地、甘河产业园区、南川—塔尔寺文化旅游等 4 个功能组团组成，与旧城区形成双城联动的“双十字”空间格局。按照“广域研究、统筹考虑、全域规划”的原则，加快“撤县建区”等行政区划调整改革进程，创新城市发展理念和产业形态，促进新老城之间、功能组团之间的产业联动、错位发展，将西宁新区打造成为青藏高原重要的经济增长极、青海省推进“四化同步”战略的主战场、世界文化遗产传承保护与综合利用的示范基地、宜居宜业宜游的综合性生态产业和现代服务业新城区。到 2020 年，使人口规模达到 60 万人，建成区面积达到 100 平方公里。三要提升中心城区服务功能。以城中村、棚户区、老旧住宅区和商业街区改造为重点，提升老城区品质，打造精品街区和地标性建筑，优化提升商业业态和人居状态；对旧城区重点地段适度实施“腾笼换鸟”“减住增商”战略，释放土地价值，增加现代服务业用地，提升中心城区的服务功能；加大工业区改造力度，坚决将高污染、高耗能企业从城市迁出，加快发展高科技产业和高端服务业，推进城区转型发展；在西宁与周边城镇间建设都市休闲观光农业区，发展复合型都市产业，建设交通便捷、功能完善、服务现代、和谐有序的现代化城区。结合三河六岸防洪整治工程，营造城市湿地、绿地，完善以城市“绿肺、绿心、绿岛”为主题的绿地系统，建设多层次城市生态网络，建成“羚鹿禽鸟与人共生，蓝天碧水与城相映”的美丽家园。

构筑各具特色的中心镇和重点镇。按照突出特色、合理布局、科学规划、注重实效、保护环境的原则，积极发展市中心镇和重点镇。加快建设一批工矿型、旅游型、农牧型、商贸型等各具特色的中心镇和重点镇。完善城镇公共服务设施建设，实施产业、教育、卫生、文化等的集聚工程，提升综合实力，提高整体效益和带动区域发展能力，构建多极化城镇体系。

三是现代农业发展空间布局，明确主要集中在三县发展都市型高原特色现代农业。

（四）完善城镇功能，增强城镇综合承载力和辐射带动力

城镇化水平的提高，可以带动城市公共设施的发展，同时，配套齐全、服务质量优良的城市公共设施，可以加速吸引人口的集聚。西宁市城镇化发展，关键

是要增强城镇功能，提高城镇建设水平，升级城市服务能力，更重要的是提供更多的就业岗位，增强城市的吸引力，因此完善城镇功能，加强城镇管理已成为推动西宁市新型城镇化的策略之一。西宁市积极把握国家推进城镇化的政策机遇，坚持“扩市提位”战略，加快旧城改造，推进新区开发，完善基础设施，进一步增强西宁作为青藏高原门户枢纽和中心城市的支撑力和影响力。

做深做细做优规划。充分把握战略观、人本观、山水观、文脉观、法治观，强化规划龙头作用。围绕合理布局、节约土地、集约发展的原则，使城市规划建设有追求、有品位、有规矩、有特色。加快重点片区、重要地段及成片开发区域、重要街区、重要公共服务设施项目的修建性详细规划编制。全面推行城市规划审批和城区网格化管理，研究制定地下管线综合管理办法，出台加强规划建设管理工作的指导意见。

开辟更大发展空间。加快西宁新区规划审批，推进昆仑大道、柴达木路西延段等重大基础设施建设，拉开新区骨架。完善提升建国路、中心广场、新宁广场、海湖、北山“五大片区”建设。与火车站站改工程同步推进建国路片区建设；按照规划方案，精心实施中心广场片区建设，打造城市新亮点；加快新宁广场片区提升改造步伐，形成现代商贸休闲新区域；完善海湖新区综合服务功能，使其初具规模，以集聚人气；机场高速北侧以北山片区建设为依托，形成永久性绿色生态景观长廊，南侧重点打造新型物流商贸区。加快南川、西川、北川“三川”的建设步伐。南川片区抓好拆迁后的土地整理和道路供排水、电网等基础设施建设，尽快形成开发条件；西川片区重点在新城基础设施、重点开发项目招商方面取得实质性突破；北川片区做好生态水城文章，完成水系治理，搞好绿化、引进大商。同时，全面完成沈家寨、门源路、曹家寨等重点区域的征地拆迁任务，为开发建设开辟新的空间。

加强基础设施建设。紧紧抓住国家实施“丝绸之路”经济带、向西开放等发展机遇，推进东部城市群建设，增强城市载体功能，提高城市现代化水平。加快城市电网、供热和供排水管网改造，努力实现天然气城区全覆盖。促进“引大济湟工程”顺利实施。配合做好火车站站改、兰新铁路第二双线、西塔高速改线等项目工作。2014 年实施好 110 个城市基础设施建设项目，力争完成投资 220 亿元。

加快城镇化建设步伐。坚持走新型城镇化道路，提高城镇建设水平，全力打造有历史记忆、地域特色、民族特点的美丽城镇。完善三县重点城镇发展建设规划，坚持以市定标，实施“大县城”发展战略，加快多巴城区建设步伐，支持三县县城和城关、长宁、新庄、李家山、大华等基础较好、人口相对集中、发展潜力较大的乡镇加快建设，整治县城、小镇及主要交通沿线环境秩序，建设“美丽县城、美丽小镇、美丽村庄”。注重用产业发展支撑城镇建设，统筹规划建设县域产业园区、城镇新区、农村新型社区和农民新村，依托当地资源优势，大力发展绿色产业，有序推进工业空间布局集中。围绕产业链延伸和园区基础设施抓好招商引资工作，力争形成一批带动性强的产业项目，促进产业与城镇化发展深度融合。适应城镇化发展需要，推动行政区划调整。加快推进公共服务均等化，不断完善农村教育、医疗、文化、体育等公共服务设施，健全基本医疗、养老等保障机制，加快农村服务大厅和村级信息服务站建设，使广大农民群众享受更多的公共服务。

（五）更加注重生态文明，全力建设美丽西宁

围绕建设“国家生态文明先行区”的战略，下大气力做好治气、治水、治山和减排文章，着力推进绿色发展、循环发展、低碳发展，筑牢生态基础，让城市融入自然。

深入治气。坚持不懈抓好大气污染治理，全面完成天然气管网覆盖范围内809万吨燃煤锅炉改造，基本完成餐饮服务单位煤油烟污染治理。强化对建筑和拆迁工地、渣土车辆等扬尘污染和机动车尾气污染治理，完成油气回收改造和“黄标车”淘汰任务。加大环境执法力度，严厉打击偷排、漏排污染物等违法行为，以更加坚定的态度、更加有力的措施和更加扎实的工作，使空气质量优良率明显提升。

持续治水。继续推进“清水入城”工程，加强污水处理厂提标改造、再生水利用、垃圾填埋场管理、饮用水水源地保护等工作，加快第四、第五污水处理厂及配套管网工程建设，启动第六污水处理厂项目，抓好城市排水建设，实施雨污分流工程，提高城区污水收集率，确保国控小峡口断面水质稳定达标。推进西宁环境综合治理利用世行贷款项目评估及签约工作，争取早日实施。严格水资源管理，推进全国水生态文明城市建设试点工作，加强黑泉水库周边环境综合整治及水源涵养保护。全面实施北川河综合治理，完成南川河防洪及河岸景观绿化等工程，建立西宁湟水国家湿地公园，力争把三河六岸建设成集生态防护、休闲旅游、文化展示、自然恢复功能为一体的绿色景观生态廊道。

不懈治山。围绕创建全国森林城市目标，坚持不懈推进大南山生态绿色屏障、城市绿地、主题公园和休闲绿地等林业工程建设，继续实施“四边”绿化、宁湖景观改造等重点工程，年末完成造林34.5万亩。加大主城区街头小绿地、小公园建设力度，打造西宁环城森林公园，新增园林绿地120公顷，让城市树多花多、绿意盎然、花香满城、充满生机。

节能减排。大力发展循环经济，推进结构减排、工程减排和管理减排，全面巩固和提高创模已达标的各项指标，强力整改尚未达标的目标。结合产业结构优化升级，鼓励企业技术改造，加强节能减排重点工程建设，推进绿色建筑创建和低碳交通运输体系建设。以工业园区为主战场，实施节能环保产业园建设。坚决实行空间、总量、项目“三位一体”的环境准入制度，严格控制新上高耗能、高污染和资源性项目，确保完成年度减排任务。

（六）更加注重发展环境建设，深入推进城市创建创城工作

西宁市坚持以创建为抓手，充分发挥广大群众的主体作用，聚焦问题、聚焦作风、聚焦民生，以创建促经济持续发展、社会文明和谐。

加强民族团结进步。实施民族经济发展项目，加大少数民族群众技能培训和就业创业，推进社会保障体系和农村综合服务设施建设，提升民族地区公共服务水平，切实增加群众收入。继续加大先进单位、示范点创建力度，打造一批富有特色的示范品牌，以点带面，集点成面。依法加强宗教事务管理，全面贯彻落实民族政策，促进民族团结和宗教和睦，使西宁在“民族团结进步先进区”的创建中发挥引领和表率作用。

做好创城迎检工作。针对创城工作中的薄弱环节和存在的问题，以更加坚定的信心、更加主动的姿态、更加务实的作风、更加精细的准备，落实好公共基础设施建设管护、环境综合整治、文明交通建设、公共秩序优化、社会文化环境净化、公民素质提升等工作，培育和践行社会主义核心价值观，力争创城工作在“冲刺年”再上新台阶，为“文明青海”建设做出应有的贡献。强力攻坚国家环保模范城市创建，争取顺利通过环保部技术评估，使西宁成为全省环境保护的表率。坚持“建卫日”制度，持续巩固创卫成果，营造卫生、整洁、优美的城乡环境。

深入推进平安创建。推进“法治西宁”“平安西宁”建设，认真学习发展“枫桥经验”，不断夯实基层基础工作，从源头上预防和解决社会矛盾问题。建设安全城市，加强社会治安综合治理，逐步完善高清视频监控系统，严厉打击各类违法犯罪活动，不断增强群众的安全感。畅通群众利益诉求表达渠道，全力化解信访积案。实施《法治西宁建设纲要》，依靠法治力量和法治方式调处社会矛盾，努力营造法治社会人人参与、全民共建的良好氛围。加强全方位安全检查和监督管理，加大隐患排查整治，完善防范措施，建立长效机制，持续巩固大安监格局。创建国家食品安全示范城市，扎实推进食品药品安全监管城乡一体化建设，依法严厉打击各种食品药品安全违法行为，用最严谨的标准、最严格的管理、最严厉的处罚、最严肃的问责制度，让制假售劣者和违法违规者无处藏身，

确保人民群众吃上更加安全的食品，用上更加放心的药品。

（七）加大制度创新，统筹城乡一体化发展

（1）实施“五个一体化”联动，统筹城乡协调发展

一是推进城乡规划一体化，统筹编制三县土地利用规划、城市总体规划、经济社会发展规划；二是推进城乡产业发展一体化，统筹发展城区经济和县域经济；三是推进城乡基础设施一体化，统筹建设城乡互通的基础设施，加大市级以上融资力度；四是推进城乡市场一体化，统筹规划建设城市和县域各类有形市场和要素市场；五是推进社会管理一体化，同步重视城市社区和农村村民委员会的社会管理职能，加强农村社会治安综合治理和应急管理。

（2）建立符合新型工业化、城镇化和农牧业现代化发展需要的户籍管理和社会保障制度

改变城乡二元结构，实行城乡一体化的户籍制度。探索实现城乡社会保障一体化的途径。完善包括农（牧）民工在内的城镇企业职工基本养老保险关系转移接续办法，多渠道多形式改善农（牧）民工居住条件，鼓励将有稳定职业并在城市居住一定年限的农（牧）民工逐步纳入城镇住房保障体系，落实以公办学校为主、以输入地为主解决好农（牧）民工子女入学问题的政策，关心农村、牧区留守儿童。逐步实施城镇居民基本医疗保险、新型农村合作医疗保险并轨，逐步实施城镇居民基本养老保险、农村新型养老保险并轨。加强农（牧）民工权益保护，建立和完善工资保障金、劳动合同等制度，改善进城农牧民和林业职工务工的工作生活环境和条件，推进高危行业、商贸旅游及餐饮服务行业的从业人员参加工伤保险，逐步实现农（牧）民工工伤保险全覆盖。加大保障型住房建设，对新进城的同等条件低收入家庭实行廉租房、公租房保障政策，逐步实现农（牧）民工就业创业、劳动报酬、子女就学、公共医疗、住房租购等与城镇居民享有同等待遇。加大保障性住房建设，农民工与城镇居民享有同等住房保障。健全农牧林区社会养老保险制度，完善新型农村合作医疗制度和农村最低生活保障制度，提高保障的覆盖面和保障水平，积极探索城乡社会保障制度转换衔接的新机制。探索建立进城农牧民和林业职工住房公积金制度，逐步加大政府对农牧林区社会保障的公共财政投入力度，扩大社会保障资金的来源，逐步缩小城乡社会保障水平的差距，最终建立覆盖全市城乡一体的社会保障体系，推动基本公共服务均等化。

（3）探索建立以工哺农、以城带乡的长效机制

打破城乡社会事业二元结构，鼓励和引导城市社会事业和公共服务事业向农村延伸，缩小城乡差别。实现城乡社会事业资源共享，使农村居民在教育、文

体、卫生、科技、广电和信息等公共事业方面与城镇居民一起享受社会发展的成果。进一步加大对县、镇（乡）村教育，特别是基础教育的投入，增加财政转移支付。制定工资、待遇、住房等优惠政策，鼓励城市的教师和高校毕业生到农村任教，建立城乡优质资源共享的教育体制；加强农村职业技术教育，构建农民技术培训和继续教育新体制；完善文化设施，丰富农村文化生活，提高农村精神文明水平；加强以乡镇卫生院为重点的农村卫生基础设施建设，健全农村三级医疗卫生服务和医疗救助体系；提高各级政府投入的比例，进一步完善以大病统筹为主要内容的农村新型合作医疗制度，提高公共卫生保障能力和服务水平。

（4）建立城镇建设投、融资新体制

改变单一的城镇建设投资渠道，转变思想观念，打破原来城镇建设资金单一的局面，积极探索作为城市固定资产的城市基础设施在投、融资建设、使用和维护等方面全过程的体制创新。以市场经济为基础，开拓各种融资方式和渠道，筹集城镇建设资金，弥补单一渠道投资的资金供给不足。改革以往政企不分、政事不分引发的投资管理的低效率，由市场来吸引各类资金和组织，参与城镇设施运营建设，实现筹措资金、提高效率的良性循环。积极开展城市基础设施资产化经营。在拓宽建设资金来源的同时，要树立资产经营意识，盘活现有市镇建设的资本，促进基础设施项目积极发展。通过探索特许权经营、出售股权等方式，鼓励各种社会资金投资参与市镇建设。同时，改革城市公用事业的运营机制，实行政企分离，对供水、供热、供气、环卫等价格形成机制进行改革，以“谁消费，谁付费；谁投资，谁收益”的原则，逐步形成投资经营、回报的良性循环机制。

（5）发展县域经济，增强县域自我发展能力

在推进城镇体系协调发展中，更加关注以县域经济为主体的县域工业化、城镇化、农业现代化，完善县域基础设施和公共服务，大力发展县域产业园和城镇经济，形成县域经济以工业为主导、县域服务业、现代农业协调发展的县域经济新体系。

（6）建设“美丽乡村”，改善农民需求结构

将新农村建设、易地扶贫搬迁、农村危房改造、农村奖励性住房建设等各项政策有效整合，集中力量建设“美丽乡村”，以改善农民居住条件，带动农民增加消费，提升生活品质。

（7）推动城市文化转型，建设创新型城市

一个地区的城镇化转型，归根到底是人的城镇化转型，城镇化的难点和核心是真正实现进城人员从农民到市民身份的转变。而人的城镇化转型，根本在于人的素质和观念的转型。西宁市要大力加强学习型城市建设，抓好公共文化设施建

设，营造良好的城市文明环境。探索并建立针对进城农民的不断学习、不断提高的长效机制，克服落后的小生产、小市民、小农经济意识，树立现代市民意识和现代文明意识。

人才是城镇化的支撑和主体。西宁市要牢固树立“科技是第一生产力，人才是第一资源”的观念，形成尊重知识、尊重人才的社会氛围，加大教育基础投入，在体制机制、服务功能、科技教育、创新主体、人才素质、政策引导、居住环境等方面综合施策，创造吸纳人才和激励人才施展才华、茁壮成长的宽松环境，加快人力资源的引进培养和整体开发，提高各级各类人才的能力和素质，激发城市创新活力，增强城市竞争力。

不断提升公共文化服务水平。以打造文化品牌为重点，以传统节会和重大赛事活动为平台，实施市、县两级文化品牌战略，大力发展文化事业和文化产业。继续提升以百姓大舞台、社区文化艺术节等为载体的群众文化品牌内涵，不断扩大西宁青年电影展、国际舞蹈节等重大文化活动的知名度和影响力。进一步拓展对外文化交流渠道，积极争取承办更多有影响的全国性、国际性文化活动。开展国家级公共文化服务体系示范区创建工作，实施四级公共文化服务体系和基层文化服务场所规范化、标准化建设，让更多群众享受到丰富的文化生活。

城市是人类文明的标志，新型城镇化最本质的功能是营造满足人类自身文化需求，创造进入城市享受公平待遇、现代文化、充满活力的环境和条件。政府应加快职能转变，把工作重心转向保障公共服务的供给，强化提供公共服务、社会管理、维护社会公平正义的职能，着力解决好民生问题，整合城镇管理资源，优化城镇管理方式，构建和谐管理长效机制，提高社会管理能力，推进形成法治、安全、高效、文明的现代化城镇，增强广大人民群众的安全感、幸福感和对社会秩序的认同感。

总之，西宁推进新型城镇化，有利于转变发展方式、促进产业调整和实现经济转型，加速新型工业化和农牧业现代化进程，打造中国西部区域经济的增长极；有利于转移农村富余劳动力，改善人地关系，提高农村收入，提高城乡资源集约利用水平，减轻对青藏高原的生态环境压力。

附表1：

西宁市城镇化发展指标表

指　标	单　位	2012 年	2017 年	2020 年	属　性
城镇化率	%	77	79	80	预期性
农村转移人口落户城镇数	万人	——	37	45	预期性
建成区面积	平方公里	75	131	173	约束性
园区经济占比	%	55	70	78	预期性
人均可支配收入	元	17634	28000	37000	预期性
人均道路面积	平方米	11	12	13	预期性
城市公共供水普及率	%	99.4	99.5	99.6	约束性
城市家庭宽带接入能力	兆比特/秒	12	30	40	预期性
城市常住人口保障性住房覆盖率	%	18	20	20	约束性
城乡劳动力职业技能培训覆盖率	%	——	——	≥90	约束性
城市常住人口基本养老保险覆盖率	%	35	62	≥90	约束性
城市常住人口基本医疗保险覆盖率	%	19	52	≥95	约束性
城市建成区绿化覆盖率	%	38	43	46	预期性
城市污水处理率	%	>80	>86	>90	约束性
城市生活垃圾无害化处理率	%	>92	>95	>100	约束性
城市空气质量达到二级标准以上的比例	%	>85	>87	>87	约束性
城市可再生能源消费比重	%	无指标	——	——	预期性
绿色建筑占新建建筑比重	%	0.25	45	50	预期性
城市社区综合服务设施覆盖率	%	无指标	——	——	预期性
农村新型社区综合服务设施覆盖率	%	无指标	——	——	预期性

附表2：

西宁市经济、社会、资源、环境发展指标体系表

指标分类	指标分类	指标名称说明	单位	指标类型	2010年	2015年	2020年	2030年
经济指标	GDP指标	GDP总量	亿元	引导型	628	1400	2200	4500
		人均GDP	元/人	引导型	28445	58700	87000	150000
		第三产业增加值占GDP比重	%	引导型	45	48	53	60
		单位工业用地增加值（中心城市）	亿元/平方公里	控制型	9.5	20	35	70
社会人文指标	人口指标	人口规模（市域）	万人	引导型	220.87	238	252	281
		人口规模（中心城市）	万人	引导型	129.86	150	165	200
		城镇化率	%	引导型	63.7	71	76	85
	医疗指标	每万人拥有医疗床位数	个	控制型	53	60	70	85
		每万人拥有医生数	人	控制型	24	30	40	50
	教育指标	小学服务半径（中心城市）	米	控制型	–	≤500	≤500	≤500
		初中服务半径（中心城市）	米	控制型	–	≤1000	≤1000	≤1000
		高中服务半径（中心城市）	米	引导型	–	市区内平衡	市区内平衡	市区内平衡
		高中阶段教育毛入学率	%	控制型	84	95	98	99
	居住指标	城市人均住宅建筑面积	平方米/人	控制型	25.5	30	33	35
		政策保障性住房用地面积（中心城市）	万平方米	控制型	–	45.5	–	–
	就业指标	失业率（城镇人口）	%	引导型	4.3	<4.5	<4	<4
	公共交通指标	公交出行率（中心城市）	%	控制型	42.8	45	47.5	52.5
	公共服务指标	文化设施人均用地面积（中心城市）	平方米/人	控制型	0.66	0.8	0.95	1.05
		教育科研设施人均用地面积（中心城市）	平方米/人	控制型	2.77	3.3	3.41	3.41
		医疗设施人均用地面积（中心城市）	平方米/人	控制型	0.79	0.85	0.90	0.90
		体育设施人均用地面积（中心城市）	平方米/人	控制型	0.51	0.7	0.9	1.15
		人均避难场所用地（中心城市）	平方米/人	控制型	–	1	2.5	3.5

续表

指标分类	指标分类	指标名称说明	单位	指标类型	2010 年	2015 年	2020 年	2030 年
资源指标	水资源指标	地区性可利用水资源	亿 m^3		9.275	9.275	12.05	13.56
		万元 GDP 耗水量	m^3/万元	控制型	230	161	112	79
		水平衡（用水量与可供水量之间的比值）	百分比	控制型	74	70	65	60
	能源指标	单位 GDP 能耗水平	GDP	控制型	3.11	2.76	2.07	1.32
		可再生能源使用比例	%	引导型	–	10	15	20
	土地资源指标	城乡建设用地规模（市域）	平方公里	控制型	360	–	442	–
		城镇建设用地规模（中心城市）	平方公里	控制型	131.82	150	165	199.58
		人均建设用地面积（中心城市）	平方米/人	控制型	101.48	100	100	99.79
环境指标	生态建设指标	绿化覆盖率（中心城市）	%	控制型	36.6	40	42	45
		人均公共绿地（中心城市）	平方米/人	控制型	7.33	8.5	10	10.76
	污染控制指标	污水集中处理率（中心城市）	%	控制型	80.6	85	90	95
		污水资源化利用率（中心城市）	%	控制型	14	20	30	50
		生活垃圾无害化处理率（中心城市）	%	控制型	92.3	100	100	100
		工业固废综合利用率（中心城市）	%	控制型	83.56	85	90	95
	环境质量指标	SO_2 排放削减指标	万吨	控制型	7.29	6.60	5.60	4.5
		COD 排放削减指标	万吨	控制型	3.44	2.80	2.40	1.95

注：主要指标解释参照《关于贯彻落实城市总体规划指标体系的指导意见》（建办规［2007］65 号）。

参考文献

中文文献

[1] 姜爱林．21 世纪初信息化推动城镇化的战略选择［J］．世界经济研究，2001（3）：45－49.

[2] 姜爱林．我国城镇化与信息化协调发展的思路与战略选［J］．经济纵横，2004（2）：18－21.

[3] 刘国斌，王轩．基于信息化建设的新型城镇化发展研究——以吉林省为例［J］．情报科学，2014（4）：30－34.

[4] 刘巍文，戴正，邓艾．西部民族牧区城镇化与信息化研究［J］．西北民族大学学报，2008（3）：101－109.

[5] 刘国斌，杨富田．信息化带动新型城镇化发展问题研究［J］．情报科学，2015（1）：49－53.

[6] 于海波，邱玮．信息化对新型城镇化的影响分析［J］．科学社会主义，2014（4）：138－141.

[7] 郭理桥．加快城市化发展的信息化工作思路初探［D］．城市发展研究，2009（10）：56－65.

[8] 孙平军，丁四保，修春亮．北京市人口－经济－空间城市化耦合协调性分析［D］．城市规划，2012（5）：38－45.

[9] 郝华勇．基于熵值法的湖北省地级市城镇化质量实证研究［J］．湖北行政学院学报，2011（6）：76－80.

[10] 徐维祥，舒季君，唐根年．中国工业化、信息化、城镇化、农业现代化同步发展测度［J］．经济地理，2014. 34（9）：1－6.

[11] 仇保兴．智慧地推进我国新型城镇化［J］．城市发展研究，2013（5）1－12.

[12] 辜胜阻、刘江日．城镇化要从“要素驱动”走向“创新驱动”［J］．人口研究，2012. 36（6）：3－12.

[13] 黄锟．中国城镇化的特殊性分析［J］．城市发展研究，2011（08）：6－10.

[14] 楚俊国．以信息化促进城镇化［J］．中国农村经济，2003（9）：50－53.

[15] 冯献，崔凯．中国工业化、信息化、城镇化和农业现代化的内涵与同步发展的现实选择和作用机理［J］．农业现代化研究．2013. 34（3）：269－273.

[16] 张林，冉光，郑强. 农业现代化与工业、信息化、城镇化的耦合协调发展研究 [J]. 农村经济. 2015 (8): 89 - 93.
[17] 胡培兆:《城镇化建设之路也是农业现代化之路》，《宏观经济研究》2003 年第 2 期，第 28 - 29 页.
[18] 刘玉:《农业现代化与城镇化协调发展研究》，《城市发展研究》2007 年第 6 期，第37 - 38 页.
[19] 李国平:《我国工业化与城镇化的协调关系分析与评估》，《地域研究与开发》2008 年第 5 期，第7 - 11 页.
[20] 阳立高 廖进中:《城镇化、工业化与农业产业化经济拉动作用分析》，《经济问题探索》2009 年第 3 期，第163 - 168 页.
[21] 王富喜 孙海燕:《山东省城镇化发展水平测度及其空间差异》，《经济地理》2009 年第 6 期，第21 - 24 页.
[22] 陈佳贵 黄群慧 钟宏武:《中国地区工业化进程的综合评价和特征分析》，《经济研究》2006 年第 6 期，第5 - 15 页.
[23] 钱津:《农业现代化是工业化城镇化的必要条件》，《前线》2010 年第 12 期，第37 - 38 页.
[24] 夏春萍 刘文清:《农业现代化与城镇化、工业化协调发展关系的实证研究》，《农业技术经济》2012 年第 5 期，第75 - 85 页.
[25] 杨爱君:《工业化、城镇化与农业现代化的互动发展研究》，《学术论坛》2012 年第 6 期，第110 - 114 页.
[26] 杨曙辉 宋天庆 陈怀军 欧阳作富:《工业化与城镇化对农业现代化建设的影响》，《中国人口·资源与环境》2012 年第 5 期，第398 - 402 页.
[27] 周战强 乔志敏:《工业化、城镇化与农业现代化》，《城市经济》2012 年第 10 期，第 12 - 15 页.
[28] 胡锦涛:《坚定不移沿着中国特色社会主义道路前进，为实现全面建成小康社会而奋斗》，人民出版社，2012 年.
[29] 钱丽 陈忠卫 肖仁桥:《中国区域工业化、城镇化与农业现代化耦合协调度及其影响因素研究》，《经济问题探究》2012 年第 11 期，第10 - 17 页.
[30] 姜会明 王振华:《吉林省工业化、城镇化与农业现代化关系实证分析》，《地理科学》2012 年第 5 期，第592 - 596 页.
[31] 谢杰:《工业化、城镇化在农业现代化进程中的门槛效应研究》，《农业经济问题》2012 年第 4 期，第84 - 87 页.
[32] 王春丽:《城镇化与农业现代化协调发展的机理与实证检验》，《江汉论坛》2013 年第 11 期，第60 - 64 页.
[33] 周建群:《我国新型工业化、城镇化和农业现代化“三化”协同发展理论与实证研究》，《科学社会主义》2013 年第 2 期，第110 - 115 页.

[34] 夏显力 郝晶辉：《陕西省工业化、城镇化与农业现代化互动关系的实证研究》，《华中农业大学学报（社会科学版）》2013 年第 1 期，第19 – 24 页.
[35] 夏泽义 赵曦：《城镇化、农业现代化、产业结构三角关系实证研究》，《社会学家》2013 年第 8 期，第54 – 58 页.
[36] 董梅生 杨德才：《工业化、信息化、城镇化和农业现代化互动关系研究》，《农业技术经济》2014 年第 4 期，第14 – 19 页.
[37] 马德君 王科涵 胡继亮：《西北民族地区城镇化与土地集约利用耦合度分析》，《财经科学》2014 年第 3 期，第131 – 140 页.
[38] 李裕瑞 王婧 刘彦随 龙花楼：《中国“四化”协调发展的区域格局及其影响因素》，《地理学报》2014 年第 2 期，第200 – 210 页.
[39] 徐维祥 舒季君 唐根年：《中国工业化、信息化、城镇化、农业现代化同步发展测度》，《经济地理》2014 年第 9 期，第1 – 6 页.
[40] 曹俊杰，刘丽娟．新型城镇化与农业现代化协调发展问题及对策研究［J］．经济纵横，2014，10：12 – 15.
[41] 宋洪远，赵海．我国同步推进工业化、城镇化和农业现代化面临的挑战与选择［J］．经济社会体制比较，2012，02：135 – 143.
[42] 毛飞，孔祥智．中国农业现代化总体态势和未来取向［J］．改革，2012，10：9 – 21.
[43] 王贝．中国工业化、城镇化和农业现代化关系实证研究［J］．城市问题，2011，09：21 – 25.
[44] 范从来，杨继军．论中国特色社会主义现代化进程中的“四化同步”发展战略［J］．江海学刊，2013，04：77 – 83 + 238.
[45] 夏春萍，路万忠．我国统筹工业化、城镇化与农业现代化的现实条件分析［J］．经济纵横，2010，08：61 – 63.
[46] 马晓河、赵淑芳．中国改革开放 30 年来产业结构转换、政策演进及其评价［J］．改革，2008，06：5 – 22.
[47] 范恒山．30 年来中国经济体制改革进程、经验和展望［J］．改革，2008，09：5 – 14.
[48] 曹俊杰，刘丽娟．新型城镇化与农业现代化协调发展问题及对策研究［J］．经济纵横，2014，10：12 – 15.
[49] 宋洪远，赵海．我国同步推进工业化、城镇化和农业现代化面临的挑战与选择［J］．经济社会体制比较，2012，02：135 – 143.
[50] 毛飞，孔祥智．中国农业现代化总体态势和未来取向［J］．改革，2012，10：9 – 21.
[51] 王贝．中国工业化、城镇化和农业现代化关系实证研究［J］．城市问题，2011，09：21 – 25.
[52] 范从来，杨继军．论中国特色社会主义现代化进程中的“四化同步”发展战略［J］．江海学刊，2013，04：77 – 83 + 238.
[53] 夏春萍，路万忠．我国统筹工业化、城镇化与农业现代化的现实条件分析［J］．经济纵

横，2010，08：61－63.
[54] 马晓河、赵淑芳．中国改革开放30年来产业结构转换、政策演进及其评价［J］．改革，2008，06：5－22.
[55] 范恒山．30年来中国经济体制改革进程、经验和展望［J］．改革，2008，09：5－14.
[56] 杜作锋．以信息化为支点实现城市化跨越式发展［J］．城市问题，2001，04：11－13＋21.
[57] 姜爱林．21世纪初信息化推动城镇化的战略选择［J］．江海学刊，2001，05：20－24.
[58] 姜爱林．21世纪初用信息化推动城镇化的战略选择［J］．经济学动态，2001，09：46－48.
[59] 杜作锋．信息化推动的城市化［J］．社会科学研究，2001，04：34－36.
[60] 姜爱林．信息化推动城镇化的战略选择［J］．新视野，2001，06：17－19.
[61] 宗传宏，白庆华，易元东．中国城市化进程中的信息化发展［J］．预测，2001，04：7－10.
[62] 姜爱林．城镇化、工业化与信息化的互动关系［J］．城市规划汇刊，2002，05：32－37＋79－80.
[63] 姜爱林．城镇化、工业化与信息化的互动关系研究［J］．经济纵横，2002，08：32－37.
[64] 楚俊国．以信息化促进城镇化［J］．中国农村经济，2003，09：50－53.
[65] 王金台．信息化对城市化进程的影响及对策［J］．经济经纬，2005，03：35－37.
[66] 安筱鹏．论中国的城市化与信息化［J］．地域研究与开发，2003，05：5－9.
[67] 王进，李建中．信息化推动城市化问题研究［J］．浙江学刊，2003，02：146－151.
[68] 陈来，阮明烽．我国城市化进程中信息化建设的理性思考［J］．生产力研究，2004，11：51－53.
[69] 郭理桥．加快城镇化发展的信息化工作思路初探［J］．城市发展研究，2010，01：72－79.
[70] 邬焜．信息化城市与西安城市化发展战略的再思考［J］．情报杂志，2006，01：114－116＋120.
[71] 邬焜．信息化与城市化——变革西部社会时空模式的战略性思考［J］．科学技术与辩证法，2007，06：96－100＋118＋112.
[72] 李因果，李新春．信息化与城市化互动发展研究——基于煤炭资源型城市的数据分析［J］．情报杂志，2007，12：133－135.
[73] 广西区发展改革委课题组．广西自治区加快推进工业化城镇化信息化［J］．宏观经济管理，2008，06：65－67.
[74] 郑子龙．我国信息化对城镇化的非线性动态影响机制研究——基于面板数据门限回归模型的经验分析［J］．财政研究，2013，08：48－51.
[75] 姜爱林．城镇化与信息化互动关系研究［J］．经济学动态，2004，08：67－69.
[76] 张克进，段秋利．河南省信息化与城镇化融合发展研究［J］．河南科技，2013（12）：

218 - 220.
[77] 刘密霞，丁艺．可持续城镇化与信息化协调发展研究［J］．科技管理研究，2015（1）：5 - 6.
[78] 王小娟．浅谈西藏城镇化、信息化发展的研究［J］．甘肃科技纵横，2014（8）：55 - 57.
[79] 张兰婷，洪功祥．对加速城镇化时期土地利用变化核心学术问题研究［J］．安徽工业大学学报，2013（3）：3 - 6.
[80] 何光福．信息化与城镇化协调发展研究［D］．安徽：安徽大学，2007.
[81] 何敏．我国信息化、城镇化与工业化互动关系研究［D］．浙江，浙江工商大学：2014.
[82] 陈永光．加快河南省信息化进程研究——基于信息化与新型城镇化协调发展的视角［J］．周口师范学院学报，2014（5）：121 - 124.
[83] 孙平军，丁四保，修春亮．北京市人口 - 经济 - 空间城市化耦合协调性分析［D］．城市规划，2012（5）：38 - 45.
[84] 朱莉芬，黄季焜．城镇化对耕地影响的研究［J］．经济研究，2007（2）：137 - 145.
[85] 傅小锋，曹卫东，曹有挥，潘坤友．半城镇化地区土地利用变化及其环境效应——以成都新津县为例［J］．中国人口·资源与环境，2005（15）：80 - 83.
[86] 张丽萍，张锐波．城镇化过程中土地利用结构变化的时空动态研究［J］．经济地理，2004（6）：794 - 796.
[87] 陈银蓉，梅昀，汪如民，赵冬．城镇化过程中土地利用总体规划与城市规划协调的思考［J］．中国人口·资源与环境，2006（16）：30 - 34.
[88] 吴泉源．城镇化建设与土地集约利用［J］．中国人口·资源与环境，2001（11）：5 - 6.
[89] 赵翠薇，濮励杰．城镇化进程中的土地利用问题研究［J］．长江流域资源与环境，2006（2）：169 - 173.
[90] 厉伟，但承龙，孙文华．城镇化进程中土地持续利用评价指标体系研究［J］．中国土地科学，2004（5）：27 - 31.
[91] 李永乐，吴群，舒帮荣．城市化与城市土地集约利用结构的相关研究［J］．中国人口·资源与环境，2013（4）：104 - 110.
[92] 王家庭，张换兆．动态空间城市化与土地集约利用模型的构建［J］．山西财经大学学报，2007（7）：10 - 16.
[93] 李秀彬．对加速城镇化时期土地利用变化核心学术问题研究［J］．中国人口·资源与环境，2009（19）：1 - 5.
[94] 曹文莉，赵小林，潘义勇，张春梅．发达地区人口、土地与经济城镇化协调发展研究［J］．中国人口·资源与环境，2012（22）：141 - 146.
[95] 乔伟峰．高度城市化区域土地利用结构演化与驱动因素分析—以苏州市为例［J］．长江流域资源与环境，2012（21）：557 - 564.
[96] 郑华伟，刘友兆，王希睿．中国城镇化与土地集约利用关系的动态计量分析［J］．长江

流域资源与环境，2011（20）：1029—1034.
[97] 崔木花．中原城市群9市城镇化与生态环境耦合协调关系［J］．经济地理，2015（7）：72－78.
[98] 陈怀录，姚致祥，苏芳．中国西部生态环境重建与城镇化关系研究［J］．中国沙漠，2005（5）：356－363.
[99] 管祥友，刘圣欢．城镇化与生态环境质量之间的关系研究—基于我国城镇化进程的实证研究．武汉：华中师范大学，2013.
[100] 荣宏庆．论我国新型城镇化建设与生态环境保护［J］．改革创新，2012：5－9.
[101] 张云峰，陈洪全．江苏沿海城镇化与生态环境协调发展量化分析［J］．中国人口·资源与环境，2011（3）：113－116.
[102] 胡春春．人口城镇化与经济增长、生态环境关系的实证分析［J］．资源与环境，2014（7）：840－842.
[103] 刘淼序，吴文恒，温晓金，张东海．晋陕蒙能源区城镇化过程及其对生态环境的影响［J］．地理研究，2013（11）：2009—2020.
[104] 苗雨君，王金丽，梁敏．城镇化进程中的生态环境建设研究［J］．经济研究导刊，2014（16）：289－290.
[105] 薛晴．西部地区城镇化与生态环境发展协调性的评价与分析—基于2003—2012年省级面板数据［J］．理论导刊，2015（6）：66－70.
[106] 蒋春艳，张振，王晓奕．河北省城镇化与大气环境污染相关性研究［J］．石家庄铁道大学学报，2014（2）：1－5.
[107] 孙淑琴．城镇化中的城市污染、失业与经济发展政策的效应［J］．中国人口·资源与环境，2014（7）：59－64.
[108] 吴慧军，潘中伟．陕西农村城镇化过程中的环境问题及其对策研究．西安：西安建筑科技大学，2008.
[109] 周启星，王如松．乡村城镇化水污染的生态风险及背景警戒值的研究［J］．应用生态学报，1997（3）：309－313.
[110] 马海良，王若梅，庞庆华．中国城镇化进程中工业废水污染排放分析［J］．生态经济，2015（11）：14－18.
[111] 于强，王金龙，王亚南．基于水资源足迹分析的河北省城镇化发展路径［J］．经济地理，2014（11）：69－73.
[112] 辜胜阻，郑超，方浪．城镇化与工业化高速发展条件下的大气污染治理［J］．理论学刊，2014（6）：42－45.
[113] 韩文．工业与城镇化发展背景下的大气污染治理研究［J］．科技与创新，2015（10）：35－39.
[114] 胡培兆．城镇化建设之路也是农业现代化之路［J］．宏观经济研究，2003（2）：28－29.

[115] 刘玉．农业现代化与城镇化协调发展研究［J］．城市发展研究，2007（6）：37－38.
[116] 钱津．农业现代化是工业化城镇化的必要条件［J］．前线，2010（12）：37－38.
[117] 夏春萍、刘文清．农业现代化与城镇化、工业化协调发展关系的实证研究［J］．农业技术经济，2012（5）：75－85.
[118] 杨爱君．工业化、城镇化与农业现代化的互动发展研究［J］．学术论坛，2012（6）：110－114.
[119] 杨曙辉、宋天庆，陈怀军、欧阳作富．工业化与城镇化对农业现代化建设的影响［J］．中国人口·资源与环境，2012（5）：398－402.
[120] 周战强、乔志敏．工业化、城镇化与农业现代化［J］．城市经济，2012（10）：12－15.
[121] 王春丽．城镇化与农业现代化协调发展的机理与实证检验［J］．江汉论坛，2013（11）：60－64.
[122] 周建群．我国新型工业化、城镇化和农业现代化“三化”协同发展理论与实证研究［J］．科学社会主义，2013（2）：110－115.
[123] 夏显力，郝晶辉．陕西省工业化、城镇化与农业现代化互动关系的实证研究［J］．华中农业大学学报：社会科学版，2013（1）：19－24.
[124] 董梅生、杨德才．工业化、信息化、城镇化和农业现代化互动关系研究［J］．农业技术经济，2014（4）：14－19.
[125] 李裕瑞、王婧、刘彦随、龙花楼．中国“四化”协调发展的区域格局及其影响因素［J］．地理学报，2014（2）：200－210.
[126] 马德君、王科涵、胡继亮．西北民族地区城镇化与土地集约利用耦合度分析［J］．财经科学，2014（3）：131－140.
[127] 胡锦涛．坚定不移沿着中国特色社会主义道路前进，为实现全面建成小康社会而奋斗［M］．北京：人民出版社，2012.
[128] 李捷，王志宏．工业化与城市化关系探讨［J］．云南行政学院学报，2003，5.
[129] 景普秋，张向阳．中国工业化与城镇化互动发展的区域典型相关分析［J］．经济问题，2007（4）：54－56.
[130] 李霞，朱艳婷．城乡二元体制戏啊工业化与城镇化协调研究［J］．四川大学学报（哲学社会科学版），2012（3）：109－115.
[131] 肖晓勇，曹晅，吴少华．工业化城镇化耦合演化：经济增长动力研究的新视角［J］．学习与实践，2014（5）
[132] 李国平．我国工业化与城镇化的协调关系分析与评估［J］．地域研究与开发，2008（10）：6－11.
[133] 李刚，魏佩瑶．中国工业化与城镇化协调关系研究［J］．经济问题探索，2013（5）：72－79.
[134] 陈耀，周洪霞．中国工业化与城镇化协调度测度分析［J］．经济纵横，2014（6）：

43 - 49.
[135] 朱海玲，龚曙明. 中国工业化与城镇化联动和互动的研究 [J]. 统计与决策，2010 (13)：112 - 114.
[136] 陈永奎. 西部地区城镇化与工业化协调发展研究 [J]. 生产力研究，2011 (8)：124 - 125.
[137] 王可侠，杨学峰. 我国经济次发达地区的工业化与新型城镇化 [J]. 学术界，2014 (3)：65 - 74.
[138] 姜爱林. 实现城镇化与工业化的协调发展 [J]. 学习与探索，2003 (5)：58 - 62.
[139] 改革杂志社专题研究部. 工业化与城镇化融合发展：重庆例证 [J]. 重庆社会科学，2012 (12)：12 - 19.
[140] 向鹏成，廖宗义，罗芸. 工业化与城镇化协调发展测度研究——以重庆市为例 [J]. 城市发展研究，2014 (7)：16 - 22.
[141] 朱莉芬，黄季焜. 城镇化对耕地影响的研究 [J]. 经济研究，2007 (2)：137 - 145
[142] 战金艳，江南，李仁东，鲁奇. 无锡市城镇化进程中土地利用变化及其环境效应[J]. 长江流域资源与环境，2003，06：515 - 521.
[143] 赵翠薇，濮励杰. 城镇化进程中的土地利用问题研究 [J]. 长江流域资源与环境，2006 (2)：169 - 173.
[144] 傅小锋，曹卫东，曹有挥，潘坤友. 半城镇化地区土地利用变化及其环境效应——以成都新津县为例 [J]. 中国人口·资源与环境，2005 (15)：80 - 83.
[145] 曹文莉，赵小林，潘义勇，张春梅. 发达地区人口、土地与经济城镇化协调发展研究 [J]. 中国人口·资源与环境，2012 (22)：141 - 146.
[146] 吴泉源. 城镇化建设与土地集约利用 [J]. 中国人口·资源与环境，2001 (11)：5 - 6.
[147] 陈银蓉，梅昀，汪如民，赵冬. 城镇化过程中土地利用总体规划与城市规划协调的思考 [J]. 中国人口·资源与环境，2006 (16)：30 - 34.
[148] 李永乐，吴群，舒帮荣. 城市化与城市土地集约利用结构的相关研究 [J]. 中国人口·资源与环境，2013 (4)：104 - 110.
[149] 乔伟峰. 高度城市化区域土地利用结构演化与驱动因素分析—以苏州市为例 [J]. 长江流域资源与环境，2012 (21)：557 - 564.
[150] 厉伟，但承龙，孙文华. 城镇化进程中土地持续利用评价指标体系研究 [J]. 中国土地科学，2004 (5)：27 - 31.
[151] 王家庭，张换兆. 动态空间城市化与土地集约利用模型的构建 [J]. 山西财经大学学报，2007 (7)：10 - 16.
[152] 杨朔，李世平. 关中地区城市化过程中土地利用问题研究 [J]. 中国土地科学，2009，07：79 - 81.
[153] 郑华伟，刘友兆，王希睿. 中国城镇化与土地集约利用关系的动态计量分析 [J]. 长

江流域资源与环境，2011（20）：1029－1034.
［154］中共中央马克思恩格斯列宁斯大林著作编译局．马克思恩格斯全集第一卷［M］．人民出版社，北京：2008.
［155］沃纳·赫希．城市经济学［M］．中国社会科学出版社，北京：1990.
［156］N. A. 伊利英．城市经济学［M］．中国建筑工业出版社，北京：1987.
［157］保罗·诺克斯著，顾朝林等译．城市化［M］．科学出版社，北京：2009.
［158］埃比尼泽·霍华德．明日的田园城市［M］．中国建筑工业出版社，北京：2009.
［159］刘易斯·芒福德，宋俊岭等译．城市发展史［M］．中国建筑工业出版社，2005.
［160］阿瑟·奥沙利文．城市经济学［M］．北京：中信出版社，2001.
［161］樊纲，武良成．城市化，一系列公共政策的集合［M］．中国经济出版社，北京：2009.
［162］宋书伟．中国科技兴市大趋势［M］．中国物价出版社，北京：2002.
［163］景普秋．中国工业化与城镇化互动发展研究［M］．北京：经济科学出版社，2003.
［164］高佩义．中外城市化比较研究［M］．天津：南开大学出版社，1991.
［165］蔡禾．城市社会学［M］．广州：中山大学出版社，2003.
［166］顾朝林等．中国城市地理［M］．北京：商务印书馆，1999.
［167］张泉等．城乡统筹下的乡村重构［M］．北京：中国建筑工业出版社，2006.
［168］新玉言．新型城镇化——理论发展与前景透析［M］．国家行政学院出版社．2013.
［169］李从军．中国新城镇化战略［M］，新华出版社．2013.
［170］费孝通．论小城镇建设［M］．北京群言出版社．2000.
［171］胡鞍钢．中国崛起之路［M］．北京大学出版社．2006.
［172］仇保兴．中国城镇化：机遇和挑战［M］．中国建筑工业出版社 2009.
［173］赵宗福，孙发平．青海蓝皮书：2014 年青海经济社会形势分析与预测［M］．社会科学文献出版社．2014.
［174］欧名豪，李武艳，刘向南，谌明．区域城市化水平的综合测度研究——以江苏省为例［J］．长江流域资源与环境．2004.
［175］纪晓岚，赵维良．中国城市化动力机制评价指标体系的构建［J］．统计与决策．2007.
［176］郜英角，许铭，张小平．安徽省城市化水平综合分析评价［J］．国土与自然资源研究．2005.
［177］姜爱林．城镇化水平的五种测算方法分析［J］．中央财经大学学报．2002.
［178］孟素洁，黄序．北京市农村城市化评价指标体系［J］．城市问题．2004.
［179］龚唯平．马克思城市化理论探微［J］．经济前沿，2001.
［180］张正河，谭勇．小城镇难当城市化主角［J］．中国软科学，1998.
［181］季建林．当前我国农村经济的主要问题与出路［J］．经济理论与经济管理，2001.
［182］周一星．论中国城市发展的规模政策［J］．管理世界，北京：1992.
［183］朱铁臻《城市化是新世纪中国经济高速增长的强大动力［J］．经济观察，2000.
［184］蔡宇平．论我国城市化的道路选择［J］．经济问题，2000.

[185] 林毅夫．中国的城市发展与农村现代化［J］．北京大学学报（哲学社会科学版），2002.
[186] 常青等．中国城市化的新选择［J］．东方企业文化，2012.
[187] 田静．新型城镇化评价指标体系构建［J］．四川建筑，2012.
[188] 牛文元．中国新型城市化战略的设计要点［J］．中国科学院院刊，2009.
[189] 王亚男，冯奎，郑明媚．中国城镇化未来发展趋势［J］．城市发展研究，2012.
[190] 张丽萍，郑庆昌．中国特色新型城镇化与小城镇建设［J］．福建农林大学学报，2013.
[191] 黄志宏，黄志梅．青海省城市化进程的特征、问题及对策分析［J］．泉州师范学院学报，2011.
[192] 包颖．青海城市化水平滞后的问题分析［J］．2008.
[193] 王红宇．青海省人口城镇化问题研究［J］．攀登，2012.
[194] 苏海红．青海城镇化发展的战略思考［J］．青海社会科学，2010.
[195] 马绍春．刘克利．中原城市群发展战略与河南省城镇化发展对策研究［D］．中央财经大学，2010.
[196] 王柯．四川省城市化区域差异分析［D］．西南财经大学，2008.
[197] 段建新．河南城市化发展研究［D］．武汉大学，2001.
[198] 岳文海．中国新型城镇化发展研究［D］．武汉：武汉大学，2013.
[199] 胡际权．中国新型城镇化发展研究［D］．重庆：西南农业大学，2005.
[200] 常益飞．新型城镇化发展道路研究—以甘肃为例［D］．兰州：兰州大学，2010.
[201] 王本兵．我国城镇化发展的制度创新研究［D］．山东：中国海洋大学，2011.
[202] 祝华军．小城镇规划及基础设施投资问题研究［D］．北京：中国农业大学，2000.
[203] 史小红．强县扩权促进城乡一体化发展的机理与效应研究［D］．郑州：河南大学，2009.
[204] 陈丽媛．中国城镇化进程中的小城镇发展研究［D］．武汉：华中师范大学，2004.
[205] 董哲．河北省新型城镇化发展问题研究［D］．河北：河北师范大学，2014.
[206] 袁翠仙．江西新型城市化指标体系的构建与评价［D］．南昌：江西财经大学，2010.
[207] 刘金娥．重庆市城镇化问题研究［D］．重庆：重庆大学，2007.
[208] 贺瑞雪．甘肃省城镇化发展模式研究［D］．兰州：兰州大学，2009.
[209] 那小红．青海省城镇化问题研究［D］．兰州：兰州大学，2008.

英文文献

[1] Lewis, W. A. Economic Development With Unlimited Supply Of Labor [J]. The Manchester School Of Economic And Social Studies, 1954, P 139 - 191.
[2] H. Chenery & M. Syrquin. Patterns of Development 1950 - 1070 [M]. Oxford University Press, 1975.
[3] Todaro, M. P. A Model Of Labor Migration And Urban Unemployment In Ldss Developed - Coun-

tries [J]. The American Economic Review. 1969.

[4] K. J. Button. Urban Economics: Theory and Policy [M]. London: The Macmillan Press Ltd, 1976: 30 -32.